U0092648

心一堂彭措佛緣叢書·索達吉堪布仁波切譯著文集

自性大圓滿支分決定三戒論釋
附　戒律輯要

麥彭仁波切　托嘎如意寶　等著
索達吉堪布仁波切　漢譯

書名：自性大圓滿支分決定三戒論釋　附　戒律輯要等
系列：心一堂彭措佛緣叢書・索達吉堪布仁波切譯著文集
原著：麥彭仁波切　托嘎如意寶　等
漢譯：索達吉堪布仁波切
責任編輯：陳劍聰

出版：心一堂有限公司
地址/門市：香港九龍尖沙咀東麼地道六十三號好時中心LG六十一室
電話號碼：(852)6715-0840 (852)3466-1112
傳真號碼：(852)2214-8777
網址：www.sunyata.cc　publish.sunyata.cc
電郵：sunyatabook@gmail.com
心一堂 彭措佛緣叢書論壇：　http://bbs.sunyata.cc
心一堂 彭措佛緣閣：　　　　http://buddhism.sunyata.cc
網上書店：　　　　　　　　http://book.sunyata.cc

香港及海外發行：香港聯合書刊物流有限公司
香港新界大埔汀麗路36號中華商務印刷大廈3樓
電話號碼：(852)2150-2100
傳真號碼：(852)2407-3062
電郵：info@suplogistics.com.hk

台灣發行：秀威資訊科技股份有限公司
地址：台灣台北市內湖區瑞光路七十六巷六十五號一樓
電話號碼：(886)2796-3638
傳真號碼：(886)2796-1377
網絡書店：www.govbooks.com.tw
經銷：易可數位行銷股份有限公司
地址：台灣新北市新店區寶橋路235巷6弄3號5樓
電話號碼：(886)8911-0825
傳真號碼：(886)8911-0801
網址：http://ecorebooks.pixnet.net/blog

中國大陸發行・零售：心一堂・彭措佛緣閣
深圳流通處：中國深圳羅湖立新路六號東門博雅負一層零零八號
電話號碼：(86)755-82224934
北京流通處：中國北京東城區雍和宮大街四十號
心一堂官方淘寶流通處：http://sunyatacc.taobao.com/

版次：二零一四年二月初版，平裝

　　　　港幣　　　　一百二十八元正
定價：　新台幣　　　四百五十元正

國際書號 ISBN 978-988-8266-59-3

版權所有 翻印必究

目　錄

自性大圓滿支分決定三戒論釋　附　戒律輯要　等

鄔金丹增諾吾略傳

索達吉堪布　著

頂禮文殊智慧勇士！

　　華智仁波切的四大弟子之一講法最絕的鄔金丹增諾吾，公元1871年出生於德格縣境內，降生後由蔣揚欽哲旺波認定為鄔金自生金剛之化身。從小就具足無偽的慈悲心、出離心。洋彭塔意大師將他精心撫養長大。13歲時便棄俗出家，之後一直猶如眼目般地守護戒律。其先後共依止了二十五位上師，其中有具三恩德的十三位上師、猶如日月般的二大佛子、無與倫比的一位大菩薩、恩德無比的一位金剛持，在其前聆聽了印藏如海般的顯密教法。尤其是從17歲至47歲期間依止了華智仁波切，在其座下恭聽了中觀六論、《賢愚經》、《寶篋經》、《福力傳》、《經莊嚴論》、《現觀莊嚴論》、《寶性論》、《俱舍論》、《戒律根本論》、《大幻化網》、《時輪金剛》、《三戒論》、《四心滴》、《智悲光文集》等顯密深法。尊者皆以三喜依止，謹奉師教，獲得了所有上師的密意，成為寧瑪當代極負盛名的教主。他常對弟眾說：「我修行講法中的許多問題皆是由華智仁波切予以澄清的，從功德方面而言，我的所有上師均是得地的聖者，無絲毫差別；但從恩德來講，華智仁波切至高無上，三界之中無有與之相比的。」一邊說一邊湧

自性大圓滿支分決定三戒論釋附戒律輯要等

出淚水，又說：「我如今無論閱讀任何顯密經論，知曉全能歸納為上師瑜伽及菩提心之中，這也是華智仁波切的鴻恩所致。」

尊者對於所聽聞的如海教法專致研學、深入思維，相續中生起了如烈火般的智慧。通過精進實修現見了蓮師等眾多本尊。在菩提心的基礎上，十二年中一心專修大圓滿本來清淨、任運自成之頂乘妙法，最後完全證悟了諸法實相，與上師的密意成為一趣。因此，對於浩如煙海、博大精深的顯密經續通達無礙。儘管其證悟已至頂峰，然而在外表行為上卻始終如一地嚴謹持戒。因其名聲遠播千里，以致弟子信眾猶如蜜蜂集於花叢中一般紛紛湧至。當時由於尊者廣弘戒律，致使比丘、沙彌遍布各地方隅。

尊者一生尤為熱衷於講經說法，幾乎將畢生精力全部傾注於傳法利眾之事業中。每天至少五堂課，嘔心瀝血、廢寢忘食。為來自拉薩以下漢地以上的樂於聞法者傳授法要，喜歡實修者賜予竅訣，使無數有緣者均沾法益。最為絕妙的是他講法的數量，據大略統計，總共傳講《入行論》二百餘遍、《中論》二十五遍、《入中論》十九遍、《經莊嚴論》三十九遍、《現觀莊嚴論》十五遍、《寶性論》三十八遍、《辨中邊論》七遍、《辨法法性論》八遍、《律藏根本論》一遍、《三戒論》三十八遍、《俱舍論》五遍、《量理寶藏論》

鄔金丹增諾吾略傳

一遍、《如意寶藏論》九遍、《心性休息》十三遍、《大幻化網》二十遍、《功德藏》四十遍，此外《隨念三寶經》、《沙彌頌》、《菩薩戒二十頌》、《皈依七十頌》、《極樂願文》、《三主要道論》、《離四貪論》、《大手印五法》、《讚戒頌》、《般若攝頌》、《親友書》、《修心七要》、《普賢行願品》以及生命學、醫學、天文、曆算、文法等也傳講了多次。另外，為有緣徒眾也詳細講解《大圓滿前行》、《生圓次第》、《無生智慧》、《普作續釋》、《斷法引導》等。其弟子中獲證無上果位之人不可勝數，弘法事業宛如日光普照大地。

一覽上文的數目，不能不令人歎為觀止，真不愧為「講法最絕之人」。而在當今時代，縱然是公認的大法師所講之法也難達到其10%，何況是那些形象上的講法者呢？因此，無論如何應追尋歷代高僧大德之足跡，有能力傳法之人應悉心竭力講經說法，無有能力者也應當虛心認真地聞法，總之，我們每位佛教徒都要為佛教盡心獻力，使佛法廣弘於人間。

尊者一生過著極為平凡的生活，58歲前一直是自己燒茶做飯，隨身不帶任何侍者，常處卑位，不喜世間八法，平時多勸人戒殺放生，度化了無邊的苦難眾生。

尊者60歲時，藏曆土鼠年五月十八日，他雙目直視虛空，右手契克印，左手定印向東方行進七步，口中念

誦：「我是鄔金蓮花生，無生無死之佛陀，菩提心體無偏袒，沙門八果離虛名。」誦畢住立安詳圓寂，往生於銅色吉祥山剎土。

其培育了堪布根華、雲丹嘉措、洋彭塔瓦、根嘎華丹等眾多大成就者，其所著《量理寶藏論釋》、《讚戒論》等留世，為佛教作了不可磨滅的卓越貢獻。

二〇〇〇年四月一日

鄔金丹增諾吾略傳

托嘎如意寶簡介

索達吉堪布　著

　　土登曲彭仁波切即托嘎如意寶（1886－1957），寧瑪派著名的傳承上師之一。1886年誕生於四川省多康巴特地區一牧民家中，天生具足慈悲菩提心、無偽的出離心，自幼對三寶有不共的強烈信心。童年時便前往彭措寺學習文字讀寫及共同文化知識，19歲時於堪布雲丹嘉措前受沙彌戒，24歲受比丘戒。在赤誠大樂寺廣泛地聞思五明、五部大論及金剛乘密續，通達無礙，並精勤修持。於諸多上師前圓滿聽受前後譯如海教法以及大圓滿竅訣等，繼承並光大了華智仁波切所傳《大幻化網》等大圓滿教法，獲得了與上師無二無別的境界。

　　後於江瑪創建學院廣轉法輪，以慈悲心攝受了不計其數的有緣弟子，賜予灌頂並傳授戒律為主的顯宗法要及密宗大圓滿等殊勝竅訣，建立了擁有大批僧才的清淨道場，同時也為在家信眾舉行極樂法會、勸念蓮師心咒等，使人斷惡行善，廣利有情。一生尤為注重戒律，以身作則謹持淨戒。不積累財物，不享用信財亡財，始終追隨華智仁波切的足跡，過著普通僧人知足少欲的生活，唯一致力於弘法利生事業。因此人們恭稱其為「托嘎如意寶」。

　　1957年藏曆6月19日，以吉祥獅子臥式安詳圓寂，

爾時空中傳出三聲悅耳巨響。後遺體火化時，虛空中彩虹縈繞、花雨紛紛，降下無數舍利，出現許多吉兆瑞相。法王如意寶曾說：「我原以為我的至尊根本上師是二地菩薩，他老人家示現圓寂時才知曉他是真正的如來正等覺。」

仁波切精心培育出法王如意寶晉美彭措、頂果欽哲仁波切、堪布曲礭、龍多嘉措、陳累嘉措為主眾多不可多得的高僧大德，為佛教作出了明彰顯著的貢獻。為後人所留下的唯一論著即是此《讚戒論淺釋.智者走向解脫之教言》，勸誡後學者嚴謹守持淨戒，令戒律的芬芳妙香撲遍整個世間。

托嘎如意寶簡介

《讚戒論》淺釋
——智者走向解脫之教言

托嘎如意寶　著

索達吉堪布　譯

十方剎土之中佛佛子，印藏賢哲根本傳承師，

一切本尊護法如海眾，恭敬頂禮祈禱賜吉祥。

此處當盡己慧以略語，明釋三戒律儀之要義，

如理取捨鮮明之教言。因吾劣意淺學之過失，

若有未證邪證之詞句，本尊智者師前誠懺悔。

以上為禮讚、立誓、懺悔偈，接著於此宣說所講之法：即是一切諸佛之遺蹟、一切善妙功德之基礎、所有二障垢染之對治、珍愛佛教及欲使閒暇人身有意義者之無上津梁——讚戒論。

此論分三：甲一、題目及造論分支——初善首義；甲二、著重讚頌二種福德與勸勉守戒——中善論義；甲三、祝願祈請造論者暫時與究竟一切所願稱心如意——尾善末義。

甲一（初善首義）分二：乙一、宣說題目；乙二、造論分支。

乙一、宣說題目：

本論云：讚戒明辨取捨論。

釋：高度讚揚一切功德之基礎戒律如意寶，從而可

使智者心目中明辨應取持戒之功德、應捨破戒之過患。這是此論所講之內容。總說命名之必要，如佛經云：「若不取名稱，世間皆迷蒙，故佛巧方便，諸法立異名。」分別來說也有使三種根基之人通過題目獲得不同領悟之必要。

乙二（造論分支）分四：丙一、唯有善知識方可開示斷絕暫時與究竟惡行之聖道而主要讚其慈悲功德；丙二、思維利害顛倒、愚昧無知之眾生而斷除傲慢；丙三、頌揚無垢律經為本師與教法而心生歡喜；丙四、以欲學淨戒之發心宣講攝集一切善妙功德之戒律而立誓。

丙一、唯有善知識方可開示斷絕暫時與究竟惡行之聖道而主要讚其慈悲功德：

本論云：

慈悲主尊一切上師知，願速救脫非理作意途。

唉自無始熏習邪道者，如我濁人之行心生厭。

釋：諸佛初中後一切功德之因——菩提心之根本大悲心，不是空話虛言而是從心坎深處對一切眾生猶如獨子之母，令自相續生起增上生①與決定勝②之根本的慈悲大主尊，好似善妙親友般的一切三恩德殊勝上師明知，如此我以恭敬誠信之心一緣專注祈禱。即悲心是初中後一切功德之因。如《入中論》云：「悲性於佛廣大

①增上生：人天善趣的圓滿福報。
②決定勝：永久安樂，指解脫位和一切智位。

果，初猶種子長如水，長時受用若成熟，故我先讚大悲心。」如何慈悲呢？如頌云：「如母於病兒，特別覺疼愛，如是諸菩薩，特意愍惡者。」祈禱原因何在呢？因為一切罪過的根源即是淨樂我常非理想法的真實作意③，因此祈禱願（諸佛菩薩上師）急速救護自他一切眾生擺脫顛倒劣道及欲解脫者從魔障違緣唯一之門非理作意的歧途中獲得解脫。藏文中「讓」字無實義。也就是說去除淨樂我常和祈禱獲證菩提是一種意思，如《寶性論》云：「淨樂我常者，究竟功德果。」對於總的三有、分別的一切器世間顯現，從內心深處生起厭離而發出感歎為「唉……」，如頌云：「於凹凸器世生厭離，於諂誑有情生厭離。」如何生起厭離心呢？自己及與自己相同的眾生漂泊於以佛的慧眼也無法照見其邊際的輪迴中，無始以來因無明、邪見而於層層黑暗籠罩的三有中反覆薰染惡習，我和我所見的邪道者，正如略疏中所說「惑時壽見眾生濁」，思維如我一樣的五濁惡人之行為猶如狂風暴雪般熾盛，從而自心生起厭離，所以從現在起乃至菩提果之間誠心誠意完完全全唯一依靠究竟皈依處上師。上師乃殊勝福田，如《密集續》云：「十萬劫佛陀，當知不比師，諸劫一切佛，皆由依師成。無有上師前，成佛吾未說。」

丙二、思維利害顛倒、愚昧無知之眾生而斷除傲慢：

---

③作意：思維、思索之意。

本論云：

具相師前已受利樂源，如同珍寶瓔珞美飾戒，

然換一碗豆粉許驟樂，如此嚴重愚昧誠可笑。

釋：一切經續中所宣說的具相引導者善知識的法相：別解脫中《三百論》云：「具戒了知律儀軌，悲憫病人眷清淨，勤以法財饒益眾，如此上師當依止。」菩薩乘中《二十頌》云：「具戒慧力上師前，應當受持菩薩戒。」密乘中《道次第論》云：「示道具藏圓灌頂，具傳精通續事業，竅訣暖相共八種。」在這樣的堪布上師面前已受一切功德之基礎戒律的學處，之後謹慎護持則宛如精美的珍寶飾品一般。釋尊也曾說：「淨水沐浴商主子，瞻匐花鬘塗妙香，繫於彼者之頭上，極其悅意倍莊嚴。如是具足淨戒者，多聞淨戒皆圓滿，具有功德諸佛子，身著袈裟更莊嚴。」《起現經》中云：「世尊賜教言，戒為我莊嚴，塗上戒芳香，金寶之耳飾，愚者有何用？」又經中說：「如於屍頭頂，裝飾金花鬘，無戒著袈裟，見後不生信。」華哦論師也說過：「所謂離患勝莊嚴，淨戒乃為勝莊嚴，如此莊嚴無遺失，無畏無奪之莊嚴，故當護持此淨戒。」《辯答寶鬘論》中也說：「何為最勝美妙之莊嚴？即是清淨圓滿之戒律。」因此說戒律是自他一切眾生暫時利益與永久安樂的殊勝源泉。（阿羅漢）薩革拉說：「極讚財圓滿，轉生妙天界，獲等持出離，此戒果廣大。」如同珍寶瓔珞一般的

精美嚴飾戒律是極為難得的，最初應恭敬受戒，得戒後本應如守護如意寶般地以正念正知不放逸護持，以恭敬心恆常精進守護。然而末法時期的形象僧人們卻將其（戒律）換為無有實質、容易毀滅等猶如一碗豆粉一樣具有驟時歡愉感受的境識樂觸，如此嚴重的愚昧無知者實在應感慚愧，誠實令人感到可笑。如頌云：「某地愚牧童，無價如意寶，兌換三碗飯。」內心中對此感到十分遺憾。間接也指出如是所化對境的眾生極難調伏。樂觸無有實義之理，佛經中說：「依靠貪欲不淨行，如同羅剎食肉女，以及醜女皆能作，一切黃牛與驢馬，豕犬狐狸及駱駝，大象羊隻悉亦可，智者斷除諸貪欲。依貪摧毀清淨戒，廣聞布施苦禁行，恒時放逸增罪業，故欲解者捨女人。」又說：「貪欲無常恒受責，極其痛苦滅安樂，在家諸惡趣之因，愚者恒時依貪欲。」彌勒菩薩也說：「蓮花出淤泥，最初極悅意，後不歡喜彼，喜貪亦如是。」《四百論》云：「犬等亦所共，惡慧汝何貪。」

丙三、頌揚無垢律經為本師與教法而心生歡喜：

本論云：

一切希有增上定勝因，無垢律藏之別解脫戒，

佛說此乃佛陀與佛法，世尊悲憫此戒留人間。

釋：具有宿世善緣者，在三有之中獲得一切希有罕見的增上生人天安樂和決定勝三菩提之因是戒律。佛在

律藏中說：「吾之諸比丘，具清淨戒者，欲獲善趣果，如以布遮易，解脫似撩布，垂手便可得。」《教比丘經》中也說：「此戒最勝樂，此戒解脫道，此戒功德本，此戒成佛因。」又如《別解脫經》中云：「戒為趣善趣，渡河之橋梁。趣入解脫城，戒如階梯也。」《入中論》云：「諸異生及佛語生，自證菩提與佛子，增上生及決定勝，其因除戒定無餘。」明確一切三有之處無有實義後，能說的無垢聖法及所說的律藏兩方面已勝過外道之別解脫戒如意寶是指明聖道的佛陀，因其為自相續所受持的學處，所以它也是佛法。我們娑婆世界宛如白蓮花般的殊勝導師釋迦牟尼佛親口說此乃佛陀與佛法，如經中云：「吾趣涅槃後，戒為汝導師，本師敬鄭重，僧眾前宣說（讚頌）。」儘管世尊的色身已趣入寂滅的法界之中，但是他悲憫一切眾生而將其事業之代表此戒律聖法延續留存於人間，乃至五千年佛法住世期圓滿之間將一直留住。導師的追隨者及欲如理如法求學戒律的補特伽羅想到如今已值教法期之時，應思維現世的一切顯現、輪迴中的一切瑣事無有實義而以佛歡喜的戒律緊密護持三門，並生起如上弦月般的喜悅之情。

丙四、以欲學淨戒之發心宣講攝集一切善妙功德之戒律而立誓：

本論云：

若有欲學淨戒善緣者，則定歡喜聞思佛教義，

以歡喜心引出妙功德，無勤之中獲得三學德。

釋：在當今這個時代，倘若能有既不是為了在別人面前顯示莊嚴也不是希望擺脫怖畏、成辦善願，而是了知（守持淨戒）可將自己從三有的苦海渡到（涅槃的）彼岸、戒如大船的道理之後，希求解脫、欲求學具有四種功德的梵淨行學處清淨戒律的善緣者，則他們一定會歡欣喜悅地聽聞、思維共同五明尤其是內明佛教因果乘教典的意義，從而可獲得遣除無明黑暗必不可缺唯一之因、三種智慧中最殊勝的聞慧以及斷除增益的思慧之明燈，以對教法強烈的歡喜心便可引發出善妙的功德，無勤之中自相續會獲得三學的功德。三學的功德前前可引出後後，後者可增上前者，三者相輔相成。其誓願越堅定歡喜心會越增上，追隨誓言如刻於石上之花紋般的高僧大德之殊勝足跡，其理如《毗奈耶經》中說：「諸比丘，若持戒則可長住禪定，若修禪定則可長住智慧，若修智慧則定會斷除貪嗔癡，自心清淨，獲得解脫。」

甲二（中善論義）分二：乙一、廣說善惡取捨之分類即讚頌一切善妙功德之基礎淨戒；乙二、勸修一切二障垢染之真實對治法。

乙一（廣說善惡取捨之分類即讚頌一切善妙功德之基礎淨戒）分三：丙一、以取捨各自分類而真實讚戒；丙二、別分持戒之方法；丙三、與之相關語結文。

丙一（以取捨各自分類而真實讚戒）分三：丁一、

思維現世所生苦樂而應取捨之理；丁二、思維死時所現景象而應取捨之理；丁三、思維死後來世苦樂而應取捨之理。

丁一（思維現世所生苦樂而應取捨之理）分三：戊一、思維因難以成辦無勤而生之理；戊二、思維果集多損害而增歡喜之理；戊三、思維破戒必受世尊及眾生呵責並於追悔中死亡之理。

戊一（思維因難以成辦無勤而生之理）分二：己一、破戒者於失望之中多遭橫死之理；己二、持戒者無勤之中獲讚頌利養之理。

己一、破戒者於失望之中多遭橫死之理：

本論云：

貪著惡劣女人愚癡僕，其心遭遇天魔求財物，

以貪漂泊大地如餓狗，多數不成反而凍餓死。

釋：女人是極為凶惡殘暴的。（此理諸多佛經中有明說，）如《月燈經》云：「極大怖畏之繩索，乃為難忍女人索，是故諸佛皆未讚，依止貪欲及女人。此道無法證菩提，是故切莫依女子，猶如極嗔之毒蛇，一切智者捨棄彼。」《念住經》中說：「女人禍害根，毀壞現後世，若欲利己者，當捨一切女。」又經中云：「愚者為財毀，不求解脫道，愚癡貪欲者，毀壞諸自他。」《三摩地王經》中說：「為貪諸愚者，依靠腐女身，將成劣眾生，彼墮惡趣中。」又如頌云：「此道無法證菩

提，是故切莫依女子，猶如極嗔之毒蛇，一切智者捨棄彼。」因此貪著今生來世一切禍害的唯一因惡劣女人之愚癡者已成了女人的奴隸僕人，這種低劣之人完全是由非理作意引起做出卑鄙之事，他們為了維護女人的情面、合其心意而欲求獲得財物。本來凡貪著欲妙障礙解脫的一切違緣都屬於遭受天魔，尤其他們因心中生起謀求財物的念頭而破戒，則其心必定遭遇到欲天為主的魔王摧毀，毫無自在，因而經歷千辛萬苦、百般周折去海中取寶，包括從事放牧、墾荒、耕地、割草、伐木等在內的事務，想方設法求得財物，心中日日夜夜分析籌劃，白天不閒、夜間不眠奔波忙碌，恆以強烈的貪心漂泊在廣闊無垠的大地上，猶如一條十分飢餓的野狗一般虛度人生。但如果無有福德，多數人不僅不能成辦財產受用及一切所願，反而自己最終在貪圖尋財中凍死、餓死。總而言之，極為多數的人在慘遭惡緣、步入歧途中死亡（橫死），我們現量可見的實例不乏其數。因此盡力對諸如此類的現象生起深深的厭煩心十分重要。如頌云：「貪緣生憂愁，貪緣生畏怖，捨棄諸貪欲，何有憂畏怖？」

己二、持戒者無勤之中獲讚頌利養之理：

本論云：

以法調伏自續持律士，如大聖者美名遍世故，

種種財富無窮悉聚集，未尋即獲少許不受縛。

釋：除了上面宣說的之外，具有善緣的修行者自相續的一切罪行以善法調伏，即具備駕馭、威懾之勢並且自相續如理如是受持如海三藏唯一源泉律藏的聖者高僧大德猶如明燈一般照亮了解脫道，這樣的大士雖然身居於勝解行地④，但因受持清淨戒行的加持力如同住於淨地大聖者（文殊、觀音、金剛手）三部怙主一樣，其美名聲譽必將周遍於世間，如龍界、人間、天界等三有一切處，調伏眾生的廣大事業充滿整個虛空界。因此，此等大士必定恆時受到天人供養、君主承侍。儘管他未希求暫時的所需用品，但以布施及護持淨戒之功德力，大至地區、眷屬、珍寶、馬、象，小到微乎其微的用品，種種財富受用應有盡有，皆無有窮乏、無有衰損，無需勤作悉聚集，輕而易舉便獲得。如《因緣品》云：「受讚得財物，後世趨善趣，希求三安樂，智者當持戒。」又經中說：「貧者得出家，獲供脫貧窮。」華哦論師也曾說：「雖然未說亦未讚，所需受用卻漸積。」又佛經云：「縱諸在家者，指甲上耕田，吾之出家眾，生活無貧窮。」如是補特伽羅相續中不會滋生大的貪欲，因未以貪心尋求而如理如法即獲得閉關修行口糧的少許衣食，所以自相續不會受到非法之因束縛。

戊二（思維果集多損害而增歡喜之理）分二：己一、破戒不得救護、多出衰損之理；己二、持戒聖者讚

歎、增上極喜之理。

已一、破戒不得救護、多出衰損之理：

本論云：

染上破戒過患無心者，一切聖者護法亦遠離，

前有財富耗盡如水泡，精勤無義逐日漸衰損。

釋：破戒是今生眾多衰損的根源。本來諸聖者對待一切眾生猶如慈母對兒子般慈愛悲憫、恆時垂念，但是自相續染上了破戒這一嚴重過患，不辨取捨道理、好似體內無有心的愚癡者因被嚴重破戒過患所障蔽而將於數劫中不得面見聖者尊顏，一切聖者以及繼承、護持、弘揚佛教的吉祥怙主七十尊，明辨善惡的男女相諸事業護法神亦將遠離他們，並受到譴責、不得救護。《呵責破戒經》中說：「舍利子，猶如獅子中住狐狸，轉輪王中之石女，諸天眾中之猴子，龍王中之貧窮者，具天眼者中之盲人，大鵬鳥中之水蛭⑤。舍利子，如是我聲聞中若住有破戒比丘，成百上千天人見後，個個極不歡喜，不僅說彼魔使不可參加長淨解制之事，而且稱其為魔王唆使。彼人聽聞勝妙正等覺佛法後，若宣說於諸在家人，則會令許多對佛教無信心之鬼神、天龍、夜叉放聲大笑，並說：『如駿馬群中住野馬，此罪孽深重、又覆又藏之比丘為何尚坐於此（僧眾的）墊上？』如此劣人以為諸眾不見不知己（之惡行），此乃自欺欺人。且看，

---

⑤水蛭：馬蟥，生活於水中的一種長形吸血蟲。

17

此乃人天世間之盜匪。」《毗奈耶經》中也說：破戒有十種過患，即為導師佛陀所呵責，諸天眾稱其為盜匪等以惡名呵責，為諸持梵淨行之同參道友呵責，如理作意時也遭自己呵責，理應受依法呵責，臭名遠揚四方八隅，不能聽聞未曾聽過之法，遺忘曾聽過之法，不生地道證悟功德，於追悔莫及之中死去死後隨入惡趣。如薩草拉說：「善施為得子，與妻不淨行，比丘滾巴亦，與母猴邪淫，世尊呵責之。」又說：「男根若入於，女人三門（口、肛門、陰道）中，不可復重罪，毒蛇纏比丘。」因此，以往昔世代中所造的善業之果以前所擁有的少許財富受用在不知不覺中逐漸全部耗盡無餘，如同遠道客人的路糧或水泡一般瞬間便會消逝。貪求未來的受用而辛辛苦苦、百般勞作，但無論如何精勤所獲得的受用也無有實義，年復一年、月復一月，非但不會繁榮昌盛反而卻越來越貧窮，越來越飢寒交迫，日漸衰損。對此也應生起強烈厭離之心。《入中論》云：「生物總根受用盡，其後資財不得生。」

己二、持戒聖者讚歎、增上極喜之理：

本論云：

廣聞具戒大士如寶藏，無勤獲得世間諸眾讚，

名副其實具有善緣者，衰老之時亦增歡喜心。

釋：廣泛聽聞、深入思維、精進修持如海經藏，並且相續中斷除了自性罪、佛制罪一切惡行，具有清淨戒

《讚戒論》淺釋——智者走向解脫之教言

律的殊勝大士是一切善妙功德的源泉。譬如，若打開裝滿珍品的寶藏門，則可隨心所欲擇取（珍寶）。同樣這些殊勝大士無需百般辛勤勞作便可獲得世間上以無與倫比的顯官要員、高僧大德為主諸眾的讚歎頌揚以及天人遍散鮮花稱讚供養。《大方廣總持寶光明經》云：「何人恒時敬信佛，彼終不會捨戒學，何者不捨戒學處，具德者讚具德者。」這種讚歎並非是表面上的無義空談吹噓，如同三界導師佛陀受到人天諸眾的讚頌一般的確名副其實。本來一般人必將要感受苦諦之根本老死痛苦，但具有廣聞博學、高深智慧、清淨戒律等賢妙功德的那些善緣者不僅不會因青春已逝、思緒紊亂、智慧淺薄而悲傷苦惱，而且因無欺因果之緣起力到了韶華逝去、衰老年邁之時，想到即將而至的來世安樂幸福亦會更加增上歡喜之心，其歡喜心可堪比初地菩薩的歡喜。如《廣戒經》云：「善持梵淨行，勤修聖道者，壽終得安樂，猶如脫病苦。」《別解脫經》中說：「多聞赴林中，年邁時安樂。」

戊三、思維破戒必受世尊及眾生呵責並於追悔中死亡之理：

本論云：

恆時不具淨戒之青年，染上破戒過患佛亦責，

世間諸眾宣種種惡言，老死之時生起大悔心。

釋：恆時被惡行所縛，不具有一切功德之本清淨戒

律，自心猶如野馬般難以調伏風華正茂的年輕者若沾染上破戒的過患，則一切眾生之怙主我等大師釋迦牟尼佛亦了知他們已毀壞了今生與來世，並會予以嚴厲呵責。如《別解脫經》云：「無足無法入道路，如是無戒不解脫。」又《地藏十輪經》云：「歡喜失戒罪業者，聽聞大乘勝德後，為名利故訕大乘，如驢披著獅子皮。」經中說：「迦葉，所謂比丘者，摧毀諸煩惱，故稱真比丘；摧毀我執見、有情見、生命見、保養見、補特伽羅見、士夫見、女人見、孩童見、婦女見，故稱真比丘；以戒修身、以慧修心，無有恐懼、渡過三有河、遠離諸大種、無有壞聚見、無有怖畏、住於無畏道，故稱真比丘。迦葉，有者不具此等法，自訕為真比丘，彼等乃假相比丘，是勝解信而已，我非彼導師，彼亦非我聲聞。迦葉，多數罪孽深重比丘可毀滅我聖教，九十五種希有見者（外道）、一切邪魔不能夠毀滅我教法。又我聖教中所出現無有定解劣慧愚癡者可毀滅我教法。」又說：「我此聖教中將出現愚蠢者、貪欲者、為貪戀所縛者、非法邪見者、無有定解者、懶怠者、妄語者彼等可毀滅我教法。」又《呵責破戒經》中說：「舍利子，於身披我仙人法幢（僧衣）之破戒比丘甚至跨入經堂中一步亦不開許，何況是使用水器、坐凳等。何以故？舍利子，彼非正士乃人天世間之盜匪故；舍利子，彼非正士乃世間人天諸眾應擯除之處故；舍利子，彼非正士乃世間人天

諸眾之怨敵故，可稱其為罪業之友；舍利子，我開許為人天世間一切眾生傳法，舍利子，然於失戒、失行、失命、壞見之諸破戒比丘，我以手示擯除，見我亦不許，何況說於此教法中一日、一夜、一刹那共處（前來聽聞佛法）。何以故？舍利子，譬如污穢骯髒腐爛不堪之蛇屍、狗屍、人屍等臭氣熏天，天人諸眾根本不會與之共同嬉戲，且若見之便會遠離躲開。舍利子，與此相同，諸智者亦應知，若見如蛇屍般之破戒比丘，亦應遠離捨棄，不應與其一同進行吉祥長淨⑥、定時長淨⑦、解制⑧儀軌。何以故？如是愚蠢者長期受害、無有利益、不得安樂、恒遭痛苦，為同等者及其他人控制、墮入邪道、皆不吉祥故。彼等不恭敬具有淨戒比丘，不是沙門而自稱沙門，非持梵淨行而自稱持梵淨行，彼等可毀壞羯磨⑨、長淨、解制等一切事。舍利子，我此聖教中恭敬持淨戒比丘，彼等若見破戒比丘，則定遠離捨棄。何以故？舍利子，應當明知持戒比丘之缽盂、法衣等若與破戒比丘之缽盂、法衣放在一處，則如摻雜毒一般。舍利子，

---

⑥吉祥長淨：吉祥布薩，比丘誦戒淨善之僧制，為共同布薩中不定時布薩之一。每逢安位開光等吉祥時辰，及為轉化旱、澇、暴君等不吉祥事為吉祥而舉行的臨時布薩。

⑦定時長淨：梵音譯作布薩、布沙他。月中定期，比丘、沙彌集眾對說懺悔犯罪，在家徒眾受行齋戒，住淨戒中，長善淨惡的一種宗教儀軌。

⑧解制：比丘在夏令安居時節，應當制止白念墮犯、懲治、分財及界外過夜等事，及至此日，即可解禁自恣，故名解制。此分及時解制，非時解制和會眾解制等三種。

⑨羯磨：比丘所作羯磨細分有一百零八，概括為單白羯磨、白二羯磨、白四羯磨。

自性大圓滿支分決定三戒論釋 附 戒律輯要 等

我四種威儀（行、住、坐、臥）寧願住於布滿蛇屍、狗屍、人屍之處。舍利子，然我與破戒比丘、失行、失命、壞見者共住一日一夜一剎那，甚至僅僅彈指間同住亦不歡喜。」如此世間上的諸人天眾生喜歡談論破戒的公案，散布流言蜚語。按世俗風氣，所有的人們都會到處宣揚令敵歡喜、令親痛苦（有關破戒者）的種種惡言。如《教比丘經》云：「不持淨戒常見者，世間一切諸眾生，內心皆不歡喜彼，且以惡語譴責之。」這些人受到種種譴責，不知不覺已到了衰老之時，他們感受劇烈老苦的同時，憶念今生所造的破戒罪過，此刻內心備受種種痛苦逼迫，最後死亡臨頭之時，一方面心中戀戀不捨財、子、妻等，但彼等也不會跟隨自己，一方面想到以所造的五種墮罪⑩必將墮入地獄遭受種種痛苦折磨。因此必定會生起熾燃烈火般，或如駿馬也不能趕的大追悔之心。所以我們從現在起就應精進護持淨戒。《毗奈耶經》云：「追悔中死亡，死後墮惡趣。」此外，宣揚眾多惡語之理，如全知無垢光尊者說：「尋求寂滅解脫菩提者，最大違緣魔障狡詐女，諸眾侮辱違背聖教理，當捨禍害根源諸女人。何者雖已趨入聞思修，因遇女人從而失此法，見與未見異熟無可量，當捨禍害根源諸女人。何者雖已趨入利他行，因依女人名聲將受損，事業不成無能利有情，當捨禍害根源諸女人。雖為智者然卻

---

⑩墮罪：比丘所犯得之罪，即他勝、僧殘、墮罪、向彼悔、惡作。

遭眾譏，因失希求無法利他眾，失毀行為遭受俗人笑，當捨禍害根源諸女人。雖為肅者[11]然已破律儀，護法遠離眾天不歡喜，以重罪故現後受痛苦，當捨禍害根源諸女人。雖為賢者然卻增貪惑，現世迷亂任意享欲妙，惡劣影響罪垢染他人，當捨禍害根源諸女人。雖具信心出離勤修法，若遇女人今生失自在，失解脫道永漂輪迴中，當捨禍害根源諸女人。雖為真實入定諸禪師，因遇女人善法皆失損，遠離神山遊蕩鬧城郊，當捨禍害根源諸女人。」

丁二（思維死時所現景象而應取捨之理）分二：戊一、持戒之功德；戊二、破戒之業感。

戊一、持戒之功德：

本論云：

無誤取捨因果持戒士，死時勇士空行作迎接，

稱說善來趨入此善道，往生極樂剎土增安樂。

釋：對七種或十種業因導致增上生、決定勝之果的道理斷除懷疑，生起誠信而無有謬誤、精確細緻地取捨總的分別的因果、受持淨戒的殊勝大士今生與來世都會享受安樂，當死亡來臨之時，他將出現遍滿虛空界的空行地行持明者、勇士空行眾指引道路作迎接的境界，並稱說：「善男子，善來，您所趨入的此善道是通往極樂世界或銅色吉祥山之道。」於是（具足淨戒之人）便自

---

⑪肅者：肅指敦肅，嚴持淨戒之人。

由自在地登上用五顏六色、絢麗多彩的優質綾羅綢緞鋪設的柔軟舒適之階梯，猶如變魔術般瞬間往生於痛苦之名亦不聞、遠離器情諸衰敗、無上善妙之極樂清淨剎土中並增上了無比安樂。不僅僅發願而在相續中盡力生起佛菩薩所讚頌的此境界至關重要。如《聖者大鼓經》中說：「帝王，汝之子猶如丟唾液般地捨棄以珍寶、耳飾、鐲釧裝飾之六萬王妃及好似仙女般婀娜多姿之女子，真稀有！了知一切貪欲無有恆常，證悟好似仙女般婀娜多姿之女人猶如唾液一樣，並說：『真稀有！一切貪欲無有恆常、穩固、持久。』後捨俗出家，於此娑婆世界成佛，佛號釋迦牟尼。大王您變成樂匝哦童子又稱世間諸眾見喜。於此世間，怙主（佛陀）顯示涅槃後佛教隱沒之時，又過八十年，您成為持慧比丘，不惜生命發掘此經。又過一百年死後往生極樂世界，爾時汝能顯示眾多廣大神變，住於八地，一身住於極樂剎土，一身化現安住於兜率天，從怙主彌勒菩薩處請問此經（《大鼓經》）。」龍猛菩薩說：「我此往生極樂剎。」聖天論師也說：「去呀聖天去，光身赴淨剎。」《入行論》中說：「因昔淨善業，生居大蓮藏，芬芳極清涼，聞食妙佛語，心潤光澤生，光照白蓮啟，托出妙色身，喜成佛前子。」以及如同華雲侍者之公案那樣（因守持淨戒、發清淨心，最後直接往生佛剎）。

戊二、破戒之業感：

《讚戒論》淺釋——智者走向解脫之教言

本論云：

未能如理取捨犯戒者，死時恐懼猙獰獄卒說，

惡劣有情趨入此劣道，殺叫聲中身拖鐵刺原。

釋：未能如理如法取捨並違犯一切善妙功德之本無上解脫聖道戒律之學處的這些愚昧無知、罪大惡極者到了命終死亡之時，身量相當於十三個普通人的身高，獠牙畢露、牙關緊咬、雙足發出踢踏聲等十分恐懼、面目猙獰、令人毛骨悚然的閻羅獄卒們，怒沖沖、惡狠狠地說：「你和像你這樣惡劣愚癡的有情，（在人間已經）輕毀了佛陀教言、損害了佛教如意寶、不取捨因果、積累了眾多惡業，今天理應趨入如此惡劣之道中。」說完後破戒者面前即刻出現可怖的三險地⑫、四恐怖聲⑬，及氣勢洶洶、煞氣騰騰「打打殺殺」的叫聲等，處於這種迷亂境界中，獄卒在其頸上套著黑索，用銅鐵手指刺入其頭中，身體被拖到遍地布滿銅刺鐵刺的許多平原、山谷中。如此罪孽深重之人將墮入寒熱地獄中感受難以堪忍的苦痛，理應對此惡業境現生起厭離之心。《念住經》中說：「何者若以強烈貪心憶念非理女人，以邪念而邪淫，則彼死後將墮入邪道惡趣，感受無邊地獄痛苦，於彼處遭受種種危害折磨。因其以作已積集業⑭感

⑫三險地：是指中陰界中所出現的白光、紅光、黑光的明增得三種恐怖境現。
⑬四恐怖聲：《前行講記》釋為地、水、火、風四大之恐怖聲。
⑭作已積集業：具備下列六種條件之業：動念猛厲，故思而作；業行圓滿所作已遂；既作不悔；作後隨喜且有伴作；無對治力能毀所作；有力能令果報必熟。

25

召，其感受力十分強烈，即遭受以火燒身、兵器砍殺、鹽水澆燙、重病纏繞，此等所說之苦感難以想像、無法衡量、不可比喻。如是地獄有情皆由自心迷惑，乃至所造罪業未滅盡或斷盡之前，將於數十萬年中感覺燒焦之苦。從地獄中解脫後以順後受業[15]感召，不轉生為餓鬼旁生，而轉生於同緣分人類中。轉為人時，亦將成為貧窮者、山野者、寂靜者、畏怖者及山野者之奴僕，恒時罹患眾病。」《三摩地王經》云：「破戒墮惡趣，多聞不能救。」《入中論》中也說：「失壞戒足諸眾生，於惡趣受布施果。」

丁三（思維死後來世苦樂而應取捨之理）分二：戊一、總說持戒功德及破戒過患；戊二、分說黑業白業之果報。

戊一（總說持戒功德及破戒過患）分二：己一、順福德分守戒之樂果（持戒功德）；己二、以貪心見女人之過患（破戒過患）。

己一、持戒功德：

本論云：

雖無出離發心所攝戒，然以清淨善願守戒者，

將成天女圍繞之天子，享受圓滿五欲生極喜，

釋：本來出離心所攝的一切善根是解脫之因，菩提心所攝的一切善根是成佛之因，但是除了某些聖者高僧

《讚戒論》淺釋——智者走向解脫之教言

---

[15]順後受業：來生以後始感其果之業。

大德之外，未精通三藏教典、未被聖者怙主（善知識）攝受之人，暫時雖然於自相續無法守持能解脫有寂二邊、徹見三有一切痛苦的出離心及願將諸眾生安置遍知佛果的發清淨菩提心所攝的善妙戒律，然而，如果以發清淨善願獲得增上生功德之心守持解脫道階梯的別解脫戒乃至僅僅現在受持齋戒⑯等少分戒律者，則其果報必將轉生於天界，在諸多飾品嚴飾、舒心悅意、美妙莊嚴的天宮中，變成精通技藝、相貌端嚴、見而生喜、青春年少的天子，四周圍繞諸多嫵媚可愛漂亮的天女供養承侍，在自己壽量未盡之前將一直享受不可言表、安樂無比、十分圓滿的色聲香味觸五種欲妙並且生起極其喜悅之情。如《勝者智慧經》中說：「欲獲善趣當持戒。」《別解脫經》中也說：「趣入善趣者，渡河之橋梁。」又《廣戒經》云：「雖耳未聞眼未見，持戒之人趣善趣。」但是因為這不能趣至究竟解脫之乾地，所以他們仍然需要重新入道。因此我們不應為得善趣安樂的善願守持戒律，必須以出離心、菩提心攝持而受持淨戒。

己二、破戒過患：

本論云：

二身雖未接觸犯淫戒，然以貪心眼看少女行，

恐怖閻羅用以燃燒沙，反覆塗入眼中真痛苦。

---

⑯齋戒：近住律儀。殺盜淫妄四根本罪，以及飲酒歌舞、花鬘塗香、高廣大床、過午時食四支分罪，共成八罪。認可一晝夜間戒此八罪的別解脫戒。

釋：我等導師釋迦牟尼佛說：「你甚至不應以眼看女人。」如是作了遮止。所以說，雖然未以男女二個身體（二根）接觸，沒有染上（意樂等……）分支圓滿違犯淫欲根本戒的過患，然而若未以穩固的出離心緊緊護持自相續，以貪愛之心引起眼看豆蔻年華少女的身姿行為，則其異熟果報將是：面目猙獰、凶狠恐怖、行為粗暴的閻羅獄卒們，氣洶洶、惡狠狠地用以火舌熾熱燃燒的銅沙鐵沙不僅僅是一次，而是在惡業眾生業力未盡之前反反覆覆塗入他的忍耐力極弱的眼根之中，真是痛苦難忍，以此分別的痛苦業感境現也應生起強烈的厭離心。《念住經》中說：「具戒者若以非理作意看女人，則將（以熱沙）燒其雙目。」此外布敦仁波切也說：「見女若生非理意，眼為烈焰銅水燒。」

戊二（分說黑業白業之果報）分二：己一、略示持戒、破戒之果報；己二、廣說其分類。

己一（略示持戒、破戒之果報）分二：庚一、唯以持淨戒得功德；庚二、以破戒過患墮惡趣之理。

庚一、唯以持淨戒得功德：

本論云：

無論何人受持清淨戒，雖無一分聞思修功德，

死時必定往生清淨剎，行善無欺緣起之特法。

釋：何者具有福德善緣且自相續未被破戒罪行所染污，如理如法地受持一切功德之本清淨戒律學處如意

寶，則此人雖然無有一分其他廣聞經典、斷除增益的深思以及純熟串習法義的修行智慧等種種不同增上生、決定勝之因的功德，但在死亡降臨之時，他必定會往生極樂世界等無比清淨之剎土中。其因為：大慈大悲導師釋迦牟尼佛教法之根本即是戒律。以奉行持戒這一善法之因所生與得地菩薩同等緣分的稀有安樂之果絕對無有欺惑、無有遷變，此乃空性與緣起不相違背或無欺緣起境現之自性，是如海一切教派的無上特法，這是世尊以知處非處智力[17]所發出的獅吼聲。如《三摩地王經》云：「縱然精通一切法，若以聞慢不持戒，破戒必將墮惡趣，多聞無法救護彼。」

庚二、以破戒過患墮惡趣之理：

本論云：

若無淨戒守護自相續，外表裝作廣行聞思修，

無利漂泊輪迴惡趣處，具貪愚者滿業受痛苦。

釋：若無有能夠以真實出離心所攝的清淨戒律如理如是守護自相續，斷除罪行，那麼僅僅為了在他人面前炫耀莊嚴，外表上裝模作樣地廣泛進行聽聞佛法、思維他過、希求詛咒降伏等觀修忿怒本尊等等增上貢高我慢勇猛威力之事，但實際上正法與自相續已背道而馳，（如此而行）非但對成辦來世之永久之計無有任何利益

---

[17]知處非處智力：如來十力之一。如來了知生起有情之因是業煩惱，而非我、非造作者、非自在天等；行善往生上界善趣是應理處，往生惡趣是不應理處；行惡往生惡趣是應理處，往生善趣是不應理處。

反而極為有害。通常罪孽深重之人在呼吸間便會顯現今生來世各種業感的痛苦，尤其是此處所說的造大罪業者或依靠密法而造嚴重罪業的人將墮入金剛地獄。或者雖未墮入金剛地獄也會墮於惡趣深淵之中，於無數大劫中感受痛苦，最後若暫時從惡趣中獲得解脫，但因自相續無有出離心、菩提心等清淨種子，所以必將猶如水車之輪、瓶中之蜂一樣始終接連不斷地流轉於六道險地之中，漂泊於輪迴惡趣之處。其因為：在他人面前進行欺詐誘騙，肆意貪執欲妙及世間八法，具有貪心、卑鄙劣行的愚癡者終生依靠正法積累嚴重罪業，他們定將以罪惡滿業⑱感召漂於輪迴惡趣之中遭受各種各樣的痛苦。《佛藏經》中說：「舍利子，譬如閹割之人非男亦非女，破戒比丘與彼相同，非在家亦非出家，壽終後直墮地獄。」

己二（廣說其分類）分三：庚一、分說持戒往生淨土、破戒墮入地獄之理；庚二、持戒無勤得財、破戒轉生餓鬼之理；庚三、持戒天生具有芳香、破戒於不淨處轉為旁生之理。

庚一（分說持戒往生淨土、破戒墮入地獄之理）分四：辛一、總說生處；辛二、別說生處分類；辛三、生處資具等差別；辛四、以未來後世之苦樂勸生歡喜與厭離。

---

⑱滿業：成滿別報，能令一生應受幾許苦受樂受，完全成滿之業。

《讚戒論》淺釋——智者走向解脫之教言

辛一（總說生處）分二：壬一、持戒功德；壬二、破戒過患。

壬一、持戒功德：

本論云：

具戒將生廣大蓮花中，具足相好殊勝莊嚴身，

享用佛法無漏甘露味，嚴飾種種珠寶真歡喜。

釋：恆時具有令佛歡喜的清淨戒律之補特伽羅，死後將往生於一由旬或聞距許具數千花瓣的廣大蓮花之中。這時受持淨戒之大士具足勝妙三十二相八十隨好極其殊勝、無比莊嚴的身體，諸人天龍等也無法堪比，如此端嚴的身相令人見而生喜。以其福德力而感享用佛語或佛法喜宴，猶如無有有漏習氣之天龍勝妙甘露美味，身上嚴飾綠玉、吠琉璃⑲之瓔珞、臂環等種種珠寶飾品，發出悅耳的響聲，內心中生起無漏悅意之感，真是歡喜。

壬二、破戒過患：

本論云：

嗚呼破戒燒熱大地上，龐大柔嫩劣身倒栽行，

飲用難忍沸騰銅水液，各種兵器砍割真痛苦。

釋：因作者對破戒者所感痛苦果報，內心中生起強烈厭離而用「嗚呼」感歎語氣詞。破戒之人將墮入地

自性大圓滿支分決定三戒論釋附戒律輯要等

⑲吠琉璃：一種似玻璃的寶石，有黃、白、綠、藍等色，古代常以製珠寶和建築物的裝飾品。律疏說是藍寶石，耳嚴論說有黃、綠、白三種。

獄，倒在燃燒一肘高火焰的熊熊烈火並散發出濃濃黑煙的大地上，因其身體以所積種種不善業所感。誠如《念住經》及《涅槃經》等佛經中說：「惡業眾生每一身體長達五由旬至八萬由旬。」地獄眾生每一身體此南贍部洲也無法容納，十分龐大臃重，又極為脆弱（忍耐力極弱），猶如即日初生的嬰兒身體一般柔嫩。投生為如此惡劣之身的有情以各自業感頭朝下倒栽而行，如是難忍的痛苦之因是以出家人形象享用茶、稀飯等僧眾飲食。其異熟果還有：獄卒將多如海洋的滾燙鐵水銅水灌入它們口中，它們也是不由自主地飲用這些難以忍受、熾熱沸騰的鐵水銅水熔液，燃燒內臟而感受痛苦的同時也分別遭受寶劍、鋸子、短矛等各種兵器的砍割刺殺，真是痛苦不堪。故以降臨頭上的此等種種痛苦業感也應生起強烈厭離之心。《俱舍大疏》云：「誹謗淨戒者，苦行仙人者，彼等倒栽行，唯墮地獄中。」又經中說：「迦葉，有懈怠者，不持淨戒者，失壞沙門功德者，雖身著袈裟，不生恭敬之心；迦葉，有名為損害沙門色相之眾生孤獨地獄；迦葉，此孤獨地獄中，彼等身為比丘形象，衣裝燃火，頭上燃火、缽盂燃火、坐墊燃火、臥具燃火、所使用之物皆成損害，成為大火，火焰熊熊盛燃，一切沙門之色相（所見）皆成損害。何以故？如是身語意皆未清淨故，即身語意不清淨眾生便成為一切皆不清淨也。」

辛二（別說生處分類）分二：壬一、持戒功德；壬二、破戒過患。

壬一、持戒功德：

本論云：

具戒大士莊嚴無量宮，十萬幻化天女讚供養，

與諸佛子勇士眾會中，相互研討佛法真歡喜。

釋：具有清淨戒律的大士將往生於殊勝的清淨剎土中，於圓滿具足一切欲妙、天然珍寶組成舒心悅意的莊嚴無量宮殿中，諸佛所幻化的成千上萬天女以抑揚頓挫的各種妙音合理地讚歎他們的功德並作供養。此外，還與諸位登地佛子勇士眾會聚一堂，在集會中，不是一次而是反反覆覆相互研究討論深廣三乘佛法，一切地道斷證功德猶如夏季河水湧湧難抑，澎渤向上，自相續中真正地生起了無比歡喜之情。薩革拉說：「不失持戒者，恭敬於三寶，涅槃住彼前，死時將立即，轉生於天界。」

壬二、破戒過患：

本論云：

破戒童子燃燒鐵室中，業力所現惡劣羅剎食，

恐怖獄卒猛呼打殺聲，受此滅頭之苦有何感？

釋：無心愚昧盲目的破戒童子死後將隨業力所牽墮

自性大圓滿支分決定三戒論釋附 戒律輯要等

---

⑪《君主法規論》：「愚者視為重負擔，多數事情於智者，猶如毒利孔雀身，善巧方便以敵喜。」《格言寶藏論》：「孔雀身美聲悅耳，然彼所食皆為毒。」

入號叫地獄等中，在充滿沸騰鐵水、燃燒烈火的鐵室之中，由惡業之力所感而顯現為惡劣、凶狠、殘暴的羅剎，獠牙畢露，飢不擇食地啖食、吞食它們，發出匜齬聲，感受如是痛苦之同時，極為恐怖、令人畏懼的閻羅獄卒大軍凶猛地呼喊「打打、殺殺」，發出震天動地的巨大聲音，遭遇如此毀滅頭顱內臟之痛苦、恐怖，該會有何等的感受？因此我們應當思維，從今起懺悔罪業，精進修持。否則，如薩革拉所說：「若妄說神通，雖不樂受報，兵器砍頭顱。」

辛三（生處資具等差別）分二：壬一、持戒功德；壬二、破戒過患。

壬一、持戒功德：

本論云：

具戒善士如意樹園中，僅以意念享受飲食飾，

具足受用財如化樂天，聽聞美鳥善說悅耳歌。

釋：具有清淨戒律、堪為法器的善緣高尚大士所轉生的任何剎土都是悅意珍寶自性的環境，在金銀根、幹、枝組成，並有出生一切稱心如意所需之物的如意樹嚴飾、賞心悅目、見而生喜的園林中，無需以身語勤作僅僅以意識念及便可享受百味甘美飲食、甘露、蜜酒等，佩帶長短瓔珞等各種各樣的身體裝飾，意念後立即具足一切所欲所求的財富受用，猶如化樂自在天隨意可幻化出所需財物一般無勤中便可獲得。同時可聽聞到羽

《讚戒論》淺釋——智者走向解脫之教言

色美妙、具妙音歌喉的八哥等眾多鳥類，以悅耳動聽、令人舒心悅意的歌聲宣說四法印等善說。因此我們應當如尋路糧般地精勤持戒。《彌陀莊嚴剎土經》中云：「出有壞，若我證菩提時，我佛剎住菩薩眾，遍滿金、銀、珍寶、珍珠、琉璃、海螺、碧玉、珊瑚、水晶、石精（金剛鑽石）、紅珍珠等，一切珠寶、花、香、鬘、塗香、寶沙、妙衣、寶傘、寶幢、幡、燈、歌、舞、樂音等，如其所願圓滿成辦，因造諸善根故，發心（動念）後即刻現前，若非爾，我不得現證圓滿正等菩提，不成佛……」如此廣說了僅以憶念便可獲得一切財物資具。

壬二、破戒過患：

本論云：

破戒劣人身穿利戈上，凶惡女人擁抱燒內臟，

烏鴉鷹鷲昆蟲食腦髓，感受難忍苦時有何法？

釋：與上述內容相反，染上破戒過患的下劣之人將轉生於不悅意痛苦的惡趣之中，身體穿在火焰熾燃極其鋒利的三尖鐵戈上，從肛門、足、掌心向上穿透，並被令人心驚膽戰、十分恐怖的凶惡女人緊緊擁抱，而且體內燃火焚燒了心肺腹等所有內臟。同時，具金剛喙的烏鴉及具銳利鐵喙的凶猛鷹鷲、昆蟲等前來食飲他們的腦髓，啄食他們的眼油，感受如此無有窮盡、難以忍受的痛苦之時有何辦法呢？思維此等痛苦，應當對以前所造

的罪業生起追悔之心。《念住經》云：「邪淫轉生鐵柱山，攀爬並為女人燃。」又《智慧無量廣大珍寶經》云：「何人行邪淫，死後墮惡趣，遭鋒利鐵刺，穿透及燒苦。」《五學處功德經》中也說：「具貪邪淫之人，現世有生之年行邪淫，死後來世墮入大號叫地獄，之後渡過無灘河兩岸且有八十由旬高的鐵柱山，十八指長樹枝利刺向下懸垂，十二聞距高的身上燃火，火焰向上，爬山至六十由旬，此時恆時以各種兵器相互砍殺，數千年中攀爬於樹刺上。此外，獄卒執持兵器擊打彼等，彼等一邊哭號一邊頭朝下墜落，墜落時，燃火三尖矛從其頭部穿入，從肛門穿出，感受如是痛苦，恆時哭喊號叫，並需於八十由旬鐵瓶中住一大劫，為周身布滿餘燼之獄卒所吞食。」

辛四（以未來後世之苦樂勸生歡喜與厭離）分二：壬一、持戒功德；壬二、破戒過患。

壬一、持戒功德：

本論云：

具緣淨戒大士等流果，行善增上殊勝諸如來，
梵音讚歎右手置其頂，授記現前成佛真歡喜。

釋：照亮解脫道、具有善緣、自相續受持清淨戒律的大士以同行等流果所感，現世也是行持善法，受持淨戒學處，其果亦越來越增上。因此具廣大威力四聖者[20]之

⑳四聖者：指聲聞、緣覺、菩薩、正覺。

主的殊勝諸佛如來也以六十種梵音讚歎賜予安慰，同時舒展由百種福德所成如象鼻般的右手置於其頭頂並予以成佛之授記：未來於某時某處現前成佛，佛號某某，所化眷屬之數等。如此獲得八地時也具足無生廣大法忍及十種自在㉑，真是無比歡欣喜悅，猶如獲得無上佛果一般。《一萬二千大雲經》中說：「阿難，此樂匝哦童子亦名世間諸眾見喜，於我涅槃後過四百年成為比丘龍，廣弘我教法，最後於極淨光世界中成佛，佛號為善世出有壞圓滿正等覺慧源光如來。」

壬二、破戒過患：

本論云：

失毀戒律業重之有情，恆受毛骨悚然地獄苦，

人壽無法衡量解脫時，聞到如此怖聲更憂愁。

釋：隨惡業所轉之時失毀了戒律如意寶，罪業深重之眾生，其惡業異熟果現前時將轉生於十八地獄之中，恆時遭受令人毛骨悚然、望而生畏、嚴寒酷熱等眾多地獄之苦逼迫。獄卒們發出呼吸聲說：「以人間壽量無法衡量其解脫的時間，人間歲歲月月、朝朝夕夕、多年已逝，而未能從地獄中獲得解脫。」聽聞到諸如此類殘酷恐怖的聲音，此時地獄有情更加感到灰心絕望、極其憂愁。因此我們應當思維此理。如《入菩薩行論》中說：

㉑十自在：凡夫常有十種損害，不得自在；菩薩位中得十自在，正相對治不受如是十種損害：命自在、心自在、資具自在、業自在、受生自在、解自在、願自在、神力自在、法自在、智自在。

「然僅受彼報，苦猶不得脫，因受惡報時，復生餘多罪。」又云：「若遇尋常險，猶須慎防護，況墮千由旬，長劫險難處。」

庚二（持戒無勤得財、破戒轉生餓鬼之理）分二：辛一、不轉餓鬼之理（持戒功德）；辛二、轉生餓鬼之理（破戒過患）。

辛一、持戒功德：

本論云：

具戒大士來世生何處，美味飲食衣飾等財物，

無勤之中自然會聚集，贍洲縱遭飢荒亦不窮。

釋：具有究竟無上安樂唯一之因清淨戒律的大士來世無論轉生於任何處境，具六種甘美妙味如神饈般香甜可口的食品以及牛奶、蜜酒、甘露等種種飲料無上的豐富飲食受用，以及身上所穿所佩的都是如美妙天衣般輕飄柔軟樂切大氅等鮮豔奪目的人天衣裳、耳飾釧鐲等輪王及報身服飾等用品之自性一切財物，在無需辛勞勤作之中自然而然便會聚集獲得。其因為：即使南贍部洲的所有眾生遭受飢饉災荒痛苦業感，但是具有淨戒的任何人亦不會成窮困潦倒者，何況說在無有衰敗之時感受貧窮之苦呢？如前所引經中說：「貧者得出家，獲供脫貧窮。」及：「縱諸在家者，指甲上耕田，吾之出家眾，生活無貧窮。」

辛二、破戒過患：

本論云：

破戒愚者恐怖餓鬼中，身居許多凶惡閻羅眾，

具四倒識飢餓之眾生，必受燒焦內臟無量苦。

釋：破壞決定永久大計之戒律學處的愚笨者，將轉
生於令人毛骨悚然、十分恐怖、恆時唯求飲食的餓鬼界
中。在每一極其龐大餓鬼的身體上居住了許許多多凶狠
惡毒的閻羅眾及其他眾多餓鬼，具有果樹飲食、河水、
季節、日月四種顛倒意識遭受飢餓痛苦之餓鬼眾生皆得
不到飲食，或者雖然得到也無法進入咽喉中，或者雖進
入少許但到了夜晚必將感受燒焦所有內臟從口鼻之中冒
出濃濃黑煙等等眾多無法衡量的痛苦，壽量長達五千年
或一萬年等。因此，我們從現在起嚴謹持戒至關重要。
如前所引《三摩地王經》云：「為貪諸愚者，依靠腐女
身，將成劣眾生，彼墮惡趣中。」世親論師也說：「火
中餓鬼漂雲遊，發出高高慘叫聲，有些口中燃大火，頸
如針眼腹似山，恆時感受飢渴等，以致燒焦身枯萎，有
些吃食嘔吐物，其餘吐物亦難得。」

庚三（持戒天生具有芳香、破戒於不淨處轉為旁生
之理）分二：辛一、不轉旁生（持戒功德）；辛二、轉為
旁生（破戒過患）。

辛一、持戒功德：

本論云：

希求善道有緣諸童子，生生世世薰染戒妙香，

一切合成俱生之香氣，撲鼻樂受勝過天人香。

釋：希求增上生、決定勝善妙聖道，具有殊勝法緣的補特伽羅自相續中受持清淨戒律的童子者，生生世世之中身體會薰染上戒如意寶所發出的沁人心脾的妙香，由所積福德之力其果成熟於外境用品之上，一切通過配合而成的香及檀香、沉香等俱生之香氣芬芳撲鼻，遍布整個大地、四面八方，可產生的安樂感受真正已勝過天界諸天人所具有的妙香。此理如《因緣品》中所說：「花香隨風飄，根檀香亦然，戒香雖無風，芳香遍四方。」《教比丘經》云：「不敷冰片香，當塗戒勝香。」又《般若攝頌》云：「三界之中悅意香，不違出家戒塗香。」世親論師也說：「具無上戒香，善趣無窮盡，花鬘香不遍，塗香亦不生。」

辛二（破戒過患）分二：壬一、犯第一僧殘罪洩漏明點等破戒之真實異熟果；壬二、分說與菩薩乘相違故應斷除之理。

壬一、犯第一僧殘罪洩漏明點等破戒之真實異熟果：

本論云：

失毀身精明點劣緣士，多生累世沉溺不淨泥，

感受濃烈臭氣所逼迫，種種昆蟲食身真痛苦。

釋：以貪心失毀庸俗身體內的精氣或精華白明點、違犯三戒學處而斷絕了善緣的劣緣士夫，不止一次而是

在許許多多世代中反反覆覆周身完全沉溺湮沒於充滿屎尿等稠密骯髒不淨物淤泥渣滓之中，感受十分濃烈、難以忍耐的惡臭氣味薰染。一切時處為此等痛苦所逼迫折磨之同時，各種不同種類黑頭白身的成千上萬昆蟲刺食著他的身體，這種感受真是痛苦不堪。此理如《毗奈耶經》云：「何人若於悲佛教，以輕視心稍違越，彼將為苦所束縛，如砍竹林毀芒林，此罪遭受大國王，嚴厲懲罰不可比，非理若違佛教言，轉旁生如翳樹龍。」《念住經》中說：「男人於男人行邪淫，死後墮入惡趣之眾生多轉生於地獄中受眾多痛苦，以作已積集業之力感召而生此等損害，即彼眾生墮地獄，頭髮燃火、周身燃火，為如金剛般堅硬之身所持（擁抱），似空中灑沙般將其諸支分、極支分皆粉碎，以不善業死而復活，又燃火怖畏之男人，使其生恐懼，彼見深淵墮入其內，彼住於空中，芝麻許光明亦無有，並具熾燃喙之鳥前來將其身斷為數節，解脫後又墮於地上，具熾燃嘴之狐來食之，至彼骨窮盡，復生出，解脫後諸閻羅將其置於燃火鐵罐中焚燒。乃至其作已積集之惡業未斷盡前，於數十萬年中受焚燒、粉碎之苦。後從地獄中解脫，復以順後受業不轉生為餓鬼、旁生而轉生於同緣分人類中。若生為人，則彼以貪欲邪淫之等流果所感，毀眾妻，一妻不成，或去他人前。」又云：「何人以邪命，稍許維生計，彼沉於糞坑，昆蟲將食之。」

壬二（分說與菩薩乘相違故應斷除之理）分二：癸一、具大悲佛子思維中有死苦而不捨明點之理；癸二、思維大密持明捷徑密道中必不可缺而應捨洩漏明點之理。

癸一、具大悲佛子思維中有死苦而不捨明點之理：

本論云：

以貪失毀身精一明點，聚集數億弱小中陰身，

無法投生感受死亡苦，大悲佛子豈能不捨彼？

釋：若二眾生互相以強烈貪愛之心而失毀或洩漏身精一白明點，此時聚集了數以億計為苦所迫、以飲食為樂、受用貧乏、無實有身體的弱小中陰界眾生，它們為獲得身體猶如腐肉上的蒼蠅一般密布集中於尋香胎門周圍，然而除了個別能得到身體外，其他全部無法投生而灰心絕望，以此為因，必定重新感受如死亡般的痛苦。那麼，知一切眾生為父母，並誠心立誓或自詡承擔眾生之苦、已發二種菩提心之士、大悲尊主諸佛之意子大菩薩，以及宣講大乘經論、肩負弘法利生事業的高僧大德們，為何不捨棄失毀彼明點呢？理應捨棄。若不捨棄則如《別解脫經》中說：「損害他眾非沙門。」損害他眾，在大乘任何宗派中亦不得聞，何況得見，故應勵力精進。不損惱並饒益有情是諸菩薩之特法。洩漏失毀明點損害中陰身之理是《日月雙合續》等續部中所講內容。無垢光尊者在《勝乘寶藏論》中略說：「如網罟捕

《讚戒論》淺釋——智者走向解脫之教言

鳥一樣，父母雙運之網捕捉中陰身，成千上萬的無數中陰身猶如夏季腐肉上聚集蒼蠅一般集於父母雙運胎門口，父母感受安樂時它們不由自主地從母親陰道入胎。」有些雖未獲得實身，然卻轉為其體內的寄生蟲。世親論師說：「無數極其貪執濃烈香味的微小短命之眾生，它們死亡之時將以業力成熟轉生於寄生蟲類。」如此，多數感受死苦之外難得軀體。我們應當思維此理並謹小慎微。

癸二（思維大密持明捷徑密道中必不可缺而應捨洩漏明點之理）分七：子一、洩漏明點乃轉生金剛地獄之因故應捨棄；子二、乃證悟驗相之障礙故應捨棄；子三、思維其毀壞智慧密道蘊城即喪命之過患而捨棄；子四、頓悟方便道者需依下門助緣之理；子五、究竟解脫道不需觀待只依方便之理；子六、以意伺察雙運光明非聖道正行之理；子七、為成就者所傳之甚深耳傳故隨時隨地應保密。

子一、洩漏明點乃轉生金剛地獄之因故應捨棄：

本論云：

若有欲修捷道善緣者，為命亦須守第五墮罪，

若毀墮入金剛地獄中，解脫時亦絕無僅有矣。

釋：如今藏地雪域所有的男女老幼，尤其是上師僧人中無有一人未受灌頂，獲得灌頂後，灌頂之命根即是誓言，這已成了多數人的口頭禪了。此（誓言）唯一

依賴於其根本明點。因此，倘若有欲求以解脫之（教言）、成熟之（灌頂）二種方式趨入，並修學即生便可獲得解脫之捷道金剛乘密宗、堪為密法之法器的善緣利根者，入密乘後一切證悟驗相及悉地之根本即是明點。所以，為了至關重要的無價之寶生身性命亦必須守護，絕不能失毀洩漏明點的第五條根本墮罪。《時輪金剛》云：「若失明點者，犯第五墮罪。」若問未守護（此條）將如何呢？失毀誓言者必將墮入所有一般痛苦不及其百分之一的金剛地獄之中，感受炙熱之苦，壽量長達十億劫。《照明續》云：「失毀根本罪，不勤求復者，墮金剛地獄，諸普通地獄，苦合不及彼，十萬分之一，千佛之光芒，菩薩諸事業，恒作亦無利，十億劫之中，彼不得解脫。世間若毀滅，彈指間遷餘（轉他世），故法極謹慎。」此處對下劣者（指漫長之時）用否定詞說無解脫。然而，因有為法皆無常之故最後終究有解脫之時，但亦是絕無僅有矣，思維此理後具智慧者不應犯失毀誓言之罪。

子二、乃證悟驗相之障礙故應捨棄：

本論云：

若失所依甘露月明點，則失能依雙運智慧故，

障礙證悟產生眾罪業，金剛持眾亦應捨棄彼。

釋：倘若失毀了雙運智慧之唯一殊勝所依甘露本體皎月明分自性的菩提心明點，則如無器之水一般，必定

失毀能依現證法界雙運智慧。因此，眾多經論注疏中一致宣說洩漏明點定會障礙證悟頂乘無倒之密意，或是成為最大的魔障違緣，從而產生眾多難以堪忍的嚴重罪業。因此，已經精通此等之理並受持學處、圓滿諸功德的具三金剛上師[22]持明眾亦應捨棄洩漏明點而應守持彼者。此理又如《空行心滴》中說：「自然覺性之所依乃四大之身，身之所依為風脈明點，風脈者亦攝於因之明點中，因之明點乃四大之精華，亦即覺性之所依，是無別而住，四大各具功用故平等而住或增長時，身體無恙，獲諸圓滿功德，四大若以他緣紊亂則其功用不平衡，則相互影響致四大不調，而現各種疾病及違緣，失毀五大而死亡者，障礙修行，不能趨入無漏寂滅，故不失因之明點至關重要。此明點乃四大之精華，故若不失而增，則諸悉地由此而生，輪涅諸苦樂亦依其作用而現，故此不失而增乃要訣也。」

子三、思維其毀壞智慧密道蘊城即喪命之過患而捨棄：

本論云：

精進修持智慧密道時，若失細微明點芝麻許，

則毀眾多身界空行城，彼人喪命具有極大罪。

釋：一般來說，（失毀明點）不僅與共同密乘道相違，尤其是精進修持第二秘密灌頂、第三智慧灌頂道之

---

[22]具三金剛上師：具足別解脫戒、菩薩戒、密乘戒的大德。

精華在自身方便的基礎上修持上門解脫道、下門密道之時，不用說常常反覆洩漏明點等，甚至若失毀細微明點如芝麻許之量，其墮罪則摧毀了眾多自身金剛蘊城風脈明點之自性三身或身語意之自性蘊界，因此乃一切功德之源，即（清淨脈）勇士（清淨風）勇母等。總之，自身本為勇士空行之壇城，所以說失毀芝麻許明點，盡其數量將毀滅百萬勇士空行城，並且與其真正喪失性命一樣具有不可言說的極大罪過，甚至在夢中也不能失毀，因明點是密宗誓言之自性，所以應當捨棄（洩漏明點）。世俗之身體乃是佛之壇城，如《明界續》云：「本基中現迷亂力，總攝四大之壇城，風脈精華無二中，如來種子字而住，五輪佛父佛母相，三脈乃為三身性，外即五蘊之身體，內即五毒煩惱性，密即五身之自性，極密乃為五智慧。外即五大種自性，內即五大佛母性，密即五部空行也，極密乃為五妙慧。外即五輪之本性，內即五種明點性，密即五種文字也，極密乃五部空行。一切脈界乃勇士，空行佛父佛母剎，此身真正佛壇城。」又《明燈論》云：「本淨智慧力，現五大外境，攝執五大光，未解執著彼。五大精華身，相輔而生成，血肉脈明點，文字身智慧，外即五大種，內真五佛母，密即五空行。外即五輪性，內乃五明點，密即五文字，極密五空行。外即五蘊身，內即五毒惑，密即五身也，極密五智慧。故捨明點者，徹失密乘戒，十萬劫之中，

46

感受地獄苦。」

故說自身於如來壇城中本來任運自成，諸脈界明點乃真佛勇士空行，若失芝麻百分之一許因之明點，則十萬空行將悲哀痛哭；若未失則受出世間諸聖者之相助。持明者虹藏大師的伏藏品中也說：「若失明點精華肆意行貪欲，彼乃空行勇士命根故失聲痛哭，乃為誓言之根本故失三戒，乃身之精華故容顏光澤漸衰退，乃命之精髓故每失一次其壽便減七日，是故不失明點極為重要。」因此應當小心謹慎。

子四、頓悟方便道者需依下門助緣之理：

本論云：

何時通達實相大淨等，具足無念無漏之戒律，

五輪之風明點自在時，尚需解開脈結之助緣。

釋：何時共同地道功德已趨於究竟，正法完全融入自相續，大密乘正見密要正行修法無有錯謬地現前，已如理如是無誤地通達了本體實相三清淨四平等無二無別的大淨等實相，一切現有諸法顯現為大樂，並且斷除了包括細微在內執著庸俗之相的一切分別念，真正具足了無分別念、明點無有洩漏、甚深圓滿次第之戒律，能取所取二脈（精脈、血脈）之風全部進入中脈智慧法界中後，頂、喉、心、臍、密處五輪中一切所行之風全部變成智慧風。因為風所行之處即是明點所到之處，所以與此同時明點也獲得自在。總而言之，證悟平等之見、具

足有相自身方便、風脈明點獲得自在之時，尚且需要遣除解開微細脈結之障礙，增上證悟境界，所以要依止具足法相之業手印（空行母）作助緣。依此道而修行之特法（力）所證悟的無漏明點之智慧能斷除輪迴之根本、摧毀庸俗貪欲之魔、增上大樂智慧等，如是具外現功德的瑜伽士無有白髮及皺紋，身精如淨水般等已獲得如此成就及道功德者理所當然必須依止業手印。《威猛根本續》云：「得希有大樂，獲殊勝菩提，與女雙運外，餘處皆非有，一切幻化中，女幻最應讚。」否則，如蓮花生大士曾說：「最初入道時，無論為何顛倒識所牽皆是障礙。尤其對男人而言女人為大魔，對女人而言男人為大魔，男女共同之大魔乃衣食也。」佛母（益西措嘉）請問蓮師：「業手印不是修道中不可缺少之助緣嗎？」蓮師說：「真正起到助於修道作用之業手印比黃金還珍貴難得，你們女人罪孽深重，崇拜煙花浪子，注重感情（不觀淨心），積資供養煙花浪子，忍耐丈夫（不修忍辱），憐愛自子（對眾生不起悲心），對聖法生厭煩，（不修本尊）恆修貪心，以淫語勾引男人，不禮本尊而以手式約男人，不轉塔而遊自樂之地，於貪境發精進，迷亂自下身洩漏，貪愛交媾，以貪心回報恩德，講諸多淫語，若可則與犬亦行不淨，無悔之永久願望便是不淨行，今令選擇成佛或一次不淨行，然女選不淨行，口是心非，口口聲聲說有敬信，爭風吃醋（嫉妒心強）無有

《讚戒論》淺釋——智者走向解脫之教言

信心，極其吝嗇，不行布施，邪見疑心重，智慧悲心弱，虛榮慢心強，無恭敬心，精進弱小，擅長邪行，詭計多端，無清淨心，無堅定心，不守誓言，不侍上師，依其不助上進反而如鐵鉤般拖向後退，不起安樂作用反成貪嗔、痛苦、厭煩之因，本想依其得解脫反成增長嫉妒煩惱之因，本想增上明點反而染上層層冒瀆晦氣㉓。不如理守護誓言之女人乃修法之魔緣。」我們應了知如此所說之理。

子五、究竟解脫道不需觀待只依方便之理：

本論云：

自現覺性薩埵事業者，無貪不變法性大樂源，

清淨分別喻義光明智，捷徑密宗善巧希有道。

釋：此前譯（寧瑪派）（論典）中未說不依靠下門道不能圓滿密乘捷徑。其因為：證悟實相自然本智自現實諦無二無別、殊勝大法身自性之覺性智慧，現量見到了具有穩、攝、悟三相的空樂金剛薩埵之本面。如此覺性中四種事業任運自成故，此道成了一切共同殊勝事業的唯一作者，所以不觀待種種事業之儀軌，證悟了內心所現一切之自性即是無有被貪執能取所取染污的不變法性之本體，大樂智慧之究竟源泉，因此不需依靠業手印。總之，無論修持方便道還是解脫道，清淨粗大分別念加行道的喻光明及根除細微分別念後現見赤裸法性本體的

㉓冒瀆晦氣：違犯誓言招致的不祥。

義光明，若是具足如此喻義光明智慧的善緣者，則即生便可獲得下乘道宗派未宣說的雙運身果位，這是捷徑金剛密宗具善巧方便密行稀有特法之道。然而，真正獲得此精華義者卻極其罕見。四種事業即如《火施根本續》云：「覺性乃諸佛，一切獲自在（四事業），故當主修此（覺性）。」又《智慧明點續》中說：「息滅內外苦（息業），增上二善聚（增業），懷柔四所攝（懷業），摧毀二猛魔（誅業）。」

子六、以意伺察雙運光明非聖道正行之理：

本論云：

貪執自淨雙運義光明，非為作意聖道之正行，

若無解開脈結等功德，空樂覺受模糊乃伺察。

釋：猶如老者看孩童行為一般貪執所現諸覺受的一切賢劣能取所取，於無基離根的本地中自然清淨，法界覺性雙運之本體勝義諦法性之密意光明離戲之實相，即顯密因果乘共稱的無上精華並非為以作意改造後獲得自詡為實相及法性的細微苦性境界，而是三聖者正道之正行。這種境界已解開了中、精、血脈中包括細微脈在內的二十一脈結，應當獲得現見不變大樂本面等上述諸道相功德之究竟實相，倘若無有此等成就，則暫時的空樂覺受只是風心偶爾模模糊糊的顯現，是恍恍惚惚的狀態，不可認為是究竟之見。這種狀態乃是伺察意執著有相之自性，屬於集諦輪迴分之法，所以應當完全捨棄。

《讚戒論》淺釋——智者走向解脫之教言

恩扎布德在《成智論》中說：「未見身皮筒㉔，與實皮火筒，彼等之差別，見性之瑜伽，能超皮火筒。」又云：「二根所生樂，劣士說真如，勝佛未宣說，彼為真大樂。大樂非無常，大樂乃恒常，（若彼為大樂），搔癢腋樂受，為何非大樂。」

　　總而言之，此論初中後所講的唯一內容即是應守護的心寶，不能犯他勝罪、僧殘罪，不能洩漏明點。本來像我這般淺薄之人不應向其他廣聞博學、清淨戒律、智慧深邃的成就者們宣說勸誡，但這是末法時期之標誌。如今也有許多全心全意依賴於我的僧人，我百般鄭重祈求你們應嚴謹護持身之威儀，不要洩漏菩提心明點。

　　子七、為成就者所傳之甚深耳傳故隨時隨地應保密：

　　本論云：

　　吾雖無有證悟頂乘智，成就師前聆聽勝密法，

　　縱知辨法非法之密要，洩露教言因故不欲說。

　　釋：上師法王（本論作者）十分謙遜地說：「吾雖然無有證悟頂乘阿底約嘎之無誤密意、本體實相的廣大智慧，但卻於諸位大成就智者具有法相的諸上師面前聆聽了共同的無上密法，尤其是《光明心滴論》及竅訣等所有殊勝密法並且全部精通，縱然了知辨別清淨正法與具非邪法大密金剛乘的六邊㉕、四理㉖之教理，以及光明

自性大圓滿支分決定三戒論釋附戒律輯要等

㉔身皮筒：無證悟之要僅身中觀氣者。

51

大圓滿的了知、領受、證悟等分類之一切密要。然而，不可對非法器者洩露猶如空行心血般的耳傳之甚深教言原因之故，不欲公開宣說此理。《誓言照明續》云：「密法並非有過失，為利眾生故保密，能密悉地不消失，故說種種表示法。」

丙二（別分持戒之方法）分二：丁一、略說此濁世中揭露自過；丁二、法融入心之理。

丁一、略說此濁世中揭露自過：

本論云：

嗚呼我與如我濁世眾，誠心向法寥若晨星故，

不做無聊之士當利眾，反覆內觀審察極重要。

釋：作者因對末法時期唯求世間八法的形象出家人生起厭煩之心而發出「嗚呼」之感歎。當今時代我與如我一樣剛強難化的濁世劣緣眾生，由於未被諸上師攝受，及往昔所積之惡緣，故從心坎深處誠心誠意希求後世解脫、嚮往正法之人極為稀少，如同白晝之星一般。又因外境善於蠱惑人心，自己又智慧淺薄、無有主見，分別念很容易被誘惑，所以希望大家不要依靠種種外緣做一些無聊之事，而應當如噶當派前輩之傳記中所說的那樣，一心一意無私地行持利益他眾之事業。反反覆覆

㉕六邊：傳講或修持法時必須通達此理，即了義、不了義密意、非密意、文從義順、文義悖謬、幻化網大疏中有廣述。

㉖四理：傳講或修持密法者精通之四理。詞義（顯宗）、總義（生起次第）、隱義（圓滿次第）、究竟義（大圓滿）。

《讚戒論》淺釋——智者走向解脫之教言

內觀自心，詳察細審，使正法真正融入自相續，這是極為重要的。誠如阿底峽尊者所說：「如今五濁之惡世，非為裝模作樣時，乃為策勵精進時；非為尋求高位時，乃為置於卑位時；非為攝受眷僕時，乃為依止靜處時；非為調化弟子時，乃為調伏自心時；非為隨持詞句時，乃為思維意義時；非為到處遊逛時，乃為安住一處時。」持明無畏洲大師也說：「如法行者少如白晝星，切莫廣傳空行之寶法。」

丁二（法融入心之理）分七：戊一、思維希求表面名譽之過患；戊二、思維誠信無欺因果道理之功德與不信之過患而理應守持；戊三、思維堅定持戒誓言之功德；戊四、遣除違緣障礙之方便恆時恭敬上師；戊五、思維經說僅持形象之功德而守戒之理；戊六、思維末法五百年守少分戒之利益應持戒之理；戊七、思維諸眾應讚應敬之利益而持戒之理。

戊一、思維希求表面名譽之過患：

本論云：

內心唯求今生之美名，外表雖現善妙亦希憂。

釋：濁世的這些眾生內心中唯一希求今生之美名等世間八法，為了引誘欺誑而在他人面前裝得十分莊嚴如法，他們外表雖然顯現得極為善妙，實際上乃是有依此希求名聞利養、受到讚歎，疑慮得不到名聞利養、遭到呵責等之根源或心態，所以無有任何實義。《三摩地王

自性大圓滿支分決定三戒論釋 附 戒律輯要等

經》云：「長期妄語非梵行，恒時求利墮惡趣，身著梵淨行勝幢（法衣），破戒彼者說非法，內心貪執財糧食，坐騎黃牛及馬車，無有慎持學處者，彼等為何剃髮鬚。」世親論師也說：「雖以種種裝束行，若無戒律行苦因。」

戊二、思維誠信無欺因果道理之功德與不信之過患而理應守持：

本論云：

雖與美女朝夕共相處，若思無欺因果不束縛，

否則外相雖裝守持戒，然被時境外緣所轉變。

釋：雖然外表的行為下劣，與心愛伴侶年輕美麗的女人朝夕共同相處，形影不離，但是如果遇到正法則必定能捨棄。倘若反覆觀察思維佛經論典注疏中所宣說的百劫不毀之無欺善惡因果，乃至細微之分類亦不違越之道理，最後絕對不會受到女人的束縛，如同難陀的傳記一樣。否則暫時外表形象上雖然裝模作樣地守持救怖或善願的個別戒律，然而時時刻刻中不由自主地被暫時外境非法違緣所誘惑轉變，為魔所使，這是佛法未融入自心之標誌。其理如《教比丘經》中說：「譬如善妙樹，長期生樹枝，彼人長持相，恒時增罪惡，增上諸罪業。」又云：「不住諸學處，而披佛幢者，不如破戒後，立即還俗好。」

戊三、思維堅定持戒誓言之功德：

本論云：

故當再三思維來世業，堅定誓言不為外緣害。

釋：因此，不僅僅是空言虛談，而應當從內心深處不止一次而是再三思維成辦來世自他之永久大業，如果能夠如此堅定誓言不捨學處，則無論如何不會為惡緣、女人、惡友等暫時的外緣所損害。如《入行論》云：「行持若如斯，縱住惡人群，抑處女人窩，勤律終不退。」

戊四、遣除違緣障礙之方便恆時恭敬上師：

本論云：

然亦會遭惡魔之危害，恆以恭敬清淨之信心，

猛厲祈禱上師蓮花生，決定不為違緣所轉變。

釋：本來誓言堅定、智慧廣大之人不會被魔控制，然而末法時期的眾生猶如秤桿一般極易轉變，因此亦會遭到恆時障礙修道的凶惡魔王波旬及其眷屬之危害。最殊勝的對治即是並非時緊時鬆或偶爾性而是恆常以「我意唯您知」的至誠恭敬清淨之信心，專心致志、表裡如一地猛厲祈禱：諸佛智悲力之總集、（語金剛之寶生部）語言之本體、現為金剛阿闍黎形象之上師蓮花生大士明知。如此自己無論遇到多大違緣，決定不為違緣所轉變。如頌云：「身語意皆依止我，蓮生不欺諸君臣。」又說：「終生修上師，彼人命終時，融入我心間。」

戊五、思維經說僅持形象之功德而守戒之理：

本論云：

若於殊勝佛法起信心，僅剃頭髮披紅黃僧衣，

果報現後善因得增長，經說種種善聚妙功德。

釋：倘若對於引導我們趣至解脫乾地的殊勝稀有佛陀之教法，生起堅定不退的誠摯信心，由此乃至僅僅捨棄在家相剃掉頭髮鬍鬚，身披紅黃色補丁在內的僧衣，其果報今生中不會遭受非人猛象等損害，因僅身披僧衣也能清淨當天所享用信財亡財的罪障及償清宿債等緣故，來世善法安樂之種子即因此得以越來越增長，佛在經中宣說了種種善聚勝妙功德。如《地藏十輪經》中說：往昔一人被國王判死刑扔於尸陀林中，諸羅剎女見其頸帶袈裟布片後敬禮道：「汝且安然無恙住，吾等不會加害汝，見汝剃髮披法衣，吾等亦將隨念佛。」也有令猛象殺某人，見其身著紅法衣，大象恭敬禮其足的公案。此外，如頌云：「猛者最畏懼，見人著袈裟，非天趣地下。」又《花鬘論》云：「身上披著袈裟者，宛如升起璀璨日，極為殊勝倍莊嚴，三十三天如意樹，樹葉可滿一切願，脫落枯葉換新葉，如是為除諸罪業，近圓戒律亦復然。」《地藏經》云：「身著仙人之勝幢，一切智者極讚頌，何人於彼作供養，決定解脫三有縛。」

戊六、思維末法五百年守少分戒之利益應持戒之理：

《讚戒論》淺釋──智者走向解脫之教言

本論云：

往昔受持如海圓滿戒，濁世一日受持一分戒，

佛說此德較前更殊勝，欲善之人何不勤持戒？

釋：往昔在興盛圓滿前劫時，眾生煩惱薄弱、諸根調柔、不放逸之時受持如海圓滿佛教之戒律學處，於鬥諍時此末法五百年五濁惡世中僅僅一日受持一分戒律，佛陀在諸（經、律）藏中宣說此功德較前者更為殊勝，欲求善妙解脫道的智者之眾人自相續為何不奮不顧身精勤受持戒律如意寶，理應受持。《三摩地王經》云：「不可思議劫之中，供養數俱胝佛者，不如正法極衰敗，善逝聖教毀滅時，一日守戒福德勝。」

戊七、思維諸眾應讚應敬之利益而持戒之理：

本論云：

具戒之士足下踐踏塵，梵天帝釋為供亦頂戴，

有智之士為何不應令，美名飛幡飄揚三有界。

釋：若是有具清淨戒律之士，則其足下所踐踏的微塵，則總的世間君主及分別之梵天帝釋等天眾為了將其作為供養之對境亦以頭頂戴，如理了知善惡取捨的有智慧之士為何不應令具有圓滿戒律大士的美名之潔白飛幡飄揚於天上、地上、地下三有界？如此極為應理。西日訥瑪嘎（華智仁波切）說：「何人足趾所踐塵，三界吉祥誠希有。」

丙三（與之相關語結文）分四：丁一、無有修持無

垢佛法者故欲求自利之理；丁二、然而教誡善緣所化者之理；丁三、以惡劣習氣所致難以守持聖者歡喜之淨戒之理；丁四、發願生生世世中持大聖者之行為淨戒。

丁一、無有修持無垢佛法者故欲求自利之理：

本論云：

嗚呼多數如我隨魔轉，佛法作證雖說善妙法，

不喜視敵於此生厭離，故我歡喜獨自居靜處。

釋：因再次生起厭煩之心而發出歎息「嗚呼」，我與大多數如我相同的眾生隨著惡魔及惡友而轉。因此，我以佛所說無有謬誤垢染的正法作為證明，雖然以教證理證竅訣即三周遍量㉗宣說了一切善妙經論清淨本性的正法，可是有些無心愚癡熾盛的人不僅不歡喜聽聞而且生起極大嗔恨之心並視若怨敵一般，於此令人痛心的情景生起厭離之心，所以我希望不與任何人交往，不需要考慮敬上護下，憂心勞身而十分歡喜獨自一人居住在瑣事鮮少的寂靜之處。《呵責破戒經》中說：「破戒比丘具十憂愁之苦，不享佛法美味，聽聞深法不願趣入，於深法不生勝解心，若聞無緣空性、無相、無願法門，則生恐怖、畏懼、極畏懼之心，不解如來密意，於說法比丘生嗔，不願見說法比丘。何為十過？舍利子，破戒比丘，於和合僧眾，心不喜樂，何以故？想比丘僧眾和合作長淨儀式之力可毀我之故，見已過後，常為疑惑之苦

所迫並於具戒比丘亦生損惱心；舍利子，此乃破戒比丘第一過也……」如此共說了十種過失。

丁二、然而教誡善緣所化者之理：

本論云：

然而如心慈愛二軌友，為守誓言之故勸我說，

破戒過患持戒之功德，是故隨意略言書此理。

釋：雖然希望捨棄九種事[28]，但因不捨堪為法器的有緣弟子是菩薩之特點，所以此處用轉折詞「然而」。殊勝意子之主猶如心臟、眼目、性命般慈愛並具足世出世二軌之圓滿正士相的道友說：「為了『我』不偏守護一切清淨三學之誓言（請造此論）」。但他（勸者）只是為了後代所化眾生守護誓言而說此語，實際上他與往昔印藏出世的聖者高僧大德無二無別，誓言也如同刻在石上的花紋一般，所以不可能捨棄誓言。然他勸請我造此論時說：「您應當造一部宣說破戒者今生來世感受痛苦不樂意等之過患，以及讚歎自相續如理如是受持殊勝戒律、學處者，自然成辦自他二利功德之論典。」是此緣故，作者心中自然所顯現，內容雖然極廣，但卻捨棄了戲論之言詞而隨意以金剛歌形式的簡略言詞撰寫了此等道理。造論乃是聖者之行為。如頌云：「智者不應多許諾，倘若親口應允後，則如石上刻花紋，死亦不會有轉

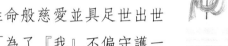

―――――――――――――――――――――

[28]捨棄九種事：捨棄身語意之不善、無記、善業之九種事，而住於超離三世因果的本淨體性中。《直指心性疏》、《七寶藏》等有廣述。

59

變。」匝那貢瑪阿闍黎也說：「智者三種事業中，講辯二者不一定，是故造論不可迷。」

丁三、以惡劣習氣所致難以守持聖者歡喜之淨戒之理：

本論云：

然如我等往昔業所感，縱未違犯圓支根本罪，

未守令聖歡喜之淨戒，放逸貪心累世之惡習。

釋：為他人宣講教言是極為困難的，其原因如上所說。儘管不應失毀學處而必須守持，然而（這種法器極為難得），因為隱藏功德是智者的行為，所以作者以謙虛語說：「我及如我一樣的此等眾生，由於往昔所積的福德善業所感而獲得了如今的善妙人身，縱然未曾違犯過圓滿具足基、意樂、加行、究竟墮罪支分的根本墮罪，但是卻也未曾守護過令無勤中能謹護根門的聖者所歡喜之清淨戒律。其原因何在呢？不具有謹慎精勤取捨的不放逸而是放逸無度，貪著五欲外境之心放蕩不羈，這是不可勝數的生生世世之長久惡劣習氣薰染之力　所致。間接也教誡後學者：淨除往昔所積習氣、持佛陀歡喜之戒至關重要。如經中所說：「知佛法僧後，生起誠信心，獲聖喜戒律。」《寶性論》云：「欲證無上菩提智者數劫中，身語意無勤作而持無垢戒。」又《俱舍論》云：「若見三諦得法戒。」

丁四、發願生生世世中持大聖者之行為淨戒：

本論云：

嗚呼佛法珍寶善聚本，圓滿淨戒大聖之行為，

福德者得淨戒如意寶，發願生生世世守淨戒。

釋：末法時期的眾生不能辨別黃金與牛糞之勝劣，對於與此相同不辨輪涅功過（功德與過患）之人生起哀傷之情而發出感慨「嗚呼」。濁世眾生之導師釋迦牟尼佛之教法與證法中，猶如價值連城的如意珍寶般的是有寂一切善妙聚集之唯一根本圓滿佛法取捨的戒律。唯有獲得見道時才能具備不染細微過患清淨無漏的戒律，也是大聖者之行為。只有許多世代中積累廣大福德者方能自然獲得任運自成一切所需，滿足一切所願之別解脫、菩薩、密乘三種清淨戒律如意寶。所以我們應當不止一次，而是反反覆覆發願從今起乃至未得菩提之間，生生世世中不投生於過富或過貧之家，而生於中等之家並獲得守持不染細微過患垢塵之清淨戒律具八閒暇十圓滿之人身。一切經論中皆宣說盡力發願持戒是極為重要的並說眾多願詞。如頌云：「具足無垢戒，受持清淨戒，持無慢心戒，願戒度圓滿。」又云：「我為菩提修行時，一切趣中成宿命，常得出家修淨戒，無垢無破無穿漏。」《七童女傳記經》中說：「剃髮出家後，身披糞掃衣，前往寂靜處，何時如是行，唯視一木軛，手持土缽盂，無親一戶戶，何時行乞食。」

乙二（勤修一切二障垢染之真實對治法）分二：丙

一、修禪定之諸因；丙二、觀修正行。

丙一（修禪定之諸因）分二：丁一、主要思維靜處功德而捨棄俗世；丁二、思維閒暇人身難得易滅故捨分別念。

丁一（主要思維靜處功德而捨棄俗世）分二：戊一、總說靜處功德；戊二、分說功德殊勝。

戊一、總說靜處功德：

本論云：

阿吙忠誠可愛友請聽，上有無人寂靜之神山，

前輩祖師大德修習處，嚮往獨自喜處常修行。

釋：因對如海學處之源泉寂靜之處生起極大歡喜心，故用語氣詞「阿吙」抒發此喜悅之情。請諸位不雜器垢而諦聽，外即乃至未證菩提之間永不分離所行稱為忠誠，內即一同獲得佛果故稱可愛，密即諸佛之密意界中無有高低前後、所行事業一味平等故稱道友，故用此三種呼喚詞。我們應該離開難以擺脫恐怖、悲慘之輪迴的大小家庭而前往上方，那裡唯以鳥獸為伴、無有世人、外離憒鬧、內離分別念稱為寂靜之神山處，即岩洞、空谷森林等自然會令人生起厭離心之妙境，也是我等之嚮導、怙主前輩祖師佛、佛子持明上師高僧大德們居住修習之處，諸上師空行也作過加持。在此地容易生起證悟驗相功德，也迅速可得前輩傳承上師之加持，不為失戒障礙及爭論之陰霾所遮染。因此，神山能加持補

《讚戒論》淺釋——智者走向解脫之教言

特伽羅相續，可撐起專心修行之勝幢、無有邊地外道之危害。如果聽到有如此善妙靜處則定會十分嚮往，並發願：拋棄追求伴侶、尋找飲食、護持親友、積守受用、建築房屋等一切巨細瑣事，唯行後世永久大計，遠離消遣欲妙之外緣對境，猶如少女的手鐲一般獨自一人悠閒自在於無有熱鬧可看的空谷中、賞心悅目的歡喜處，恆常護持自然本智無改之實相，深入思維、精進修行法義。如經中云：「眾人成諍論，二人將閒聊，如少女手鐲，獨自住靜處。」又《月燈經》云：「捨棄歡喜之城邑，恒時依止靜林中，猶如犀牛常獨處，不久將獲勝禪定。」

戊二、分說功德殊勝：

本論云：

此處無諸惡人之騷擾，何況強烈貪嗔之劣境，

禪定自增勝境森林中，發願何時能住此靜處。

釋：在此寂靜之處根本無有搶劫偷盜、違法亂紀、製造噪音等諸惡人來來往往攀談閒聊之騷擾，更何況說怨敵、女人等惡緣強烈貪嗔之劣境呢？雖然在此處開始可能會生起諸多分別念，但無論如何也只是猶如船上烏鴉[29]飛起一般，因無有散亂的違緣，所以緣等持的禪定自然而然會日日增上。在這殊勝悅意的環境森林中，白天

---

[29]船上烏鴉：指鴿子。他在船上飛起後馬上又返回來。意義是指於靜處生分別後，立即會生起禪定境界。

無人往來，夜晚無有怨敵的伺機損惱。我應發願：義無反顧地拋棄家庭、未來生計等，何時能夠安住於如此寂靜之處，該多好啊！如《入行論》云：「林中鳥獸樹，不出刺耳聲，伴彼心常樂，何時共安居？」

丁二、思維閒暇人身難得易滅故捨分別念：

本論云：

雖獲暇滿難得珍寶身，剎那無常死主來迎接，

當斷種種散亂財束縛，何時住於悅意寂靜處。

釋：雖然已獲得了八閒暇十圓滿，思維因、喻、數都表明極為難得勝過天人的珍寶人身，又有「此身行善即是解脫舟，此身造惡便是輪迴錨」之說。但是，總的來說一切有為法之自性皆是無常，尤其是人生壽命空而無實，猶如閃電及陡坡之水流般最終剎那也難以住留，都是無有恆常毀滅之法，所以保養身體無有任何實義。不久猛厲毀滅之緣死主閻羅王於呼吸間便前來迎接你，應當通過反反覆覆思維，以四種厭世修心等對治力斷除魔障惡友等種種外緣及散亂自性的財富受用等束縛之繩，發願何時能夠住於悠然自得舒心悅意的寂靜神山、空谷岩洞處該多好啊！如是死亡之理，如《無常語》中說：「如斷源水池，無增唯減少，眾亦入死道，誰信驟然壽？」又《解憂書》云：「地上或天間，有生然不死，此事汝豈見？豈聞或生疑？」《入行論》亦云：「迨及眾親友，傷痛及哀泣，四人掮吾體，居時赴寒

《讚戒論》淺釋──智者走向解脫之教言

林。」

丙二（觀修正行）分三：丁一、生起一切解脫道之首出離心；丁二、對佛子共同之聖道菩提心生起歡喜；丁三、宣說修持捷徑果乘密道之理。

丁一、生起一切解脫道之首出離心：

本論云：

世間散漫顯現暫時樂，黑白因果乃為無欺理，

見此三有六城皆痛苦，何時能生無偽出離心。

釋：思維親友、房屋、經商、飲食等瑣事於世間中瞬間的歡樂都是散漫放逸的顯現，幼稚無知的凡夫心前一切暫時的安樂只是剎那存在而已，若享受則如食毒一般，了知此理後不應貪執。後世所受的苦樂依靠何者產生呢？即十不善黑業、十善白業。總的、分別的因果規律乃為無欺因果之道理，甚至也包括世人共同承認的正見。造惡業之所有眾生則定會感受痛苦，見到此三有六道城中無論生於何處皆是痛苦，但願有朝一日能夠在自相續中生起無偽清淨的出離心。《三摩地王經》云：「誰捨猶如火炭坑，亦棄所愛子與妻，以恐怖心而出家，不難獲得勝菩提。」又云：「何人數俱胝劫中，承侍恒河沙數佛，不如生起出離心，真正出家更殊勝。」大持明者班瑪班扎說：「見由無明業惑所產生，三界猶如熾燃之火坑，以出離心持一解脫戒，功德之本乃第一要道。」

丁二（對佛子共同之聖道菩提心生起歡喜）分二：戊一、聯繫因果竅訣圓滿意樂加行之真實發心；戊二、圓滿前行修心及共同修學二資學處。

戊一、聯繫因果竅訣圓滿意樂加行之真實發心：

本論云：

無始以恩養育諸有情，皆為大慈大悲之對境，

意行圓滿珍寶菩提心，其恆生起敬心真歡喜。

釋：遍知佛亦無法照見、無法授記之對境，無始以來不止一次而是反覆以大恩養育我們、遍滿虛空界諸有情於多生累劫中當慈母時，好的飲食先給我吃，好的衣服先給我穿，極為慈愛、倍加關懷。他們皆為欲其具足安樂的大慈心及願其遠離痛苦的大悲心之利樂對境。修習（四無量心）未圓滿之前一直作為所緣境。發殊勝菩提心、行二利之意樂與行六度之加行圓滿的佛子是佛教之中流砥柱。總之，如理趣入願行學處的任何菩薩都是不觀待其他乘便可獲得佛的一切功德，因此稱為珍寶菩提心，其以通過不斷修學的恆常性精進及猛厲發心的恭敬性精進，則使自相續中所生起的菩提心增上，對此內心中真是歡喜不已。當捨棄劣心之理，如《聖者如幻等持經》云：「為利諸眾生，若發菩提心，將供養具足，三十二相佛。」又云：「菩提心如何，佛說妙法中，無更勝供養，亦無更勝德。」

戊二、圓滿前行修心及共同修學二資學處：

《讚戒論》淺釋——智者走向解脫之教言

本論云：

獨自安住無人寂靜處，以無偏心供施輪涅客，

一心修持無實幻化義，以無貪作供施真嚮往。

釋：若想如理修學菩提心學處，則應獨自一人安住於順緣善妙、外境無人的山谷，無有憒鬧的寂靜之處，遠離友伴、城邑，安坐於舒適的坐墊上，以對親怨無有偏袒之心將執為我自己的身體、受用、善根，上供諸佛、下施輪迴一切眾生，以此殊勝稀有方便宴請輪迴涅槃的大貴客，此為世俗有緣福德資糧。一心一意修持現有輪涅諸法本來無生之自性無實本基之實相遠離一切戲論幻化八喻所立的實相密意。以對顯現無有微塵許貪執之垢心，並護持實相赤裸之無現入定，證悟輪涅等性之心作供施，此三輪無緣（即三輪體空）之供施即是勝義無緣智慧資糧。內心中真的十分嚮往積累這二種資糧。修學菩薩行需迅速積二資之理，如《學集論》云：「吾身及受用，三世諸善根，施與諸有情，護持淨增長。」又《入行論》云：「身體及受用，三世一切善，為成眾生利，無吝作布施。」

丁三（宣說修持捷徑果乘密道之理）分三：戊一、恭敬依止引道者上師之特法；戊二、守護捷徑密乘灌頂所獲誓言之功德；戊三、宣說即生一切有漏法解脫於法界之頂乘密意。

戊一、恭敬依止引道者上師之特法：

本論云：

恩德勝佛具相上師尊，了知三寶總集之本體，

當以堅信誠心作祈禱，獲得意傳證悟乃特法。

釋：末法時期的眾生無有親眼面見諸佛、親耳聆聽佛語的緣分，而上師不是為了名聞利養，而是以悲憫之心為濁世眾生傳授如百川匯於橋下般的深道頂乘極要精華竅訣，開示即生便可獲得解脫之善道。所以從恩德方面來講，具有經論中所說法相的殊勝上師尊已勝過了佛陀，我們應毫無懷疑地深深了知其身為僧眾、語為聖法、意為佛陀之自性即三寶總集之本體，之後應當捨棄一切，以堅定不移的信心潛心猛厲作祈禱，使自己獲得如海持明上師的傳家之寶秘密精華意傳智慧，使上師所證悟實相的智慧融入於自相續，此乃大密金剛乘勝過其他乘之特法。密乘中唯依上師便可圓滿一切要道，般若乘不知所有加持源於上師，密乘中說佛的加持是直接通過上師獲得。如頌云：「當知勝義俱生智，唯依積資淨障力，具證上師之加持，依止他法誠愚癡。」

戊二、守護捷徑密乘灌頂所獲誓言之功德：

本論云：

捷道密宗入門即灌頂，受持彼者之根誓言故，

縱遇命難亦應誠守護，則生證相德芽不困難。

釋：善緣利根者要趨入如魔術般解脫之近道密宗，首先必須獲得不可缺少之入門即灌頂，通過能成熟之方

《讚戒論》淺釋——智者走向解脫之教言

便四灌頂，清淨四障，修持四道便可成熟四身。灌頂有基道果或因道果三種，乃至自相續現前雙運身之前不會虛耗受持彼者（灌頂）之命根根本及支分誓言。因此我們縱遇命難亦不能捨棄，而應深刻思維其珍貴難得，誠心誠意毫不拖延地守護誓言，其功德則必將猶如值遇因緣濕潤良田之種子般，自相續中很快生長出證悟驗相四持明之功德苗芽並不困難，因此不可延誤守持誓言。如《集密續》中說：「猶如依良田，所播之種子，將成熟果實，維持生命也。如是一切法，根本誓言故，成熟菩提果，緊持善命根。」

戊三（宣說即生一切有漏法解脫於法界之頂乘密意）分二：己一、總說無上三續之密意；己二、分說大圓滿阿底約嘎特法之功德及勸修根除迷現。

己一、總說無上三續之密意：

本論云：

對治分別執著生圓道，無貪覺空無別佛密意，

證悟自解之信解道頂，若具此等定成最後有。

釋：對治自相續執著器情之分別念的方法，將能依所依之器情觀為剎土本尊是殊勝世俗諦生起次第，以對治能取所取之方便使業風進入中脈，任運自成七勝本體之因是殊勝勝義諦圓滿次第，如此無誤殊勝生圓道即是瑪哈約嘎；不貪執平庸之能取所取，於無貪覺空無二無別之實相或法界與智慧雙運自然本智、任運自成之自性

大樂菩提心之壇城中自然安住於佛陀之密意中，此乃阿
努約嘎；本基清淨之實相即本體空性為法身、自性光明
為報身、大悲周遍為化身，證悟無緣三相及一方便後，
如理修道決定可現見本面（見），獲得定解（修），證
悟自解脫之信念（果），不需取捨之本來實相即是一切
諸乘解脫道之最極頂，此乃竅訣阿底約嘎。無論是上中
下何等根基之人，若具足或證悟此等道理則必定會超越
散漫、迷亂、無知，其心決定安住於佛的密意中從而斷
除胎城，猶如大鵬之卵於蛋中圓翅[30]一定是最後有者。
此句說明作者依照全知上師（無垢光）之論典而了達頂
乘密意。如《金剛薩埵意鏡續》中說：「生次瑪哈乃諸
法之基，圓次阿努及諸法之道，大圓阿底乃是諸法之
果。」

　　己二、分說大圓滿阿底約嘎特法之功德及勸修根除
迷現：

　　本論云：

　　如今六道眾生五毒山，其餘之法難以毀滅之，

　　若持證悟大圓金剛鑽，即能摧毀世間諸大山。

　　釋：如今果期教法已隱沒，因此很難證悟實相。濁
世人壽接近十歲時，因六毒（五毒加吝嗇共六毒）顯現
為地獄等的六道眾生，對於煩惱濁之力強盛的五毒自現
壞聚見大山王，以其餘不了義的因果乘之佛法極難以摧

《讚戒論》淺釋──智者走向解脫之教言

[30]蛋中圓翅：用來比喻修大圓滿者離開異熟身後立即獲得成就。

毀滅盡，不能迅速對治調伏之。不僅法是大圓滿，而且人也是已了達大圓滿者，則儘管法器愚笨但若持有穩固信心，或者當今時代寧提派處於勝解行時之緣，雖無究竟廣聞然有信解者也能如理證悟大圓滿之智慧，因此先決定、區別，最終完全了悟實相自解脫密要。如是大圓滿金剛鑽即如大自在天手中毀山的金剛一般，若獲得即能徹底摧毀一切世間迷亂顯現的諸大山。即了知自現無有自性只是迷亂顯現而已，皆是不離貪執迷亂分別念造作，證悟覺性無基離根、無有能取所取之境界，因此勸勉諸位迅速精勤修持此頂乘之道。如《普作續》云：「如是顯現皆真如，誰亦不應改變彼，不改平等性之王，無念法身任運成。」

甲三、尾善末義：

本論云：

如是造論種種語善說，我以清淨之心隨意寫，

願成汝心聞思修助緣，並度老母有情至商主。

釋：如上所述三學之自性三戒之密要，如是所造之論，以種種語言頌詞形式善巧地宣說了不同乘的內容，我不是為了名聞利養而是以純潔清淨殊勝意樂之發心隨意中所現直接撰寫，由此而生的善根願成為堪為法器的善緣者汝心趨向廣泛聽聞經論注疏、如理善加觀察思維而斷除增益、自相續對治遠離二障反反覆覆串習即聞思修智慧之殊勝助緣，並且再三發願：度化引導三有之中

自性大圓滿支分決定三戒論釋附戒律輯要等

71

無一未做過母親的老母有情達至遍知寶洲大商主佛陀的果位。因此，理應對此論生起歡喜心。如《寶性論》云：「何人一心為佛法，無有散亂（私利）而宣說，符合獲得解脫道，應如佛語作頂戴。」諸佛之後學者了知三學要義後，應無有懈怠、毫不拖延地精進修持。

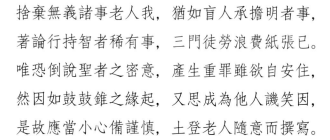

　　捨棄無義諸事老人我，　　猶如盲人承擔明者事，
　　著論行持智者稀有事，　　三門徒勞浪費紙張已。
　　唯恐倒說聖者之密意，　　產生重罪雖欲自安住，
　　然因如鼓鼓錐之緣起，　　又思成為他人譏笑因，
　　是故應當小心備謹慎，　　土登老人隨意而撰寫。

　　善哉！善哉！！善哉！！！

譯於色達喇榮五明佛學院

2000年3月25日

《讚戒論》淺釋——智者走向解脫之教言

沙彌五十頌釋

麥彭仁波切　著

索達吉堪布　譯

梵語：阿雅莫拉薩瓦阿德瓦德西日瑪內繞嘎熱嘎

藏語：帕巴月塔加有白瑪魏給策累哦雪巴

漢意：聖一切有部沙彌頌

嗡索德！

　　禮拜功德之根本，別解脫戒開創者，

　　為持沙彌之學處，撰寫注釋寶鬘論。

　　在此講述詳細宣說沙彌戒觀待時間情況之開遮道理的五十頌。

　　全文分四：一、論名；二、譯禮；三、論義；四、末義。

　　甲一、論名：

　　梵語：阿雅莫拉薩瓦阿德瓦德西日瑪內繞嘎熱嘎，譯為藏語帕巴月塔加有白瑪魏給策累哦雪巴，意思是說，根據承認所知五事或三時均存在、遠離煩惱聖一切有部的觀點而宣說對上師精勤承侍以及誦經等歷經苦行的沙彌五十頌。

　　甲二、譯禮：

　　頂禮遍知佛陀！

自性大圓滿支分決定三戒論釋附戒律輯要等

這是譯師所作的頂禮句。對徹知相合戒律的細微因果等萬法的佛陀前頂禮膜拜。

甲三（論義）分二：一、禮讚立誓；二、真實論義。

乙一、禮讚立誓：

> 怙主佛與法，聖僧前頂禮。
>
> 沙彌諸儀軌，簡要而宣說。

救度眾生脫離惡趣與輪迴痛苦的怙主以如所有智與盡所有智了知萬法究竟二利的佛陀、教法與證法、有學無學道的聖者僧眾前敬禮。從如海聖教中擷取關於沙彌取捨的一切儀軌，依照教義簡明扼要地加以宣說。

乙二（真實論義）分二：一、教誨出家後當護學處；二、廣說護持方法。

丙一、教誨出家後當護學處：

> 釋迦獅子教，起信而出家，
>
> 穩固諸戒律，當護如自身。

所謂的「釋迦」是種姓，由於能勝伏外道、煩惱以及敵對者而稱為「獅子」，依靠對釋迦佛所宣說的四諦業因果等教法與證法的清淨信、欲求信、誠摯信而剃除鬚髮，身披袈裟，棄離家庭，出家為僧，這一句宣說了出家人的四圓滿。絕對是依賴信心，此為意樂圓滿；削髮剃鬚後身披袈裟為戒律圓滿；捨離俗家為住處圓滿；出家為僧是事業圓滿。修行圓滿是指乃至有生之年以恭敬心與恆常心身語意穩固具足正知、正念勤護四種自性

沙彌五十頌釋

罪以及酒等六種佛制罪的戒律，做到纖塵不染而守護，就像為了保護樹木不遭毀壞要在外面用圍牆與繩索圍繞一樣。如果不犯根本戒，好似圍牆與繩索般的所有細微學處都不失毀，才能稱得上是戒律穩固。應當像對自己的身體盡力斷除違緣、成辦順緣那樣守護學處。

丙二（廣說護持方法）分四：一、上午事宜；二、平時學處；三、午後所做；四、結尾。

丁一、上午事宜：

> 下夜時起床，天亮前誦經，
>
> 洗臉刷牙後，敬禮圓滿佛。

一夜分為五時，下半夜黎明時起床，在天亮之前諷誦契經等經論，善根迴向眾生。用無有生靈的水與牙木洗臉刷牙。之後在斷證究竟圓滿、覺醒無明睡眠、徹知萬法的佛陀前身語意三門恭敬禮拜，再做其他法行。

> 於師住處門，手當輕緩扣，
>
> 入內上師前，恭敬問安等。

對於堪布或依止師等上師住處的門，應當以手輕輕扣敲而開。進入室內後畢恭畢敬向上師頂禮，問候上師身體是否安康、晚上是否睡好、心情如何等。

> 詢問需做事，為壇城等做，
>
> 濾器等觀水，上中底次第。

其後除了禮拜、轉繞佛塔以及大小便之事外，請問上師上午有何事需要做，這些事是否要做？如果上師吩

自性大圓滿支分決定三戒論釋附戒律輯要等

75

咐，則在供台或壇城上供養花、香等，盡心盡力去做。用濾水器和螺碗等明淨的器皿來觀察水，按上下順序首先觀察上面，再觀察中間，最後觀察底部。

若無濾器等，手掬葉置瓶，

大小水生眾，長時細觀察。

假設沒有濾水器等，則用手捧水而觀察或者將樹等葉子放在水瓶裡而觀察。對於眼睛所能見到的大大小小所有水中含生，如果長久觀察就會導致雙眼麻木，看不見，如果時間過短只是籠統而觀，也發現不了。因此，時間長短適度清清楚楚認認真真反反覆覆地觀察，直到確定沒有生靈為止。

悲者於諸汁，應當詳察用，

有含生過濾，莫害諸生靈。

酸奶湯等食品的汁液中以前雖然沒有含生，但蒼蠅等可能會突然落入，因而具有悲心者對此要詳細觀察有無生靈，認定沒有方可享用。假設有含生，那麼就要用五種濾水器等中任意一種仔細過濾，使含生不死。在此過程中務必做到不傷害任何含生。害了多少眾生，就會出現相同數量的惡作。所以，不蓋水器等口，或者將水中生存的眾生放在乾地上，或者將乾地的生靈拋至水中等凡是有害眾生的行為都必須斷除。觀察水時，諸如今天清晨觀察，那麼明天早晨之前可以使用，自己雖然未作觀察，但有五種可使用的水。（一）觀察一尋周圍之

沙彌五十頌釋

76

水：到湖泊等中央剛剛沒膝處觀察有無含生，如果無有，則是觀察一尋周圍之水，可以享用。（二）井水等：觀察井等器具，確信無有含生。（三）具功德比丘之水：具有功德的比丘觀察過而取來的水。（四）僧眾之水：經過精心過濾放置，供僧眾使用的水。（五）可信賴之水：諸如山坡、懸崖口流下或者地下冒出的水。

> 草糞木材等，使用任何物，
> 應當無含生，持戒者斷殺。

在乾地鋪草、用牛糞清洗房屋、伐木以及挖地等，總而言之自己無論使用任何物品，在取這些物品時，務必做到其中沒有含生。斷除自相續身語意罪惡的持戒者必須要戒除殺生。在供燈時應當做燈罩，（以防止飛蛾撲火喪命。）精勤做諸如此類之事。

> 當備墊水土，牙木除垢劑，
> 清洗缽盂等，做師所需事。

在上師清晨洗漱的地方，應當鋪設坐墊，準備洗臉水、土以及牙木，在解手處備用衛生用品，在印度用小牛的糞與土混合搏成丸子或者土鹼、瞿麥等作為去污劑。清洗上師的缽盂、衣物以及清掃住處等，總之，凡是上師需要做的事都應當盡力而為。

> 持戒者知時，於師前頂禮，
> 恭敬而合掌，請上師用餐。

具有戒律者事先承侍上師完畢，明確了知早餐的時

自性大圓滿支分決定三戒論釋附戒律輯要等

間後在堪布上師前作禮，如前一樣身語意三門恭敬，雙手合掌請上師用餐。

　　　　洗手後如理，默言知食量，

　　　　為遣飢病食，思此而進餐。

　　接下來，自己洗手、漱口、洗缽，之後不東張西望，每口進食不多不少做到如理如法。進餐過程中默默不語，飯量多少適度。如果為了心力強大、相貌端嚴而用餐，則成了不善業，如果不吃就會軟弱無力，無法行善，若為了承受得起奉行善法而用餐則是善業，如是這兩者都不是，那就成了無記狀態。因此為了避免飢餓的病態、身體衰弱、無法行善而享用食物。一邊如是觀想，一邊用餐。

　　　　用餐同時飲，可用之水後，

　　　　為增布施德，誦布施二偈。

　　在進餐的同時飲用經過觀察可用的水，吃喝完畢，緊接著用淨水漱口，清洗缽盂，為了遣除施主的不幸、增上布施的廣大福德而念誦一遍布施偈文，並為嘎哦龍王、尼嘎龍王等再誦一遍布施偈。

　　丁二（平時學處）分二：一、略說；二、廣說。

　　戊一、略說：

　　　　有竅訣坐禪，精勤而誦經，

　　　　通達戒軌者，精進行善法。

　　如果具備修行等竅訣，則為對治貪心修不淨觀，對

沙彌五十頌釋

78

治嗔心修慈愛心，對治癡心修緣起法，對治分別妄念修呼吸法的禪定。如果無有竅訣，那麼就勤奮地誦讀三藏經典。通達沙彌十戒等三門的戒律以及四威儀的儀軌，首先必須要通曉如理取捨，僅僅通曉尚不足夠，還要進一步身體力行，極為精進地奉行長淨等善法。

戊二（廣說）分二：一、根本戒；二、細微戒。

己一（根本戒）分四：一、殺生；二、不與取；三、非梵行；四、妄語。

庚一（殺生）分二：一、真實殺生；二、殺生同分。

辛一（真實殺生）分三：一、以身殺生；二、以語殺生；三、以方便殺生。

子一、以身殺生：

> 未失持戒心，故意未錯謬，
>
> 自或令他眾，殺生失毀戒。

昔日世尊在哲則地方為比丘傳講並讚歎不淨觀修法，比丘們通過修此法而對骯髒不堪的身體生起厭惡之心，結果比丘有的自己服毒，有的用利刃刺殺自身，有的跳下懸崖，有的自盡身亡等。一位比丘對持杖比丘說：「尊者，如果您殺了我，法衣奉送與您。」於是持杖比丘就將他殺了，隨後去樂河邊洗刀。當時有一位天子魔不接觸水面而坐在水上，他以讚歎的口吻對持杖比丘說：「你這樣做增長了許多福德。」如此一來，持杖

比丘一方面貪圖法衣一方面想到這是福德之事，於是將匕首挾在腋下，在前往經堂的途中連續殺了六十位比丘。到了十五日誦戒時，世尊問阿難：「是何緣故比丘數量大減？」阿難如實呈白。世尊以多種方式嚴厲譴責了這種惡行。由於見到十種功德而制定了不准殺人的戒條。未失未捨戒律、未因瘋狂等失去理智之人懷有某種目的以害心殺天施而未誤殺供施，自己親手或者唆使他人用利刃等刺殺人或胎兒，如果正行圓滿，則已從根本上失毀了戒律，成了他勝罪。

子二、以語殺生：

> 於具或破戒，如是患病者，
>
> 莫說聞苦惱，定死之語言。

對具戒者說：「你如此這般守持清淨戒律，如果死去，一定會趣入善趣，你自殺吧。」聽者依此因緣而死。或者對破戒者說：「你如果活著，只會增長罪業，不如死了好，你乾脆自殺算了。」此外，對罹患疾病者說：「你無論活多久，都只是受痛苦折磨而已，還是自盡吧。」無論是誰，聽到這類話，苦不堪言，很可能會死去。因而萬萬不可言說致人於死地的話語。如果說了，對方以此因緣而死，則犯根本戒。

子三、以方便殺生：

> 以藥密明咒，派往死亡處，
>
> 依靠種種法，殺他人失戒。

用藥致死的公案：施主力部有兩個兒子，長子德巴、次子尼德，德巴出外經商，弟弟尼德使他的妻子懷孕，之後尼德到紫達園出家。尼德的朋友用藥殺死了胎兒，結果此事傳得滿城風雨。佛陀問尼德：「你是否做了如此之事？」尼德回答：「未真實做，但欣然隨喜了。」於是世尊規定了今後若做如此之事，則犯墮罪，制定了不准以藥殺人這一戒條。沙門以殺心在飲食等中加毒或將致死的藥物給予男人、女人或石女，或者依靠勇士的密咒、勇母的明咒誅殺，或者將他們派遣到險地、烈火、猛獸、毒蛇等危及生命之處，通過身語的種種方法，具足基、意樂、加行、究竟殺害他人，則失毀戒律，犯根本戒。

辛二（殺生同分）分二：一、粗墮；二、惡作。

子一、粗墮：

> 旁生地獄眾，餓鬼或天人，
>
> 若殺則獲得，墮惡趣粗墮。

無論是犛牛等旁生，寒、熱、近邊、孤獨地獄的眾生，餓鬼，還是欲界、色界的天人，沙門以殺心殺之，則犯墮入惡趣的粗墮。

子二、惡作：

> 具戒者想殺，身語作預備，
>
> 眾生雖存活，亦成三罪業。

持戒身分者心裡有想殺他眾的動機，身體投拋石頭

自性大圓滿支分決定三戒論釋　附　戒律輯要等

81

等，口中也說「殺殺」之類的話，如此做了準備，即便那個眾生沒有死亡仍舊活著，但是此人也已犯了身語意三種罪業。

> 石棍拳打擊，此外他損害，
> 莫害犛牛等，勿騎馬匹等。

雖然沒有殺心，但以嗔心用石頭、木棍、拳頭連連毆打其他眾生，此外，打耳光或用鞭子抽打，或者在酷暑之時扔到熱的地方、嚴寒時節扔到冷的地方諸如此類的損害，以及讓馬牛等馱東西，殘暴毆打等凡是損害眾生之事都要杜絕。沙門也不應當騎馬騎象而行。

庚二（不與取）分二：一、真實不與取；二、盜取各類財物。

辛一、真實不與取：

> 沙彌自令他，思盜強暗中，
> 無誤他人處，盜取五瑪夏，
> 或四分之一，嘎夏巴貨幣，
> 據己有破戒，加行犯惡作。

昔日，世尊住於王舍城嘎蘭達嘎地方時，一位陶師出家，名為具財比丘。這位比丘在王舍城的寺院中搭起一座茅棚居住。當他去城中化緣時，當地的牧童等人將他的茅棚拆毀，並把草木拿走。具財比丘不得不重新建一座茅棚，結果又被拆毀，反覆數次，最後他生起煩惱，索性建造了一座十分美觀的紅色陶瓷茅棚。當時，

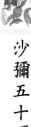

沙彌五十頌釋

世尊出遊發現了這座茅棚，於是問：「這是誰人的？」答言：「是具財比丘的。」世尊說：「如此一來，諸外道徒必會譏笑於我，將它毀掉。」諸比丘依教奉行拆除了這座茅棚。具財比丘不禁暗自思量：王舍城主管木材的長官與我關係甚密，我應當建一座木房。想好後，他便去對管木材的官員說：「國王已開許，你還是將木料給我吧。」那位官員說：「既然國王已答應，那你就隨便用吧。」就這樣，具財比丘將王舍城修復破損之處所伐的許多木材都運走。守城的官員看見後稟報波斯匿王。國王招來具財比丘問道：「你怎麼可以盜竊呢？」具財回答：「本來是不可以，但國王開許了。」波斯匿王大惑不解地說：「什麼時候開許了？」「曾經在你的父王為你舉行登基儀式之時說：『在我的境內，若無人給就不敢享用草木和水的比丘、婆羅門可隨意使用。』那猶如獅吼般的金口玉言難道您不記得了嗎？」國王解釋道：「那是指非別人所屬的，不是指的所屬物。」具財振振有詞地說：「如果不屬於任何人的，那國王還有何必要開許呢？」國王大怒，呵責道：「本來，這個盜竊的比丘應當判決死刑，但是這次就赦免了，從今以後絕不准再做如此之事。」說完將他放了。佛陀聽到此事後，以多種方式加以譴責，由此制定了不准偷盜的戒條。

　　沙彌自己或者蠱動別人不是以清淨心而是懷著盜取之心，以直接強行暴力、暗中偷偷摸摸以及諂誑狡詐等

自性大圓滿支分決定三戒論釋 附 戒律輯要 等

方式，毫無錯誤地從他人處奪取或盜竊五瑪夏嘎金子或四分之一嘎夏巴等價值的財物據為己有，生起得心時，就已從根本上破了戒律，成為他勝罪。嘎夏巴的四分之一相當於五個瑪夏嘎，一個瑪夏嘎是八十個海貝的量。蓮花戒尊者說它的價值量在印度相當於一兩銀子，也有些人說相當於一兩銀子的八分之一。從本地盜取則需觀待當地當時的價值，如果具足，才是破根本戒。不具足正行而以盜心在加行時事先做準備，則為惡作。

辛二、盜取各類財物：

　　　　盜蕪菁根果，樹莖葉皮水，
　　　　水生旱生花，田莊稼地基。

偷盜蕪菁等的圓根，香附子等植物的根，訶子等的果，果樹等樹，苦參等的莖，樹等的葉子，樺樹等的皮，洗漱、飲用等的水，水生或旱生的花，盜取田地的範圍，以爭論或圍圍牆等方式偷田地，乾旱時阻斷別人田地的水而引到自己的田中，或者在澇災時，阻斷自己田地的水引到別人的田中，從而使自己的莊稼五穀豐登，令別人的莊稼受害遭殃。竊取諸如建房、經商時的地基。

　　　　竊船木與稅，如是船費用，
　　　　無足之含生，兩足多足眾。

　　心想偷船，於是順著水流向上，平著或向下而盜取，將船埋在地下而不被發現。盜竊柴等木材、該交的

稅收不交。同樣，該付的船費不付，偷無足的蛇等、兩足的人鳥以及多足的馬牛等眾生。

> 持戒者盜心，偷人財寶等，
> 價值若足量，則失毀戒律。

持戒者以盜心無論竊取別人的金銀財寶等任何物品，如果價值已具足，則犯根本戒。「等」字還包括用網罟等捉拿。自己以害對方的心態盜取也犯根本戒。若以對二者均無利無害的心態毀壞或焚燒，則犯粗墮。如果以悲心毀壞，則犯惡作。以不利二者的心態捨棄，則犯粗墮。以悲心捨棄，則犯惡作。價值不足量等也將構成粗墮等。

> 缽等若被盜，則當講佛法，
> 或以應價買，否則成惡作。

不與取的同分，缽盂與法衣等生活資具被盜賊竊取走時，如果通過講經說法能使對方歸還，則當傳法。或者以該付的價錢買回。否則，如果強行取回，則犯惡作。

庚三（非梵行）分二：一、真實學處；二、護持方法。

辛一、真實學處：

> 正常具戒者，以貪男根入，
> 無損三門中，樂受則失戒。

世尊住於嘎蘭嘎地方城中。當時，施主賢施出家為

僧，母親對他說：「孩子，在你的家中父母有豐厚的財產，我們都已年邁，如果我們二人離開人世，國王將沒收全部家產，你即使不能還俗，也要留下種子。」他以前的妻子在月經期間，梳妝打扮，與其作了不淨行。不久，佛陀宣說三毒的過患，賢施回想起所造的罪業，十分懊悔，悶悶不樂，諸比丘問其緣由，他將事情的原委一五一十坦白地講了。有人向佛陀啟白，世尊以多種方式嚴厲地譴責了賢施，之後制定了斷非梵行的戒條。

心態正常未失理智的具戒者，以貪欲心驅使將堪能的男根放入無有腐爛、昆蟲進入等損害傷口、可以享用的三門中任何一門中，最終身心感受到觸樂時，則失毀戒律，犯根本戒。

> 男女或石女，強迫壓制中，
>
> 感受安樂者，彼將失戒律。

男人、女人或石女壓迫軟弱無力的沙門，強行將其男根放入他們三門中的任意一門中，當他得到樂受時，則犯根本戒。

辛二、護持方法：

> 以欲樂男根，寧入毒蛇口，
>
> 莫毀身戒律，此乃佛所說。

貪圖樂受者寧可將堪能的男根放入極其凶殘的毒蛇的口中，也不能捨棄護身的戒律，這是圓滿正等覺佛陀所教誨的。

縱為蛇所殺，具戒成利益，

破戒則痛苦，亦障獲佛果。

假設被毒蛇所害而死，但對持清淨戒律者來說也會有利，因為以此阻止了自己破戒之門，後世將轉生到善趣中。失毀戒律者則痛苦不堪，因為後世要投生到三惡趣中，並且也將障礙獲得佛果，無有成佛之機會。

庚四（妄語）分二：一、真實妄語罪；二、其他語罪。

辛一、真實妄語罪：

言說見本尊，聽彼聲交談，

本尊至我處，我亦往彼前。

世尊住在廣嚴城猴池岸邊。當時，該地出現了嚴重的飢荒，甚至到了父母也不給孩子食物的地步。此時，具有神變的諸位比丘及長老們便前往北俱盧洲等富饒昌盛的其他地方取來食物，不僅自己享用也供養他人。爾時漁夫出家的五百比丘沒有獲得神變，並且孤陋寡聞，因而無法做到這樣。他們想出宣揚各自功德以得利養的主意。於是互相宣傳功德，說什麼「這位比丘已得預流果等四果，這位比丘已成就世間道果，這位能講三藏」，以諸如此類的欺人之談得到飲食，身體也變得強壯起來。夏季過後回來，前去頂禮世尊，首先遇到了阿難。阿難滿腹懷疑地問他們：「其他比丘都因缺乏食物而體力衰弱，你們為何如此身強力壯？」這些比丘也如

實說了。阿難又問：「你們是有這樣的功德而說的還是沒有而說的？」他們回答：「沒有而說的。」諸比丘都說他們這種做法不應理。佛陀聽到此事後，以多種方式加以呵責，並制定了斷妄語的戒條。

所謂的妄語是指言說已親眼見到了本尊的身相，已親耳聽到了那位本尊所說的話語，我與本尊相互交談，無論說這三者中的任何一種都犯根本戒。此外，妄說諸位本尊來到了我所住的地方，我也到那位本尊跟前去了。

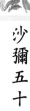

　　　　說見尋香龍，瓶腹大腹行，

　　　　夜叉食肉鬼，人非人耶等。

再有，說見到了尋香、瓶腹等鬼、螺護等龍王、多聞天子等夜叉、大腹行、食肉鬼以及餓鬼、人非人耶各種形象，「等」字還包括聽到聲音，與之交談，它們來到了我的面前，我也去了它們的跟前。無論說其中任何一種都犯根本戒。

　　　　若言我已得，禪通四無量，

　　　　預流等四果，已經趨入道。

如果口口聲聲地說，我已經獲得了一禪等四禪，天眼等六通，慈心等四無量，無漏預流果等四果，已經趨入加行道等涅槃之道，諸如此類的所有功德。

　　　　他知為妄言，獲得勝功德，

　　　　正常無我慢，若說失戒律。

妄說上述的謊言，他人已懂得其義，則犯妄語罪。

分別而言，心態正常、無有增上慢者如果說獲得這類功德的話語，則失毀戒律，犯根本戒。

從前，一位沙門住在靜處，結果依靠世間道摧毀了煩惱，後來加以觀察，覺得未生煩惱，於是心裡認為我已斷除了煩惱口中也如是言說。當他再度返回城裡時，見到女人、怨敵等又生起煩惱，於是便去請問佛陀：「我是否說了上人法妄語？」因此佛陀教誡言：「除增上慢者外，今後即便已得如是功德也不應言說。」沙門如果以隱晦的方式說「有人見到了天龍等，不是我」，則犯粗墮。如果說「非人不能加害諸位聖者，也不能害我」，則犯根本戒。

辛二（其他語罪）分三：一、宣說當斷妄語等語不善業；二、旁述當行沙門四法；三、未說之其他語罪亦須斷除。

子一、宣說當斷妄語等語不善業：

> 除得勝功德，此外諸妄語，
> 均成多罪業，依之向下墮。

除了說如上所述的獲得如是殊勝功德以外，無論說任何妄語，均不是福德，反而會增上許多罪業，依之將下墮三惡趣感受痛苦。

> 勿說離間語，分開親密友，
> 切莫言綺語，以及粗惡語。

以嗔恨等方式令相互情投意合的密友分道揚鑣的所

有離間語，無論是真是假，都不能互相傳揚，也不應說無稽之談等毫無必要的綺語以及刺傷他人心的粗語。

子二、旁述當行沙門四法：

> 他罵不還罵，他怒不還怒，
>
> 他打不還打，尋過不還報。

對於別人出言不遜所說的「吃你父親的肉、種姓下賤」等惡語，不反脣相譏；對於粗言相罵，也不還口；別人輕侮或揭露過失，也不報復；遭到他人用石頭、木棍等毆打，也不還手。作為沙門必須行持此四法。

子三、未說之其他語罪亦須斷除：

> 欲守戒智者，勤斷諸語過，
>
> 了知此理後，當護諸言語。

想珍重戒律、守護學處的智者，應當盡心盡力杜絕說國王、強盜、經商等類閒言碎語，斷除一切語言的過患，懂得這一道理後，就應當嚴謹守護所有語言。

己二（細微戒）分四：一、不放逸支；二、禁行支；三、斷受金銀；四、宣說不攝於彼中之其他取捨。

庚一（不放逸支）分二：一、分說所斷之酒；二、戒酒之必要。

辛一、分說所斷之酒：

> 磨糧與酵母，所配糧食酒，
>
> 根花及果實，配成汁酒粉。

酒有許多種類，青稞等糧食磨碎，與酵母配合而成

的糧食酒，青稞等製成的青稞酒，甘蔗等根所釀的蜜酒，那累給等花所製的酒，用葡萄等果汁做的酒粉。

辛二、戒酒之必要：

> 知依彼能醉，利己者不飲，
> 若飲失正念，具戒成放逸。

知道其中糧食酒與酒粉兩種能迷醉人後，想利益自己的持戒者絲毫也不能飲用。如果飲酒，則會喪失念念不忘取捨學處的正念，依此持戒之人會變得放逸無度。

> 放逸失戒律，故當憶佛言，
> 酒能增罪業，不飲草尖許。

如果放逸，則會失毀戒律。例如，從前，有人為了捉弄一位小居士而帶來一壺酒、一隻羊、一個女人對他說：你要麼喝酒、要麼殺生、要麼與女人作不淨行，這三件事必須做一件。那位居士心想，相比之下，飲酒要比其他兩件事好些，於是喝了酒，結果爛醉如泥，放蕩不羈，既殺了羊，又與女人作了不淨行，從根本上失毀了戒律，成了他勝罪。因此，應當時刻憶念佛陀所說的教言。佛曾說：「凡皈依我者草尖露珠許酒亦不飲不灌，設若飲用，則彼非我聲聞，我亦非彼本師。」飲酒不僅只是惡業，而且還是增上許多罪業之因，戒酒後連草尖許的酒也不能飲。如果是具足色、香、味、迷醉能力的酒，則必須斷除，如果病人不喝酒就會危及生命，也要將酒熬開，使其不具酒味、失去醉人能力再飲。

自性大圓滿支分決定三戒論釋附 戒律輯要等

庚二（禁行支）分三：一、舞鬘等；二、高廣大床；三、過午進餐。

辛一、舞鬘等：

> 歌舞與樂器，持戒者莫為，
>
> 不以香塗身，不敷栴檀等。

世尊住在王舍城，波斯匿王為高山龍王與悅意龍王建造經堂，在舉行開光儀式之時，從南方來了一些舞蹈家。六位惡行比丘做什麼，他們就模仿，最後六惡行比丘怒不可遏，在另一時，為了加害表演的舞蹈家，他們居然跳起舞來。所有的人不看舞蹈家而去觀看六群比丘，結果舞蹈家得不到錢財而斷了生活來源，於是誹謗起僧眾來，以此因緣佛制定了斷除舞蹈的戒條。因此，縱情高聲、手足舞蹈、彈奏吹打鐃鈸等樂器，持戒者在非時之際均不可做。

世尊住在王舍城竹園嘎蘭嘎地方。當時，正值經堂開光，六群比丘化妝飾鬘，以此因緣佛制定了不准佩戴花鬘的戒條。

沙門不能為了香氣撲鼻而在身體上塗沉香等香水，也不能敷栴檀等妙香。

> 薑黃紅花等，化妝不應當，
>
> 花鬘與頭飾，持戒者莫繫。

薑黃、藏紅花以及朱砂等化妝品不可塗抹在身上，額前也不能畫紅點。各種花穿成朵的花束頭飾以及頸鬘

的裝飾品，持戒者一律不能繫戴。

　　　　莫以金等飾，裝飾於自己，

　　　　冰片等眼藥，目不痛不塗。

　對於金銀、珍珠、珠寶、松石、珊瑚等人們共稱是漂亮的裝飾品，

　持戒沙彌不能用來裝飾自己的頭部、手足等。朱砂、藏紅花、冰片等配製的所有眼藥，自己的雙目不痛時，不能塗在眼睛上。為了身色美麗、生起貪愛而照鏡子，照玻璃門以及沐浴水中加妙香等都不應為。

　辛二（高廣大床）分二：一、斷除兩種高廣大床；二、旁述舞鬘等之必要。

　子一、斷除兩種高廣大床：

　　　　一尺高木床，象牙等飾床，

　　　　雖低妙床榻，不應睡臥等。

　不應在木質等高過一尺的大床上以及象牙、碑碟等製成或者以這些裝飾即便是很低的美觀床榻上睡坐等。講經說法坐在珍寶床上也是開許的。坐在上面時，應當無有貪心而具足無常觀。在邊地以及嚴寒地帶用皮革做睡衣與坐墊也有開許。

　子二、旁述舞鬘等之必要：

　　　　歌舞等表演，生起傲慢境，

　　　　斷除驕傲支，稱為持戒者。

　貪求歌舞、樂器、臥具、坐墊以及花鬘等，依之會

產生驕傲自滿的情緒，如果斷除歌舞等傲慢支，則可堪為守持清淨戒律的具戒者。

辛三（過午進餐）分三：一、宣說非時；二、宣說應時；三、宣說是否成惡作。

子一、宣說非時：

> 正午已過後，至次黎明前，
> 佛說為非時，具戒者不食。

南贍部洲正午過後直至黎明之間，佛陀說非為進餐的時間。黎明分為破曉、將曉、拂曉三時，這裡的「黎明」是以未到將曉為準。

子二、宣說應時：

> 黎明至中午，期間可進餐，
> 利己持戒者，應時當用餐。

除非時以外，黎明至本洲正午之前，未過午期間可以進食。以利益自己的正知而成為能守護戒律之因，沙門需在可用餐之應時享用飲食。

子三、宣說是否成惡作：

> 非時想應時，何時亦不食，
> 若遵醫生囑，患者無罪業。

本來不是用餐之時而作用餐之時想，如此任何時候也不能享用飲食。如果醫生囑咐患者等說：你若不吃飯就活不了或者會倍感痛苦，所以一定要吃飯。病人遵照醫囑而吃無有罪業。此外，前往一由旬距離的途中以及

沙彌五十頌釋

飢荒逼迫時得到飲食而享用是開許的。

庚三（斷受金銀）分三：一、真實宣說；二、可受情況；三、真實可受者。

辛一、真實宣說：

> 純淨金即金，所謂銀純銀，
> 若諸施主施，持戒者不受。

純淨的金子是經過錘煉的黃金，所謂的銀子是指純銀。其中「純」字已排除了假的金銀。施主們如果奉送這些，持戒者不應接受。若接觸鉛、錫等，則犯惡作。

辛二、可受情況：

> 想我不可納，尋覓可受者，
> 如是深思後，令他人取受。

假設正值無有衣物等生活窘迫之時，施主們給予金銀，心想自己不能持受，但此物品可以作為缺少的衣物、斷絕生活的食物、病人的藥物的資本，應當尋找一位可接受的人，的的確確如是考慮後，可讓其他居士或在家人接受。

辛三、真實可受者：

> 若為三寶尊，梵行諸道友，
> 雖然觸金銀，亦無諸罪業。

如果以塑佛像、寫經典、供僧眾的想法為了三寶與同持梵行的諸位道友，沙門自己接觸金銀也不犯粗墮或惡作。因此，以「供養我，我也是供養三寶上師」的心

自性大圓滿支分決定三戒論釋 附 戒律輯要 等

態接受也無罪業。如果為了三寶，為了積累福德，需要經商謀利，自己也不能親身去做，應當尋找其他在家人來做。

庚四（宣說不攝於彼中之其他取捨）分二：一、斷除自相續罪業等；二、恭敬他人等。

辛一、斷除自相續罪業等：

> 所謂貪為障，此是佛所說，
> 聲稱不障礙，沙彌莫愚說。

像尼嘎的弟子沙門策瑪堅與供施二人一樣的任何沙彌，如果對於圓滿正等覺佛陀所說的享受五欲妙障礙善趣與解脫的言教不以為然，反而說「不會障礙，我明白他的意思」，對此應當以溫和語譴責，如果起不到作用，則以白四羯磨制止說：「沙彌，你不要說這樣愚蠢的話語。」

> 倘若仍言說，當斷其僧財，
> 擯出經堂外，爾後如屍體。

如果依舊無法制止，沙彌仍然這麼說，則應當斷其享用屬於僧眾的法財資具，擯出經堂。從此以後，彼沙門甚至連同室過夜的其他沙門都沒有，更何況說與行為、資具與見解相同的梵行道友了，因此成了屍體一般。此外，屍體無有任何功德，同樣，如是之人失毀善法，故如屍體。

> 放逸大笑等，思死而不為，

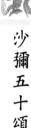

沙彌五十頌釋

打呵欠手等，捂口當慎重。

出家人應當寂靜調柔，恆時思維死亡無常，對於不雅觀的行為跳跑等，心不放在善法方面，放逸散漫，開懷大笑等行，一概不為。打呵欠、打呃時，由於形象極不莊嚴並會發出臭氣，因而要用手或衣服等捂口，必須謹慎注意。

辛二、恭敬他人等：

老打噴嚏禮，幼說願無病，

俗人打噴嚏，應當祝長壽。

戒臘與智慧都遠遠勝過自己的年老僧人打噴嚏時，自己口中一邊說「頂禮」一邊躬身禮拜。戒臘不如自己的年輕僧人打噴嚏時，則應當說：「願您健康無病。」在家人打噴嚏時，則應當說：「祝您長命百歲。」

上師所在前，不應丟鼻涕，

唾液用牙木，如是不坐墊。

此外，在堪布等具足功德的上師與佛塔等前，不能擤鼻涕、吐痰、吐口水、丟牙木，也不能用完牙木丟棄，如果這樣丟，則成了呵責處，是不恭敬、傲慢的表現。若用牙木，也要用袖子遮掩自己的口而用。同樣，上師起身，來去時，也不能坐在墊子上。

師前不來去，亦莫脫衣裝，

老等持戒者，恭敬說敬語。

在上師面前，無緣無故不可來來去去，也不能只穿

下裝，不著上衣或者脫掉上衣，只穿下裝。對於比自己年長、同齡以及年輕等有智慧的持戒者，身心應當恭恭敬敬，口中言說敬語。

丁三、午後所做：

　　　　洗手清淨後，瓶等不染塵，

　　　　濾器過濾水，觀察可取受。

自己手洗淨後，還要將水瓶、瓷罐等清塵除垢，做到無有含生。清晨使用的水也應如前所說一樣經過認真過濾，觀察無有含生方可受用。

　　　　不依師莫住，僧眾坐墊等，

　　　　無正念勿坐，具正念無過。

出家後五年或十年之前不依止上師不可隨便居住，即便在無有任何沙門的地方住一日，也無有開許。因此，在無有堪布等上師的地方，不得居住。假設自己所來到的地方無有堪布等上師，那麼也要依止具有功德的比丘或者精通戒律、能對治煩惱的沙門才可居住。僧眾的臥具坐墊床與法座等不可隨便使用，無有敷具，不具備無常、痛苦、無我、寂滅的正念不能坐，否則，罪業十分嚴重。具足如是正念者，坐等使用則無罪業。

　　　　刷牙與飲水，去解大小便，

　　　　界內禮佛像，不請示無過。

此外，用牙木刷牙、洗手洗腳、喝水飲料、解大小便、在界限內頂禮佛像等事不請示堪布上師，也無罪業。

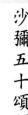

沙彌五十頌釋

持戒者其他，所有一切事，

若不請示師，為則犯惡作。

除此之外，持戒者裁剪法衣、念誦經典以及修行等其他事宜都應當請示上師，倘若諸如此類的所有事未請示堪布等上師，隨意而為，則做一件，犯一個惡作。

已禮佛塔等，持戒者稟師，

不睡於其後，清洗上師足。

傍晚，沙門已頂禮完佛塔、佛像，便到堪布等上師前稟報說：「我初夜與黎明不睡。」之後用淨水為上師洗腳。

自洗雙足後，於上下夜時，

勤奮不睡眠，彼為實語者。

請示上師自己初夜黎明不睡若得到開許，則用水洗雙腳，一夜三時中上夜與下夜精進而行善，不睡眠。上師吩咐說做這件事，便依教奉行，毫不違越，應當知道他是誠實語者，如果不依教奉行，則成了明知故犯妄語。

起床光明想，作獅子臥式，

具正念善心，如是速清醒。

中夜時分，不要無所憶念而睡，應當作意迅速起床之想以及光明普照之想，右側獅子臥式而入眠。如是具足速起與光明之想等正念，在臨睡時也具備觀想三寶等善心，這樣入睡，夢境也會善妙並且可以很快醒來。如是很快醒來後，下夜黎明時起床到天亮之前做上面所說

自性大圓滿支分決定三戒論釋 附 戒律輯要 等

的誦經等法行。

丁四、結尾：

> 依此所說行，煩惱速滅盡，
>
> 獲得勝菩提，精進而奉行。

如果如理行持以上所說的一切取捨，則能現見緣起性，如此一來，自相續的所有煩惱迅速可斷除、滅盡，獲得三菩提中無上殊勝菩提。想到將獲得如是之果，便要具足恭敬精進與恆常精進恆時勤守取捨學處。

甲四（末義）分二：一、作者；二、譯者。

乙一、作者：

一切有部沙彌五十頌，阿闍黎龍猛撰著圓滿。

承認一切所知具足五事的一切有部沙彌取捨學處的《沙彌五十頌》是由大阿闍黎龍猛菩薩撰著圓滿。

乙二、譯者：

印度堪布莫訥瓦瑪與譯師智部翻譯校正而抉擇。

本文是由印度堪布莫訥瓦瑪與譯師智部翻譯、校正並抉擇。

沙彌五十頌釋

> 青春年少樹苗上，智慧青蓮初開你，
>
> 無垢戒律甘露潤，願其芳香飄十方。
>
> 利樂善資增上緣，一切功德之根本，
>
> 善說別解脫戒律，佛說乃佛與教法。
>
> 是故欲解脫諸眾，希求正道善緣者，

首先精進學此文，爾後深入如海戒。
願此為主三世善，得傳承師之密意，
法盛大德久住世，眾生一同獲佛果。

　　經至尊全知嘉燦活佛之侍者、恭敬上師與佛法之智者、釋迦比丘揚炯尊者依師吩咐而勸請，釋迦形象比丘曼達達瑪歌德於火虎年在吉祥增善靜處根據文殊麥彭仁波切所造科判與注解而寫成文字，釋迦比丘欽則羅珠記錄。以此願滿具德師徒之意願，並成為廣泛、持久弘法利生之因。芒嘎朗！

自性大圓滿支分決定三戒論釋 附 戒律輯要 等

101

自性大圓滿支分決定三戒論釋

雲丹嘉措尊者　著

索達吉堪布　譯

殊勝上師足下敬禮皈依，祈求賜予加持！

　　法界空中智慧日，放射妙法大光芒，

　　照耀聖眾之金山，遣除眾生界癡暗。

　　同時開啟佛教蓮，為欲解脫善緣蜂，

　　賜予三學精華蜜，佛陀日輪前敬禮。

　　心荒野中出離水，利他菩提心苗芽，

　　四灌頂果之方法，善說三戒無謬傳。

　　我雖無有撰注疏，細緻分析之智慧，

　　為滿修解脫友願，簡明扼要著略釋。

　　具有權巧方便大慈大悲我等本師釋迦牟尼佛早在無量劫以前就已現前圓滿正等正覺果位，之後幻化如來身相現示無量剎土，從未間斷任運自成應機化眾，其事業不可思議。又於此娑婆剎土所化眾前再次現示成佛，爾後演說了八萬四千法蘊，佛陀所說的一切法門完全可包括在四藏之中，而撰著詮解此等佛法密意之論典的印藏諸位大智者成就者們也不乏其數。其中本論的作者即是至尊文殊菩薩現為國王形象的赤松德贊的轉世，智慧卓越、成就頗高的大班智達班瑪旺嘉多吉札巴嘉村花桑波

自性大圓滿支分決定三戒論釋附戒律輯要等

吉祥賢。尊者徹見了一切修行法門均可包括在三戒之中後著寫了這部不可多得的稀有善說。

全論分三：一、初義；二、論義；三、末義。

甲一（初義）分三：一、宣說論名；二、於殊勝對境前禮讚；三、立誓。

乙一、宣說論名：

上根者僅僅依靠論名就可以通達全論的所有意義，中根者可籠統地了解論義，下根者也可依之而明確斷定經函，為此而宣說論名自性大圓滿支分決定三戒論。意思是說，心的自性本來任運自成圓滿具足三身的一切功德，此乃諸法之實相，能無誤直接抉擇此理的即是一切道之究竟阿努約嘎，而阿努約嘎以下顯密的所有道只能間接地作為證悟大圓滿的支分。這一切修法的精華就是三戒，三戒的意義則通過三正量遠離一切增損而抉擇，故為決定。作者以純潔清淨之心為令眾生獲得解脫而宣說經教的意義，而且能起到對治煩惱怨敵、救離惡趣的作用，故稱為論。《明疏論》中云：「對治一切煩惱敵，救護眾生離惡趣，具治救德故為論，他教無有此二者。」因此，在造論之初首先宣說了論題。

接下來，說明頂禮之必要，如怙主龍猛菩薩曾親言：「作者於本師，讚歎非無果，於本師論典，生起誠信故。」通過禮讚可圓滿自己的資糧，使造論善始善終，同時令諸後學了知論典的殊勝之處，從而恭敬而修學。

自性大圓滿支分決定三戒論釋

乙二、於殊勝對境前禮讚：

那莫革日巍！

所謂的「那莫」即是頂禮之義。對誰頂禮呢？於上師前禮拜。所謂的「革日」有沉重之義，傳授三戒的大恩上師們身負功德的重擔並是利害的嚴厲對境，因此作者在諸位上師前恭敬作禮。如果有人心存這種疑問：除了密宗以外，小乘與菩薩乘中有上師的字眼嗎？當然有。如《沙彌五十頌》中云：「於師住處門，手當輕緩扣。」又《菩薩戒二十頌》中亦云：「持戒具智力，上師前受戒。」

攪拌具德二資之大海，智悲皓月密法妙甘露，

雪域諸成就者勝頂飾，蓮生金剛眾生師前禮。

尤其作者感念多生累世中慈悲攝受自己並賜予授記的恩德而禮讚蓮師。在這裡是以婆羅門教中攪拌大海而出現月亮的典故通過形象化修飾法來說明的，攪拌福慧功德圓滿的二資大海，從中升起無礙徹知諸法、無緣大悲即智悲雙運皎潔的圓月，於此皓月中顯示能令所化眾生趣入無上密道與果位之事業而遍及各方灑下正法甘露。如是在具足智悲力功德、所化雪域為主、一切智者成就者之頂飾南贍部洲的大密咒師海生金剛眾生上師前恭敬作禮。所謂的海生指蓮師是在無垢澄清大海中不依父因母緣而以頓生的方式誕生，具有不被二取妄念所毀的勝義實相智慧，智慧身遠離生死老衰，故為金剛。由

105

於根據所化眾生各自的緣分而行利樂事業，因此稱為眾生上師。作者在其前以清淨心畢恭畢敬頂禮，這種作禮是世俗的頂禮。而了達無有頂禮者與頂禮對境即是現見勝義見解的頂禮方式。

乙三、立誓：

為了使造論不半途而廢並勸勉諸位後學者而立下誓言。

擅長洗眾心垢之仙人，手持智慧藍寶石妙瓶，

賜予三戒善說甘露水，求學眾士當聚於此處。

作者再一次以形象化修飾法將自己喻為精通洗滌眾生內心二障垢染、被世間人共稱為有功德的一位仙人，他手持著了知一切經論及注疏的智慧藍寶石妙瓶，瓶內有能清淨未證以及邪見等眾過患、淨除輪迴一切痛苦的無垢善說三戒論這一袪病除障的甘露水，現今賜予，希望想要受持能得殊勝解脫果位的正道三戒的諸位具緣之士雲集此處，通過聞思等方便加以抉擇，從而品嘗到其中深義的美味。與此同時，詳細闡明此論的必要等四法，三戒為內容（即所說）；通過詞句而通達三戒內容進而趨入解脫道為必要；三戒修學圓滿、達到究竟後成就菩提為必要之必要；此三者相輔相成，緣起而生，即是關聯。

甲二（論義）分五品：一、總說三戒基之次第；二、分說別解脫戒之次第；三、大乘菩薩戒；四、密宗三昧耶戒；五、三戒圓融。

自性大圓滿支分決定三戒論釋

106

第一品　總說

乙一（總說三戒基之次第）分五：一、認識殊勝解脫究竟大菩提果之淨基；二、略說獲得佛果唯一道；三、宣說階梯乘之分攝；四、別解脫與菩薩戒是密乘戒之分支；五、下三品之總述。

丙一、認識殊勝解脫究竟大菩提果之淨基：

大圓滿智之總相，淨身金剛持佛果。

所謂的淨基實際上就是如來藏，所有論典中均稱之為種性。對此，各宗派的觀點也迥然不同。有部宗將不貪執有情與有情資具的知足心所承許為聖者種性（即如來藏）；經部宗則認為如來藏是將來可產生無漏智慧心種子的能力；唯識宗認為如來藏是無始以來存在於心相續中具有能生無漏法之能力的法性得繩。這些宗派普遍認為如來藏是有為法，因此都屬有實宗。中觀派大多數觀點均是一致的，它們認為如來藏是有垢真如，但是認識的方法卻各不相同。

此處，依照大乘不共的觀點而言，心性本來清淨無為法之明空智慧無有遷變而存在即是如來藏。《等持王經》中云：「清淨澄光明，不亂無為法，稱為如來藏，本住之法性。」關於如來藏，《寶性論》中云：「佛身外現故，與真如無二，具種故眾生，恒具如來藏。」此論中依靠三種理由宣說了一切眾生均具有如來藏，其後

107

自性大圓滿支分決定三戒論釋　附　戒律輯要等

又以十種道理抉擇如來藏的意義，並且通過九種比喻詳細說明了如來藏被垢染遮障之理。在金剛乘中如來藏則被共稱為基續自性任運自成之壇城，也可以說是不變大樂與具殊勝空性無二無別之心性。尤其是阿底約嘎中認為，心之法性覺、空、明之本體中身智一切法猶如日輪與陽光般無離無合，圓滿具足，因此稱為大圓滿。此處所說的智慧中已包括了基住三智、持相五智、入境二智等基果的一切智慧，除此之外再別無其他，而輪迴之諸法也是無而顯現、暫時性的，實際上除法性外無所言語，周遍輪涅，故而稱為智慧之總相。如是淨基的法性光相與所淨的輪迴法之垢共存，通過能淨的正道可淨化所淨的垢染。因此，從究竟果乘來說，依靠三戒中的精華密乘道可以完全清淨如來藏上的客塵，最終如實現前本基，達到五身五智於覺性中無離無合的境界，故稱為金剛持。其中五身，現前通達諸法無相、自性清淨之離戲智慧分即是法身；由法身的妙力中出現無邊清淨顯現分即是報身；從報身中根據清淨、不清淨所化眾生各自信解隨機顯現分為化身；三身現分毫不混雜分即是現前菩提身；三身無二無別分為不變金剛身。五智：如實通達法界為法界性智；明知分不滅為大圓鏡智；證悟諸法等性為平等性智；互不混雜同時了知萬法為妙觀察智；以無緣大悲無礙洞悉利眾事業為成所作智。這一切均是大斷、大證、大心三大之自性，《現觀莊嚴論》中云：

自性大圓滿支分決定三戒論釋

「勝諸有情心，及斷智為三，當知此三大，自覺所為事。」所以說，凡是想尋求無上菩提者都應當了知圓滿究竟之果即是唯一的佛陀，而佛果必須唯一通過下文中所說的無上密宗道來獲得。

丙二、略說獲得佛果唯一道：

深廣法門雖無量，未依大密能成熟，

及能解脫殊勝道，不得正覺佛所說。

為什麼說必須要通過密乘道來獲得佛果呢？因為如實開顯法性之甚深、盡所宣說有法之廣大的法門雖然不可勝數，無邊無際，但未如理依靠大密金剛乘能成熟之灌頂與能解脫之生圓次第的殊勝道，而以下八乘的道均無法獲得佛果。為什麼呢？由於束縛於輪迴中的因就是極其細微的精、血、風所生的三現遷移習氣，而在其餘八乘中並未宣說淨除此習氣障礙的方便直接之道。具足無礙徹見萬法之智慧、獨一無二的真實語者圓滿佛陀在經中這樣說道：「雖施頭與手足等，心境尚未清淨故，不得菩提之果位。」關於依靠無上密宗方得佛果的道理，《密藏續》中云：「六世間界十方中，過去以及現在生，一切如來之壇城，修此自圓五身也。」然而，並不是說以下八乘都無有必要，因為這八乘不僅僅是暫時獲得自果，而且還是趨至無上密宗道的必經之梯。

丙三、宣說階梯乘之分攝：

乃至心未滅盡前，乘之數量無邊際，

引入一道之階梯，雖得各果尚有增，

亦僅離各乘所斷，未入一乘怎得果？

乃至所化眾生相續不斷的粗細心與心所尚未滅盡於法界之前，能調伏的對治法也是不可思議，乘的種類也是不計其數，故為無邊際。當心相續滅盡無餘時，既無有眾生也不存在乘。《楞伽經》中云：「乃至有心前，乘邊無窮盡，一旦心滅盡，無乘無眾生。」如是在這些種類各異的諸乘之中所有的下乘都只是登上諸佛唯一道密宗金剛乘中無上內續頂乘的階梯而已。為什麼這樣說呢？雖然依靠此等乘可以獲得各自相應之果，但仍舊有要上進的功德，所以即使獲得自果，可是人天乘只不過出離了惡趣，聲聞、緣覺乘也只不過超出了輪迴，菩薩乘與事行三續只是解脫了二邊。總而言之，他們僅僅遠離了各自乘的所斷而已，實際上還沒有趣入究竟一乘無上密宗道，如此又怎麼能獲得最終的大菩提果呢？不會獲得的。

此依大圓滿自宗，聲聞緣覺菩薩乘，

稱為法相因三乘，事行瑜伽外三續，

無上父續大瑜伽，隨類瑜伽即母續，

明點瑜伽無二續，稱內三續九乘攝。

雖然概括這些乘的道理有許多，但本論中按照不共前譯寧瑪派自宗大圓滿的觀點而言，可以分為九乘。即因三乘、外三乘、內三乘。其中因三乘包括聲聞乘、緣

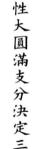

自性大圓滿支分決定三戒論釋

110

覺乘與菩薩乘。自己從善知識處聽聞佛法，並將所聞之義傳授他人故稱聲聞；最後有者不依靠他者獨立自主便能現前超勝三有輪迴之果，故而稱緣覺；為成就圓滿菩提，利他心不怯懦、勇往直前，故稱菩薩。詮釋修持此三乘可獲得相應之果的途徑，是故稱為法相，並且此三乘只是獲得自果的直接因、獲得究竟大菩提果的間接因，並非是果轉道用，為此稱為因三乘。

外三乘分事續、行續、瑜伽續，事續主要宣說外在的事宜，故稱為事續；行續見行平等受持，因此稱為行續；瑜伽續主要宣講內在修行，故而稱為瑜伽續。此三乘與因乘的方式相似並且從他處尋覓悉地，因而稱為外三續。

內三乘包括大瑜伽（瑪哈約嘎）、隨類瑜伽（阿努約嘎）、明點瑜伽（阿底約嘎）。與外續相比，儘管有許多超勝之處，但歸納而言，因見修行不同故稱為無上續部。如果詳加分析，則主要講述方便生起次第為父續，稱為大瑜伽；主要宣說智慧圓滿次第的為母續，共稱隨類瑜伽；主要宣講雙運光明次第的為無二續，也叫明點瑜伽。此三乘證悟輪涅為淨等，並且不從他處尋求悉地，所以稱為內三續。

如是乘的所有分類均可包括在此九乘次第中。如《集密意續》中云：「決定勝義乘，決定有三種，集聚招引乘，苦行明覺乘，隨轉方便乘。」此中所說的二乘

每一乘又各自分三，決定共有九乘。

如此九乘次第下面稍廣加以說明。總的來說，乘也並不決定有九種，聲聞緣覺乘所宣說的暫時相似之解脫果位以及能獲得此暫時果位的相似道均可包括在大乘中，因而並非是大乘以外的他乘；菩薩乘與外三續部對於究竟菩提果位與能獲得的正道，只是籠統地講述了，而並未圓滿闡明，因此可包括在無上密乘之中，別無他乘；內三續中的下二續（瑪哈、阿努）可包括在明點瑜伽（阿底約嘎）中，此外無有他乘。所以說，究竟阿底約嘎唯一乘才決定是大菩提的直接因。這與《大海續》所說的「各自佛法大海續，此說以此為此說，諸義此中均圓滿」意義相同。

如果按照各自的法義加以分析，則因相三乘中第一聲聞乘，入門：護持得而未失七種別解脫戒中的任意一種；見解：雖然已了達了五蘊所攝的一切法人我為空性，卻認為兩種細微無分法我為實有；修持：觀修九等至之寂止與四諦十六行相的勝觀；行為：行持十二頭陀行等；果位：預流、一來、無來、阿羅漢四種每一個都包括向與果兩種共有八果。

第二緣覺乘，入門：與聲聞乘相同；見解：在證悟人無我的基礎上，又證悟了所取無自性，因此證悟了一個半的無我；修持：觀修十二緣起生滅而斷定十二空性；行為：與聲聞乘相同；果位：利根者得麟角喻獨覺

自性大圓滿支分決定三戒論釋

果位，鈍根者獲得鸚鵡喻獨覺果位。

第三菩薩乘，有唯識宗與中觀宗兩類。入門：受願行菩薩戒。見解：唯識宗既證悟了所取無自性也證悟了能取之心識為空性，然而卻承認自明心識本體不空，雖然他們自認為已經證悟了二無我，但實際上若以中觀衡量，還未證悟細微的法無我；中觀宗徹底證悟了諸法二我為空性。修持：唯識與中觀宗均修持不共三十七道品。行為：行持六度。果位：暫時獲得十地，究竟獲得第十一普光地。由於此三乘能集聚於佛刹，並且是招引所化眾生趨入解脫之道，故稱為集聚招引乘。

外三續中第一事續，入門：依靠寶瓶水及五佛冠灌頂來成熟。見解：證悟法性清淨天尊。所謂的法性清淨天尊是指自之心性明空離戲智慧，之後如果觀修世俗現分完全為清淨天尊之自性，則最終將見到彼等世俗法成為清淨天尊。修持：觀修四真如，一、自尊真如：在自己為真如的見解中安住。二、本尊真如：一般事續中不將自己觀想為誓言尊者，只是在前方觀想智慧尊者；殊勝事續，空性、文字、聲、色、手印、標誌六尊。三、念誦真如：按照事續六尊的方式觀修，即將自己觀為誓言尊者，於面前迎請智慧尊者，將自己與智慧尊者視為主僕而成就悉地。在修念誦真如時應當具足三專注。其一專注本基：於自前明觀天尊；其二專注內心：於天尊心間觀想月輪；其三專注聲音：於月輪上觀想發聲咒

串，心專注於此而閉氣念誦。四、禪定真如：將自己觀為本尊，再於心間觀想火焰中央日輪上有咒串，此為火住，是成就四種事業之根本，從中咒串發出自聲，此為聲住，是成就寂止的根本，觀察咒聲並於寂止無念中安住，此乃聲際解脫，是顯現勝觀之因。行為：主要行持沐浴、清潔等外在事宜。果位：獲得三部金剛持果位。

第二行續，入門：通過覺性五灌頂來成熟相續。見解：與瑜伽續相同。修持：修有相與無相瑜伽。（有相瑜伽）如《大日如來續》中云：「文字結合字，基中成為基，極收意識中，念誦十萬遍。」其中第一個文字是指觀想勝義菩提心空性與彼之現分世俗菩提心月輪，第二個文字是在前者的基礎上觀想所誦咒語的自聲，第一個基是指自己觀為誓言尊者，第二個基是指自前觀想智慧尊者，之後以兄弟、朋友的方式成就悉地，這是有相瑜伽。觀察蘊等諸法而了達無生空性為趨入，現前無念本體為安住，從中對一切未證悟的眾生生起大悲心即是起坐，以趨入、安住、起坐三者而觀勝義菩提心，這是無相瑜伽。行為：與事續相同。果位：通過如是修行獲得四部金剛持果位。

第三瑜伽續，入門：五覺性灌頂加上阿闍黎灌頂，通過獲得此六灌頂來成熟相續。見解：以證悟勝義中諸法無相的加持而將世俗法觀為金剛法界本尊。修持：修有相與無相瑜伽。（有相瑜伽）如《嘎波續》中云：

自性大圓滿支分決定三戒論釋

「修無念月語金剛，散攝而明現天尊。」即觀修基空性、月墊、語文字、意標誌、完整的天尊身相，通過如此五現前正覺的方式觀想本尊。彼續又云：「等持加持灌頂供。」意思是說，觀想眷屬天尊、以自部作加持、受自己所屬部的灌頂、頂禮供養讚頌，此為四幻化。意為誓言手印、語為法手印、身為大手印手印、事業為事業手印，以此四手印印持後迎請智慧尊者融入，依靠智慧尊者與誓言尊者無二無別的方式念誦，最後祈送智慧尊者，通過此等形式修持為有相瑜伽。於見解中安住為無相瑜伽。行為：沐浴清潔等僅僅作為助緣。果位：於五部密嚴剎中成佛。此三乘依靠外在的苦行而覺悟內在的意義，故稱為苦行明覺乘。

內三續中第一大瑜伽，入門：以外十利益灌頂、內五力量灌頂、密三甚深灌頂共十八種灌頂來成熟相續。見解：七勝義無本體的本性中顯現妙力，於三墊天尊壇城中自性任運自成，此二者只是反體不同，自性無有差別，也就是抉擇真諦無別大法身。修持：生圓次第中主要宣說的是生起次第，主要修持的也是淨除卵生與胎生習氣的生起次第，這一切修法都是以三等持為核心，本體具足清淨、圓滿、成熟，以閉氣四釘印持而修。大瑜伽中的父續修持風的圓滿次第；母續修明點圓滿次第；無二續修勝義光明圓滿次第。行為：行持有戲、無戲與極無戲三種行為。果位：究竟四持明所攝的五道而獲得

雙運金剛持果位。

第二隨類瑜伽，入門：以外十續灌頂、內十一大灌頂、十三修行灌頂、密二緣灌頂，共三十六殊勝灌頂來成熟相續。見解：法界無生離戲普賢佛母壇城、有境自然智慧自性任運自成普賢佛父壇城、二者本體無別大樂佛子根本菩提心壇城，即通過隨尋、伺的方式來抉擇此三壇城。修持：隨義而安住於無分別念的境界中，隨句僅以持誦咒語而明觀妙力顯現的天尊壇城，此為解脫道。方便道則依靠上下門而生起俱生智慧。行為：了知一切心境均為大樂智慧的遊舞，從而無有取捨地行持。果位：究竟五道本體的五瑜伽與十地，次第修持隨法性真如的五道而淨除十地的十種所淨，顯現自地的一切功德。

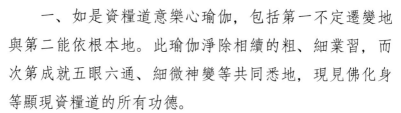

一、如是資糧道意樂心瑜伽，包括第一不定遷變地與第二能依根本地。此瑜伽淨除相續的粗、細業習，而次第成就五眼六通、細微神變等共同悉地，現見佛化身等顯現資糧道的所有功德。

二、加行道辨大種瑜伽，包括第三淨除粗障地、第四恆時修學地以及第五所依福德地。此瑜伽清淨粗、中、細現行因習氣，僅以風心成就天尊身，並顯現晝夜不間斷證悟一切如幻等加行道的所有功德。以薈供行為摧毀精、塵、風的粗樂，遠離五怖畏，滅盡有漏而獲得見道賜大安慰瑜伽。

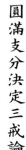

三、賜大安慰瑜伽，包括第六殊勝地，清淨眾生的障礙、現量見到法性自相，從而成就空樂智慧光明天尊身，一千二百功德獲得自在，前往報身五部刹土聽聞佛法等顯現見道的一切功德。從見道光明中出定而現證修道，獲得大授記瑜伽。

四、獲大授記瑜伽，包括第七所緣生果地，此瑜伽清淨同時存在的障礙後成就證悟法性之智慧以及清淨天尊身，顯現不間斷的雙運身。

五、究竟道時獲得大妙力道圓滿瑜伽，此瑜伽包括第八安住不變地、第九周遍法性地以及第十圓滿相融地，依次清淨粗、中、細的隨眠煩惱障礙。如是修道的四地，按照共同乘而言，則為修道九地所攝，修道的功德從見道的一千二百功德的千倍直至等同千萬俱胝那由他不可言語刹土極細微塵數之間次第增上，顯現四幻化、十自在等所有功德。如此四學道究竟後獲得果灌頂末際所依精、塵、風三者的細微之因已斷絕，從而使能依微細心識也得以清淨，最終現前與二十五果法無二無別、任運自成的大樂身。

上述的五瑜伽與十地的定義雖然在經部、根本續以及竅訣中未曾見過有明確的宣說，但一般而言，五瑜伽中的第一意樂心瑜伽是指在資糧道時，光明與本尊身二者僅僅是由意樂引發的信解之對境，因此稱為意樂心瑜伽。第二辨大種瑜伽：獲得加行道時，有漏法雖然存

自性大圓滿支分決定三戒論釋附 戒律輯要等

117

在，但不會再度退轉，因種性已確定故而稱為辦大種瑜伽。第三賜大安慰瑜伽：見道時遠離五怖畏等，現量見到法性超離一切世間法，因而稱為賜大安慰瑜伽。第四獲大授記瑜伽：修道時，以時處等固定的方式獲得大授記，因此稱為獲大授記瑜伽。第五大妙力圓滿瑜伽：究竟道時，學道雙運功德的妙力都已究竟圓滿，所以稱為大妙力圓滿瑜伽。

地也有十種：由於資糧道時有漏與退轉都有，因而稱為第一不定遷變地；第一瑜伽階段的一切現證是生起能依加行道等的根本，故稱第二能依根本地；加行道時淨除障礙見道義光明之現行因的一切習氣，因而稱為第三淨除粗障地；晝夜不間斷以如幻的方式修學雙運之因，所以稱為第四恆時修學地；依靠近因所積的福德而獲得無漏智慧，故而稱為第五福德所依地；見道時現量見到義光明，依此可使無漏功德與日俱增，更為殊勝，故稱為第六趣至殊勝地；修道時，觀想並修習有學道的雙運之義而成就無學果位的雙運身，為此稱為第七所緣生果地；究竟道時，恆時安住於法界智慧無二無別的密意中，無有遷變，由此稱為第八安住不變地；法性義光明與有法聖尊身的顯現二者無離無合之法性手印周遍一切，因此稱為第九周遍法性地；妙力顯現的莊嚴色身均於無生法界中圓滿究竟，圓融一味，為此稱第十圓滿相融地。從這一切地大多數名稱都不固定的方面來說，它

自性大圓滿支分決定三戒論釋

們都是有學地，各自的暫時障礙清淨獲得上地功德，因而按照暫時安立的各自定義來看，那一地的補特伽羅也不一定具足所有的條件。最後一地雖說是無學地，但只是名稱而已，就像阿羅漢向雖然名為阿羅漢實際上並非是真正的阿羅漢一樣。

第三明點瑜伽，入門：著重強調獲得有戲、無戲、極無戲、最無戲四灌頂。見解：斷定諸法於覺性本體中原本就已成佛，不需要依靠地道而再次修成。修持：懈怠者無勤而解脫以本來清淨自然安住來護持境界；精進者有勤而解脫即依靠頓超六要而開啟如來藏之密藏門，從而現量見到如來藏光明。行為：一切顯現均現為法性遊舞，因此遠離破立貪執而安住。果位：究竟四相而趨至任運圓滿普賢如來無別地或無上智慧地。此三乘不需要依靠對治刻意斷除一切煩惱，具有將覺性智慧轉為道用的方便，因而稱為隨轉方便乘。

丙四（別解脫與菩薩戒是密乘戒之分支）分三：一、成立三種性趨入密宗道；二、以意樂差別略說趨入方式之分類；三、明確此處所抉擇之義。

丁一、成立三種性趨入密宗道：

五十萬續之教證，成立聲聞與緣覺，

以及菩薩分別有，趨入金剛持道者。

如是九種次第前六者三種性的所化眾生趨入無上密宗的方式一般說來，一切眾生的界性或種性有許多分

類，但歸納而言，分為下、中、上三種。下根指聲聞種性，中根指緣覺種性，上根指菩薩種性。這三種根基各自都有趨入無上金剛乘持明道中者。關於這一點，以《五十萬真如成智續》的教證明顯可成立。此續中云：「不同石頭之種類，熔化成鐵銅與銀，依靠真實點金劑，悉皆轉變為金子，如是以心之差別，三類種性之戒律，倘若入此大壇城，則稱之為金剛持。」意思是說，以上、中、下等石頭來比喻未趨入宗派的三類種性，鐵、銅、銀三者是趨入三種性各道並已得果階段的比喻，這三種物質依靠點金劑可變成金子是比喻趨入無上密宗金剛乘者毫不例外均成為持明者。

丁二、以意樂差別略說趨入方式之分類：

意樂差別入密宗，法門雖多不廣說。

接下來，宣說以各自意樂的差別而趨入內續無上密宗道之理：如頌云：「基種性一道種四，大密無上不退轉。」從基礎趨入，即未入各自道者最初趨入，一邊修學人天、聲緣、菩薩與智雅等外三續四道一邊趨入，此等道自己的果位究竟後趨入無上密乘，諸如此類。宣說趨入方式的法門雖然為數不少，可是，此處由於會遮障本義，因此不作廣述。

丁三、明確此處所抉擇之義：

於此上中下根中，曾經修行已究竟，

具有緣分上根者，得灌頂頓生三戒，

證悟解脫即同時，猶如恩札布德王。

此處，一切乘道之要點包括在三戒之中，受持三戒的方式因根基差別而有上、中、下三種，其中最上根者趨入密宗的方式，往昔二資修學已達究竟的具緣者，即生之中未以共同道淨化相續，僅僅依靠獲得灌頂便頓時生起三戒。因為無上密乘戒以大平等智慧已經攝持斷除一切害他之事的別解脫戒與成辦一切利他之事的菩薩戒，就像證悟灌頂義智慧與相續解脫同時的鄔金國王恩札布德一樣。國王向佛陀請求不斷欲妙而得成佛的方便法，佛為他顯示壇城灌頂時，他立即獲證雙運身果位。

中依三戒各儀軌，次第獲得如龍猛。

中根者，依靠戒律中的羯磨儀軌而得受七種別解脫戒中的任意一種；以二大法軌其中任何一種儀軌受菩薩戒；通過密宗內外續儀軌而受密乘戒。也就是說，依靠三戒各自儀軌次第獲得三戒，如怙主龍猛的傳記中所說的一樣。

二觀察續說下根，劣緣難化次第知，

長淨十戒四宗派，事行瑜伽趨無上。

我們應當認識到，前世與今生未曾積累二資的劣緣下根者，極難調化，他們需要一步步引導入道。首先，為他們宣說輪迴的過患與解脫的功德，接下來傳授長淨八關齋戒、居士戒、沙彌十戒直至比丘戒。其後讓他們修習四宗派中第一有部與經部宗所抉擇的無我道理，隨

自性大圓滿支分決定三戒論釋 附 戒律輯要等

後發菩提心，以唯識與中觀的見解修心。修心完畢，先獲得各自灌頂，再次第了達主要宣說清潔威儀與念誦等身語事宜的事續、平等宣說身語事宜與心之等持的行續、主要宣講心之等持的瑜伽續此三續中的見修行所攝的一切修法，並且通達無礙。之後依靠方便智慧無二大樂瑜伽所宣說的殊勝方便無上內續的灌頂來成熟相續，再循序漸進地學修生起次第、圓滿次第、雙運續部。關於下根者趣入密乘的方式，《喜金剛二觀察續後戒律品》中有明確的宣說。此續中云：「最初傳長淨，後授十戒律，於彼講有部，經部亦復然，其後瑜伽行，再後說中觀，密次第皆知，後傳喜金剛。」與之相同，《普巴嗔怒續》中亦云：「初授別解脫，傳彼聲聞法；復授菩薩戒，講諸中觀法；最後果大乘，灌頂傳果續。」必須明確此處所說三種根基的意義。

此講中根之方式，概續時輪金剛言，
具比丘戒沙彌戒，居士次第為密宗，
上等中等與下等，然具智慧為主要。

此論按照中根者的方式來宣講，得受灌頂時，小乘中的比丘、沙彌、居士，在金剛乘中依次是上等、中等、下等者。關於此點，《金剛橛續》、《時輪金剛》中異口同聲地說：「三者比丘為最勝，中等即是諸沙彌，彼中在家位最低。」不僅僅是密乘中，受菩薩戒的身分也是出家人勝過在家人。《經莊嚴論》中云：「一

切出家眾，具無量功德，勝過勤持戒，諸在家菩薩。^㉛」這些是就一般情況而言的。在特殊情況下，具有智慧即相續中具足得地等殊勝功德者為主。《時輪金剛》中云：「除得地外在家人，不能作為國王師。」又《毗奈耶經》中云：「戒飾作嚴飾，調柔持淨戒，斷懲諸鬼魔，即比丘沙門。」認清如是所說的三戒。

　　前譯普集續中說，　自利利他大利他，
　　別解菩薩密乘戒，　智者共稱若分持，
　　聲聞菩薩持明稱，　如是共同下二戒，
　　為無上密之分支，　依如海續此宣說。

　　總的來說，三戒的術語在別解脫戒時安立為三學；菩薩戒時立為嚴禁惡行戒、攝善法戒、饒益有情戒；密乘中安立為身語意三誓言等各不相同。但是此處按照前譯寧瑪派續部的根本《普集續》中所說：「僅為自利欲獲得寂樂果位為別解脫戒，為他利而欲成就圓滿正等正覺菩提為菩薩戒，為廣大饒益他眾而欲迅速成就雙運果位為密乘戒。」如是三戒根據「自利利他大利他」來分，自利為別解脫戒，利他為菩薩戒，大利他為密乘戒。依照律藏、經藏與密藏中所說的各自教義，以等起、儀軌、時間、所斷以及補特伽羅的不同分別加以受持三戒，則前者為聲聞、中者為菩薩、後者為持明者，這一點雖是智者們共同的說法，然而從發心的角度來說

㉛唐譯：應知出家分，無量功德具，欲比在家分，最勝彼無等。

123

是不一定的。《分析三戒論》中云：「意樂以發心所攝持，儀軌依據聲聞宗，八種性別解脫，均成為菩薩別解脫戒。」這其中已間接說明，如此必須承認具足密乘戒者若受別解脫戒，則成了不共密宗之別解脫戒。如是因乘上下的共同戒為別解脫戒，菩薩乘與密乘的共同戒為菩薩戒，二下戒在此處說為無上密乘灌頂的分支。具足別解脫戒與菩薩戒者在受密乘戒時，別解脫戒成為密宗的嚴禁惡行戒，菩薩戒成了毗盧遮那佛的誓言。

由此可見，無上密宗總的與特殊的誓言中，總的誓言具足了別解脫戒、菩薩戒以及密宗外續的所有誓言。不僅如此，而且以前未曾受過別解脫戒與菩薩戒的金剛持（密咒師）在獲得灌頂時也會具有別解脫與菩薩戒。如頌云：「別解脫戒菩薩戒，集於持明內戒中，無餘皆為我所攝。」因為在灌頂之前要念誦此等承諾句，這樣一來，具足大平等誓言的持明者的相續中自然也包括了下面的一切戒律。《密藏續》中云：「無上勝誓言，無餘而攝集，律藏之戒律，所有無量戒。」《阿木漏續》中云：「為比丘菩薩，瑜伽大瑜伽。」《戒輪續》中云：「別解脫菩薩，持明之比丘。」如理依照諸如此類浩如煙海的續部中所說之義而在此論中作了闡述。

丙五、下三品之總述：

三戒各有總緣起，初未得戒得受法，

中得不失護持法，末失恢復方法四。

三戒總的道理宣說完畢後，接下來為了了解分別所攝之義而總述：概括來說，三戒每一戒都各有以本體分類的方式作謀篇布局之緣起；初未得戒者通過儀軌等受戒的方法；中間宣說守護所得戒的分類與不失毀而護持的方法；最後宣說以四門而犯戒重新恢復的方法，共四種。

　　　　　　　　　第一品三戒總說基次第釋終

自性大圓滿支分決定三戒論釋　附　戒律輯要　等

125

第二品　別解脫戒

乙二（分說別解脫戒之次第）分四：一、緣起；二、未得戒者得受之方法；三、得戒者不失護持之方法；四、失而恢復之方法。

五濁惡世眾生的導師、具足善巧方便及大慈大悲的佛陀色身雖然已趣入寂滅法界，但在持戒僧眾中卻示現分析開遮的戒律相，因此說能代表本師與佛法的就是戒律。

丙一（緣起）分三：一、真實緣起；二、所受戒之本體；三、以分類方式概括。

丁一、真實緣起：

緣起即於鹿野苑，本師佛為五比丘，

傳律為主四諦法，迦葉等尊作結集。

聖撰大毗婆沙等，功德釋迦光弘揚。

按照聲聞乘共同的觀點來說，我等本師釋迦佛在三大阿僧祇劫之前，於大能仁釋迦牟尼前發心，在資糧道圓滿二資糧後於南贍部洲人壽二萬歲時迦葉佛出世期間，成為婆羅門無上童子。自後世轉為兜率天聖者白頂天子以來，一直以正法令眾天人相續成熟。到了人壽百歲時，以種姓、洲、父、母、時間此五觀照明見後為諸天人宣說了淨除死墮的法門。其後以六牙白象的形象從兜率天降下。

自性大圓滿支分決定三戒論釋附戒律輯要等

當時正逢地羊年箕宿月（六月）十五日，他由正在受齋戒的摩耶夫人的右側入胎，將母胎加持成無量殿，為數多人天眷屬開示淨除四生的法門。

鐵猴年氐宿月（四月）初八，母親摩耶夫人前往藍毗尼林，當她手持樹枝時，便在無有任何苦痛中從右脅順利生下了身披法衣的佛陀。佛陀誕生於世即刻向四方各邁七步，伴隨著天人在空中讚歎以及諸多稀奇的瑞相，口中朗朗地說：「天上天下，唯我獨尊。」

佛陀曾在眾敬師等上師前學習文字、投拋、技藝等，一切學問均是卓越超群。迎娶釋迦族的女子薩措瑪、札怎瑪、熱達吉以及六萬夫人，享受安樂。

二十九歲時經淨居天勸請而出宮目睹生老、病、死四大瀑流與沙門，以此為緣，生起出離心，在四周戒備森嚴的情況下乘著由四大天王撐起的坐騎行於空中，來到清淨塔前，自己削髮為僧。之後在知幻力的兒子讓破與讓雪的兒子勝行二者前聽受了世間禪定，又與憍陳如等五人在尼連河畔入定於虛空等持中，苦行六年。後經眾天人勸請而出定，在前往金剛座的途中，蒙婆羅門女樂吉瑪供養五百頭母黃牛的醍醐，使得身體徹底變成金色，接受了賣草人具祥供養的吉祥草，於是以大士夫的步伐向菩提樹前走去。

在木馬年四月十五的那一天，在金剛座上鋪草安坐，並立下這樣堅定的誓願：「乃至未得無漏果，期間

自性大圓滿支分決定三戒論釋

不解跏趺坐，此墊我身縱乾枯，聚合皮骨縱分散，未得數劫難得果，身於此墊不動搖。」

初夜時分，魔王口出各種欺騙之詞，七魔女以貪欲的伎倆百般誘惑，但終究未能得逞。這時，他們又派出千萬上億的魔軍，佛陀依靠慈悲的等持將它們一一調伏。黎明時現前了滅盡、無生之智慧，獲證正等正覺菩提。當時，大地震動，光芒萬丈，天眾讚歎不止。

共同大乘認為，佛陀在異生凡夫階段圓滿一大阿僧祇劫資糧，聖者十地圓滿歷經兩大阿僧祇劫究竟二資糧，於十地相續末際在此成佛。聲聞宗的觀點，《俱舍論》中云：「本師獨覺與菩薩，等持結地均歸一。」又如云：「雖非聖者然而於，父母病人說法者，最後有者之菩薩，供養功德無有量。」意思是說，世尊是在資糧道中於一坐墊上現前五地而成佛，之後於七七四十九日未說法。當時，梵天帝釋請轉法輪，佛應允。一時間，這一喜訊傳遍了人間天界，直至色究竟天之間。

雖然佛次第轉了三次法輪，但此處宣說第一轉法輪戒律藏的緣起具足五圓滿。本師圓滿：無等大能仁佛陀。處所圓滿：於鹿野苑野獸得無畏施樹林。這裡是許多獨覺趣入無餘涅槃、舍利子顆顆墜地、梵施國王為野獸發放無畏施的聖地。時圓滿：從六月初四開始。法圓滿：主要傳講的是戒律學處的內容，其中律中律的佛制與自性罪只是概括性地提及，對律藏的經部等持與梵淨

行瑜伽次第、律藏中論藏的分類作了詳細廣說等，以對治煩惱之次第修法的四諦法門為主。眷屬圓滿：五比丘與八萬天子。佛為此等眷屬傳法後，五比丘獲得了阿羅漢果位，八萬天子現見真諦。一般而言，四種律典㉜所攝的律藏是釋尊從成佛以來直到涅槃之間宣說的一切戒學道理。因此律藏並不一定完全是指第一轉法輪的律藏。但從主要開示輪迴所捨之法相與脫離輪迴之正道的角度而安立為律藏。中轉法輪與末轉法輪將在下文中闡述，故於此不繁述。

佛在八十一歲鐵龍年四月初八接近涅槃時，將佛法與四眾眷屬一同交付與迦葉尊者，而在拘尸那城薩拉樹下融入寂滅法界。

佛涅槃後教法是如何結集的呢？佛涅槃後總共有三次結集。其中第一次結集：當時，與佛陀一同趨入涅槃的有八萬一千阿羅漢，與舍利子一起圓寂的有八萬阿羅漢，與目犍連一道圓寂的有七萬阿羅漢。諸天人不禁冷嘲熱諷地說：現在有境界的比丘都已涅槃，正法也成了火滅之煙而已，諸如此類。為了遣除這種諷刺之語，佛涅槃後的第二年，在摩揭陀國王舍城的七葉行窟內，未生怨王做施主，供養資具，迦葉等五百羅漢集聚一堂，由阿難結集經藏、優波離結集律藏、大迦葉結集論藏。

㉜四種律典：釋迦牟尼佛所說小乘律藏四部：律分別、律本事、律雜事和律上分。

第二次結集：佛涅槃後一百一十年時，當時，廣嚴城的諸比丘大肆宣揚可以不作犯戒處理的十種非事：一、做非法事，口呼「負負」，即可聽許；二、作犯僧殘，得人隨喜，即可聽許；三、病中飲酒，狀如水蛭吮吸，即可聽許；四、土為共用，不傷生命，兩手耕種，即可聽許；五、調鹽變味，非時而食，即可聽許；六、用齋之後，行程逾越半俱盧舍，再次用餐，即可聽許；七、用齋之後，食物未作餘食法者，兩指拾食，即可聽許；八、摻和定時及不定時食品，非時食用，即可聽許；九、臥具補某，不必如來一卡，即可聽許；十、沙彌頭上，頂戴小龕，內置缽盂，花鬘為飾，若得設進金銀，便自接觸，即可聽許。為了制止此十非事，在毗舍離城婆利迦精舍，阿育王做施主，耶舍等七百羅漢擯除十種非事，完整地誦一遍三藏，也作了相順長淨與吉祥長淨。

第三次結集：由於大天比丘等鼓吹「答覆他不知，懷疑皆觀察，能養活自己，此乃佛教法」五非事，以此等為緣，僧眾內部出現爭論，又由於佛陀未開許律藏立成文字，長久以來，別解脫誦經的方式也各不相同，致使分成十八部。佛涅槃近四百年時，在克什米爾花積精舍，膩契波王作為施主，密藏等五百阿羅漢、六萬一千凡夫大尊者以及五百菩薩結集，將四分五裂的十八部均立為佛教，並將律藏立成文字，以前未曾立文字的經藏

與論藏也都立成文字。之後通過撰著解釋三藏密意的論典等方式弘揚佛法的情況：在賓陀山名優寺聖者密藏（優婆俱多）以及欲遍等五百阿羅漢集體著寫了《大毗婆沙論》，「等」字還包括聖者們撰著詮解密意的諸多論典，尤其是，獲證發光地的阿闍黎功德光撰著了《根本律》與《羯磨論》，阿闍黎釋迦光造了《毗奈耶三百頌》與注釋等，通過這些論著將律藏加以弘揚光大，直至今日仍舊主要依靠兩位阿闍黎的著作一脈相傳。

前譯傳承靜命師，爾後釋迦西日弘。

別解脫戒的傳承是怎樣的呢？前譯派別解脫戒的傳承：圓滿的佛陀、舍利子等代代相傳，後來傳到大堪布靜命論師、瓦繞那、藏繞色、友給瓦炯內、瑪釋迦莫內眾近圓戒比丘，再向下傳。在朗達瑪國王毀滅佛教之時，瑪、友、藏三位尊者將律藏馱在一匹騾子背上，前往丹德山。當時貢巴繞色大師出家，衛藏的十人受近圓戒，其後，傳給樂美赤誠西繞，直至現在。這是人們共稱的東律。

後譯派的西律傳承：由三護論師傳下，此傳承以前雖然有，但未聽說現在仍存在。

中律克什米爾的傳承：龍猛傳下，後來由克什米爾的班智達釋迦西日傳給文殊菩薩的化身薩迦班智達等近圓戒比丘，依次弘揚。關於律藏的言傳當在其他典籍中了知。以上講述了別解脫的傳承。

自性大圓滿支分決定三戒論釋

丁二、所受戒之本體：

本體出離意樂引，斷除一切害他事，

身語所生之緣故，承許其為有色法，

許斷心續與種子，自部上下各觀點。

別解脫戒的本體是以出離心的意樂所引發、斷除一切害他之事的嚴禁惡行戒、欲界所攝的一種戒律，因為是出離心所生而遣除了外道的戒律；因斷害他而遣除了中間律儀；因為欲界所攝而遣除了禪定與無漏的戒律。有部宗認為別解脫戒是身語所生的，因此於有表色與無表色二者的本體中產生，住於無表色中。《俱舍論》中云：「所謂三種無表色，即戒惡戒與中戒，戒有所謂別解脫。」又《分析三戒論》中云：「聲聞戒律無表色。」經部宗認為別解脫戒是相續變化的一種特法。唯識宗認為別解脫戒是斷除犯戒之心相續及其種子。他們的理由是，如果單單是心，那就無有相續，如果僅僅是習氣，那麼毀壞之因出現時也會跟隨。中觀宗認為別解脫戒是斷除之相應心。《入行論》中云：「斷盡惡心時，說為戒度圓。」如是內道佛教中上下各派根據各自心的差別而出現了高低的觀點。

丁三、以分類方式概括：

分類八關齋戒者，男女居士在家方。

男女沙彌正學女，比丘與尼出家方，

即是八種別解脫，歸納則許四戒體。

自性大圓滿支分決定三戒論釋附戒律輯要等

如果以戒律本體分類，則一般而言，依靠能成立各自戒律的因圓滿而獲得的是出離心的律儀，儘管這一點均相同，但分別來說，根據自己不同的方面所斷的差別，於一日中立誓斷除八種所斷為齋戒，也叫時戒。如果是居士受齋戒，也稱為長淨。同樣，承諾有生之年斷除一至五之間的所斷，為男女居士戒，對此戒律中雖然只說了近圓居士，但《俱舍論》中也宣說了受持三皈依等許多分類。此三種戒是在家方面的戒律。承諾有生之年斷除十種所斷即是沙彌與沙彌尼。在此基礎上，在兩年期間立誓斷除十二種所斷為正學女戒。承諾有生之年斷七及其從屬㉝，即是比丘與比丘尼的戒律。此五種是出家方面的戒律。綜上所述，別解脫戒共有八種，如果歸納而言，則有男女比丘、男女沙彌、正學女以及男女居士，男女只是名稱不同而已，本體無有不同，實際上只有三種戒體，加上齋戒，共包括在四種戒律中，這是《俱舍論》的觀點。此論中云：「所謂八種別解脫，實際戒體唯有四，除名稱外無變故，彼等異體不相違。」

丙二（未得戒者得受之方法）分二：一、舊儀軌；二、現行儀軌。

丁一、舊儀軌：

初未得戒得受法：受法分二舊儀軌：

___

㉝斷七及其從屬：聲聞別解脫戒者，謂斷七及其從屬，即身之三不善、語之四不善，以及所屬一切所斷身語之戒律。

自然證智傳信圓，承認本師許八難，

善來四白問答等，受者心淨聖者師。

上述的這些戒律除了個別的以外，幾乎都不是自然獲得的，而需要觀待表示而得。最初未受戒者得戒之方法，有無勤作圓滿的舊儀軌與有勤作圓滿的新儀軌兩種受法。

其中舊儀軌：最初本師成佛之前、成佛之時、成佛後不久以及涅槃之前受近圓戒的儀軌稱為舊儀軌。此儀軌有十種分類：佛與獨覺由證盡智及無生智，證大菩提，從而有二種獲得近圓；五比丘生起見道，由內證智而得近圓。此三者是在自相續中自然生起勝義比丘戒而得近圓戒的。供施女因未獲父母允許，由佛遣使比丘尼鄔巴往告音訊，依僧傳信而得近圓；大迦葉等由承認「您是我的導師、我是您的聲聞」而得近圓；舍利子等由佛說「善來」持梵行而得近圓；僧伽會眾，中土十人、邊地五人，具行白四羯磨而得近圓；佛問善施：「何為唯一善法？」彼答：「解脫。」又問：「解脫需何法？」答：「信心。」彼以問答令心喜而得近圓；眾生主母由許修學八難斷法而得近圓。八難斷法：《律詞品》中云：「親從比丘受近圓，半月比丘處受教，於比丘處許夏住，僧尼二眾作解制，犯此於二眾遷悅，不言比丘犯戒戒，不得輕侮諸比丘，頂禮恭敬新比丘。」意思是說，從比丘僧團處得受近圓戒，每半個月再從比丘

自性大圓滿支分決定三戒論釋 附 戒律輯要等

處聽受教言，在具足比丘處立誓安居，在僧尼二眾前解
除夏安居，如果違越了難斷法，就要在僧尼二眾前履行
遷悅，不能談論比丘破戒，不能對比丘輕視、侮辱，對
新比丘也要恭敬禮拜。本頌中的「等」字是指六十善群
比丘由許三皈依而得近圓。有些人說居士只是名稱上的
近圓戒。除了白四羯磨與傳信以外的五種是由本師加持
而得的近圓戒。八種是假立的，傳信是現行儀軌，但舊
儀軌中能如是出現，說明僅僅是安立而已，並不是完全
固定的。真實的舊儀軌是白四羯磨。由於以前的所化眾
生業力、煩惱、異熟三障輕微，智慧、相續與根基成
熟，內心清淨，能傳近圓戒的上師也絕對是聖者，因為
具備這些特點，故而十分容易得戒。

丁二、現行儀軌：

現行軌離五擇定，石女等生之障礙，

國王不允等住障，不能驅烏等勝障，

以及髮為黃色等，莊嚴障礙皆無有。

繼舊儀軌之後制定的白四羯磨儀軌及其從屬，即是
現行儀軌。其中的齋戒，如《俱舍論》中云：「居於低
位重複說，不佩裝飾明晨前，具足齋戒之分支，清晨於
他前受戒。」受戒者坐於較傳戒師低的位置重複傳戒師
所說的話而得戒。關於受戒者的身分，有部宗認為七種
別解脫種性，經部宗認為旁生的身分也能生起戒體。對
境：有部與經部均承認依次從受比丘戒者乃至具居士

自性大圓滿支分決定三戒論釋

136

戒、齋戒以上者前受戒。特殊情況下，承諾每月十五、初八守戒的人，後來每到那時也需要受，但以前一次性受戒也可以。按照有部宗的觀點，飯後受也能生起戒體。經部則認為在佛像等所依前受戒也能生起戒體。

終身戒是指觀待各自學處的違緣，比丘需要真正遠離五擇定，沙彌也需要相似遠離五擇定。

五擇定：諸如認為在順緣具足的此地能守戒而於他處不能守戒，此為境擇定；諸如認為僅在此年此月等期限內才能守戒，此後不能守戒，此為時擇定；諸如認為在戰爭期間以外的其他時期能守戒，此為時期擇定；諸如認為不會害怨敵以外的他眾，此為眾生擇定；諸如認為除個別粗的學處以外所有細微的學處不能護持，此乃分支擇定。必須遠離此五擇定。

此外，對石女與犯五無間罪等人雖傳戒，但他們不能生起戒體，這是生之障礙；由於未得到國王與父母的允許，雖得戒，但因無有自由，故而戒體不能持久，這是住存之障礙；未到驅鳥之年，或因病苦纏繞等，雖受戒，但不能守學處，不能學到殊勝功德，這是殊勝之障礙；黃髮等色有缺陷者、斷手等形有缺陷者以及屠夫等種姓有缺陷者，雖能學戒，但由於成為他眾不信仰佛法之因，故是莊嚴之障礙。

無有此等障礙，具足五圓滿順緣，境圓滿：所在地須有三寶及親教師、軌範師；相續圓滿：自己需要未侧

身僧會，未破律儀，外貌須已剃淨鬚髮；資具圓滿：備足資具；意樂圓滿：意樂須具因位等起；儀軌圓滿：儀軌須具足加行、正行、後行。

具出離心善緣士，具通善說如海戒，

一百零一種羯磨，上師前漸受近圓，

前未曾受圓滿戒，亦於經中有明說。

不是僅僅為了救護怖畏以及實現善願，而是具有希求獲得三解脫中任何一種的出離心、無有違緣、具足順緣的善緣之士，在具有智慧功德、精通三藏尤其是善說的四種律典所攝的如海律藏之義，並具足以一百零一種羯磨各自儀軌半句也不錯地背誦的方式交代清楚的能力，具備戒律清淨的功德，包括懺戒加持以上連細微的罪行也未染污，有如是功德的親教師參加並具足十三增添法的僧眾前按次序圓滿受居士、沙彌、比丘戒。前兩種戒未受而直接受近圓比丘戒也能生起戒體，但傳戒者犯一個惡作，這一點在經部中有說明。《毗奈耶經》中云：「未出家之在家人若受近圓戒，可否傳授？優波離，可以傳授。」《報恩經》中亦云：「阿那律亦白佛言：『設若在家人未受五戒，若頓時受十戒，能得戒否？』佛告阿那律：『同時可得居士、沙彌二戒。設若未受五戒，亦未受十戒，頓時受近圓戒，亦於同時得三戒體。』」這是得後戒前戒順便可得之義。

得戒界限則承許，三念誦之最後次。

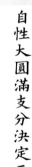

自性大圓滿支分決定三戒論釋

如是受戒者的相續中得到所受戒律之界限：居士、沙彌戒念誦三遍皈依誦、自誦他誦中的自誦圓滿之際得戒，比丘戒念誦本體誦、所作誦、作者誦，所作誦剛剛圓滿即承許為得戒之界限。

丙三（得戒者不失護持之方法）分二：一、所護之戒條；二、生起戒體之所依。

丁一（所護之戒條）分五：一、略說護持法與皈依戒；二、齋戒；三、居士戒；四、沙彌戒；五、比丘戒。

戊一、略說護持法與皈依戒：

中得不失護戒法，學處不共三皈依，

不尋皈他斷害眾，不交外道各恭敬。

只是得到了戒體還不夠，中間為了不失壞而必須要守護已得之戒。因為不守戒過患無窮，守戒功德無量。《教比丘經》中云：「有者戒律為安樂，有者戒律乃痛苦，具有戒律則安樂，破壞戒律則痛苦。」

護持之方法：了知止行的學處後必須如理取捨。首先宣說遮止方面各自的戒條。

皈依戒：皈依三寶之人不共的三戒，第一皈依本師佛陀外不得尋求其他世間天神等作為皈依處；第二必須斷絕損害眾生之心；第三不得交往外道或與之相似的友人。關於此三所遮，《涅槃經》中云：「何人皈依佛，彼為真居士，何時莫皈依，其他諸天神；皈依正法者，

自性大圓滿支分決定三戒論釋附 戒律輯要等

遠離損害心；皈依僧眾者，莫交外道徒。」作為皈依三寶者，僅僅是殘缺不全的佛像、泥塔小像，一字一句的法所依以及僧眾的形象乃至對黃色補丁以上都分別應當作佛、法、僧寶想，生起恭敬心。這些是應行的學處。

不為命獎捨三寶，何等要事不尋他，

常供令自他皈依，頂禮所去之方佛。

阿底峽尊許五種，即是共同之學處。

此外，為了生命、獎賞國政等也不能捨棄三寶；即便如何重大的事情，也不能認為三寶不能救護而去另尋其他世間的辦法；恆時憶念三寶功德，不間斷供養；了知功德而令自他虔誠皈依三寶；無論去往何方，都要對那方的佛陀與佛像等作禮。此五種均是共同的學處，這是阿底峽尊者的觀點。

戊二、齋戒：

四根本戒四支分，戒酒不放逸分支，

高床歌鬘過午食，禁行分支乃齋戒，

此八分支非終身，亦非功德所依故，

別解脫戒唯七種，此八有生之年護，

居士雖非有部說，世親許為上座宗。

關於所護的齋戒，如《俱舍論》中云：「次第四為戒律支，一不放逸三禁行。」斷除非梵行等四根本戒及其同分是使戒律穩固的四種分支。《念住經》中云：「謂此不能損害我，具智慧者不依酒，醉時清涼異熟

自性大圓滿支分決定三戒論釋

140

大，依酒墮入地獄中。」了知過患後戒酒，這是增上不放逸之分支。高廣大床、歌舞花鬘等、非時過午進餐，斷除此三者是清淨禁行之分支，護持此八種戒者即是八戒居士。由於此八種支分並不是終身戒，所以不屬於一切上戒功德的所依，真正成為上面功德所依的別解脫戒，決定只有具相的七種。《道燈論》中云：「恒俱餘七種，別解脫戒者，乃有菩薩戒，善根非餘有。」假設承諾有生之年一直守護此八支分，遊札古昧上師曾經也是受持此戒律，因而被共稱八戒居士。儘管有部宗的戒律中並未如是宣說，但世親論師認為這是上座部的觀點。他曾經是這樣說的：所謂的居士在上座部的竅訣傳承中聽說過，但未見過如來有明說。然而大乘的契經中有宣說，如《寶積經》中如是記載：「大悲王子以此方式受此戒。」

戊三、居士戒：

斷盡殺盜淫妄酒，即是居士之戒律。

隨意承諾依數量，一戒二戒多圓戒，

戒除一二三五上，梵行居士斷非梵。

智者許此八戒士，非在家亦非出家。

終生三戒中第一居士戒：殺生即斷絕命根，不與取即偷盜，妄語即說上人法，邪淫即以貪欲作不淨行，此四種是四根本罪。其中殺生的對境必須是人，如若不具足這一點，只能算是根本罪的範疇，並不能構成真正的

根本罪，因此不能算是真正破戒。此處未說是非梵行，只是說邪淫，因為在家人容易守護。《俱舍論》中云：「邪淫極受譴責故，易守不作得戒故。」斷除此等的分支飲酒，如若不斷，則無法守護其他學處。這五條根本學處是居士戒。自己隨自己的意願而承諾，依照守護的數量諸如僅戒殺為一戒居士；在此基礎上斷不與取為二戒居士；在此二者基礎上諸如斷除妄語為多戒居士；在此三者基礎上斷除邪淫與飲酒為圓戒居士。此等依次斷除一個、二個、三個、五個所斷。有部宗承許說：僅僅承諾守居士戒而可隨意守一戒等。經部宗認為隨意承諾一戒等如果就承認為居士戒，那麼就成圓戒居士了。這樣一來，由於沒有守護其餘的戒律就會造成破戒的過失。這以上所宣說的是在家學處。

在五根本戒的基礎上斷除非梵行，即是梵行居士。這一點通過「戒律莊嚴修行人」等教證可以說明，這是經部所承認的。關於梵行居士與八戒居士，《宣說幻化經》中也有闡述，此經中云：「縱然諸善逝讚歎，出家具有多功德，然為悲憫諸有情，利眾生我執國政，有生之年持梵行，亦守八關齋戒也。」智者們認為，這兩種居士已斷絕了在家人的不淨行，因而不是在家人，又由於未持出家相，所以也不是出家人。

餘六不善同分斷，具居士戒持明者，

除出家相與儀軌，餘均實行佛所說。

自性大圓滿支分決定三戒論釋

十不善業中除去身三不善與妄語，餘下的語三、意三共六種不善業以及四根本罪的同分殺旁生等一切所斷雖然未徹底戒除，但因具有悔改之心而稱為需還淨之學處。不僅如此，就算是具有居士戒的密宗持明者，也是除了披袈裟、持缽盂等出家相以及羯磨儀軌專門制定的戒律外，其餘所有的戒律都必須同出家人一樣，這是佛在《妙臂經》中所說的。此經云：「如來彼說別解脫，一切清淨之戒律，在家咒師除形象，儀軌餘者均當行。」既然如此，那麼出家咒師就更不必說了。

戊四（沙彌戒）分二：一、真說沙彌戒；二、旁述正學女之學處。

己一、真說沙彌戒：

為遣怯懦略說十，斷除殺盜淫妄酒，

舞等鬘等高廣床，過午進餐取金銀。

屬於出家方面的後兩種學處中的第一種沙彌戒，如果能斷除殺人或胎兒、盜竊價值足夠的財物、依靠三門任何一處而作不淨行以及說上人法妄語此四條，則為守戒。如果不能守護，則稱為破根本戒，不覆不藏可以恢復，如若又覆又藏，則如比丘一樣無有恢復的機會。《戒律三百頌》中云：「殺人等四戒，沙彌若失毀，如比丘沙彌，亦無生戒機。」飲酒、放蕩不羈隨心所欲進行唱歌跳舞等娛樂活動，除說法等特殊情況外住價值昂貴的大床或者價格雖然低廉但超過一尺的高床，自己所

在地過了中午進餐，僅僅接觸倒也可以，但以貪愛之心接受金銀而收藏，以上行為要一律斷除。

所謂的支分六戒是守護根本戒的方便，戒酒是不放逸的分支，其餘五種是禁行的分支，如哲則之子聽到學處繁多而生怯懦之心，退失受戒之心，為了避免這種情況，佛概括性地宣說了沙彌十戒。

開許無罪十三條，持餘法衣持雙缽，

觸寶觸火離法衣，再食攀過高人樹，

不與取食與伐樹，青草上撒不淨物，

未許損種食蓄物，此外取捨同比丘。

沙彌十戒如果以包括所屬的方式來分，則有四根本戒，殺生同分殺旁生、有含生的草拋至水中、使用有含生的水三種殺生；屬於妄語的有十二種，即無因誹謗、藉故誹謗、破和合僧、隨順破和合僧、厭煩家室、明知故妄、誹謗私情、誹謗執事、謗為少食而說法、謗僧、故犯學處以及為取超分淆用鬢蓋；飲酒，歌、舞、樂器三種，裝飾鬢等、塗香、塗脂粉，大床、高床，非時食，取金銀，合計三十，加上即將要宣說的三種失毀，即是三十三違犯。按照《教理寶藏論》中的觀點，三殺生、妄語中除去為取超分淆用鬢蓋餘下的十一種此十四種如前一樣，在此基礎上，屬於不與取的建房、建大房、珍寶做針筒三種，屬於非梵行範疇的與被僧眾開除之人同寢。屬於四根本罪的不持長淨、安居、解制，以

自性大圓滿支分決定三戒論釋

及不依止皈依師，總之屬於四根本罪的共有二十二種。比丘的一切所斷中除了個別的單單佛制戒可以不受，其餘的一切戒條沙彌都必須守護。

接下來宣說這一道理，持餘法衣、持雙缽、離法衣、掘地、觸寶、觸火、再食、攀過人高樹、伐樹、不與取食、青草上撒穢物、食蓄物以及未許損種，此等即是對沙彌開許的無罪十三條，這是《毗婆沙論》中所說的。在此基礎上，藏地諸位律師又加上相同的六種，如云：「置月積蓄離靜處，未說悔欲未圓寢。」如此承認共有開許無罪十九條。除此之外，一切取捨都與比丘相同。沙彌的所有墮罪均可包括在唯一的惡作中。四根本罪是失毀戒律之因，因而是他勝相同之惡作，此外的一切違犯需要如理懺悔，因此是所懺惡作，除此兩者外比丘的一切所斷必須以觀想守護，這些是所守惡作。

持對衣料置一月，離對靜處可離缽，

蓄對積蓄亦開許，失棄俗相取僧相，

輕侮堪布三失毀，斷此沙彌之學處。

按照大智者布敦仁波切說《請問品》克什米爾祖師所說的真實無罪於此引用。即三種對應，比丘不可持餘法衣，而沙彌衣料可放置過月；比丘在無恐怖情況下不可離法衣，沙彌即便在遠離怖畏的靜處也可離法衣；比丘不可享用儲蓄之物，沙彌為維生積蓄也開許，因而安立為無罪，這與前述的六種開許中前三種是同一個意

思。沙彌受中戒時所承諾的三種所斷：失毀斷明顯穿著白衣等在家相，失毀持法衣等出家相，以輕侮心不祈禱堪布此三種失毀。假設有人問：此三種失毀與近事男的戒條有何差別呢？按《俱舍論》中所說，近事男犯此三失毀，則犯戒，而沙彌只要懺悔即可，有此差別。如理守護如是所說的一切所斷，即是具足沙彌戒的學處。

己二、旁述正學女之學處：

得沙彌上正學女，獨行游泳觸男身，

同住撮婚掩伴過，此為根本之六戒。

取金掘地剃陰毛，食不予食與蓄食，

刈割青草均斷除，即是隨順之六法。

在獲得沙彌尼戒的基礎上，獨身路行、入水游泳、接觸男身、與男同住、撮合婚姻以及掩女伴過為正學女根本六戒。執取金等寶物、剃除陰毛、掘土、刈割青草、未受食而食、食蓄食此等為正學女所應斷的隨順六法。

戊五（比丘戒）分二：一、守護方法；二、所護戒條。

己一、守護方法：

受近圓戒後十年中自己尚未得到穩重與智慧二功德之前，必須要依止具有法相的堪布或依止師聽聞其宣說無誤取捨道理的教言。除特殊情況外一切事情都要請示上師，不可自作主張依止他人。以喜愛修學的精進認真

自性大圓滿支分決定三戒論釋

聞思律藏，細緻入微地實行取捨，具足不放逸、不忘失學處的正念與觀察自相續是否出現罪業的正知，通過對治自相續而守護學處，這一點至關重要，因此務必要精勤努力。

己二（所護戒條）分三：一、所斷；二、所修；三、推斷同類。

庚一（所斷）分二：一、真實所斷；二、旁述。

辛一、真實所斷：

比丘二百五十三，戒律根本四他勝。

比丘戒可分為他勝、僧殘、墮罪、向彼悔、惡作五墮罪，共有二百五十三條。一般而言，比丘的一切所斷學處均可包括在五墮罪的範圍內，所有粗墮皆可攝於他勝或僧殘其一之中，一切加行惡作都屬於各自的墮罪，十七事中所講的所有惡作也可包括在惡作墮罪中。因此，如果是惡作，不一定是別解脫中所總結的（一百一十二條定數）惡作。

第一、他勝罪：持戒比丘無論犯四他勝中任何一種，一剎那隱瞞，所有清淨戒律也全部毀壞無餘，由於沒有根本墮罪的違品對治力來摧毀，因而稱為四他勝。

基支堪能男根入，成熟女人之密處，

意樂無慚畏貪心，加行之時互摩擦，

究竟獲得樂感受，彼者失毀梵淨行。

一、不淨行，她基之支分：身體已達到一半以上，

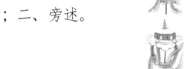

完好無損並能享受的口、肛門或者陰道三處任何處；自基之支分：無病堪能的男根。意樂支：無有觀待自方的慚與觀待他方的畏，想感受樂觸的貪心。加行支：相互摩擦。究竟支：通過三門交觸，身體感受快樂，心裡執為我所，此四支分如果圓滿，則彼人已失毀梵淨行。薩嘎拉尊者云：「男根入三門，則犯他勝罪，外觸則相應，粗墮或僧殘。」

> 盜基即是他人財，意樂為自得生存，
> 境時價值已足量，加行之時行盜取，
> 究竟自盜令他竊，抑或爭論而獲得。

二、不與取，基：不屬於自己而是另外人所屬的財物以及烹調好的飲食，並不是尸林中那樣低劣的物品。意樂：明明知道或者懷疑是他人的財物，為了自己維生而想盜竊之心，觀待當地當時能盜所盜二者分析留存財物與分配財物的差別，價值具足。加行：一時間盜取。關於價值量，《沙彌五十頌》中云：「盜取五瑪夏，或四分之一，嘎夏巴貨幣，據己有破戒。」所謂的嘎夏巴，人們共稱是蓮花王時期所造的一種金幣，相應於八十個海貝的價值。《根本律》中說中等嘎夏巴的量是五個瑪夏嘎。為此它的量並不完全是固定的，但一般共稱是一兩銀子的價值量。究竟：無論是自己盜取或讓他人竊取，或以爭論的方式使財物離開主人而據為己有，生起得心即已犯盜戒。不僅如此，以咒誅、壓伏、勾

自性大圓滿支分決定三戒論釋

召、不還押金、借後不還而盜或者故意丟失裝飾品而取物，不交車、船費等，總應當詳細分析戒條之分支而了知。

　　殺生之基識他人，意樂殺心知所殺，

　　加行殺始終未退，究竟斷絕彼命根。

　　令殺隨喜讚歎等，以此為緣亦復然。

　　三、殺生，基：無誤地認識自相續不同有感受等的他人或胎兒。意樂：非以毆打之心而是以殺心殺害，確定所殺的是某某人或者有合理懷疑的想法。加行：以密咒或兵器等殺，自始至終未有退失。究竟：在對方未死之前採取行動，無論所殺眾生當時死亡或他時命根滅絕，均犯根本戒。《戒律三百頌》中云：「具有自他學處者，知是他人知是人，殺心無誤而殺害，除未死夢毀戒律。」或者讓他人殺，即便隨喜讚歎殺人等，只要具有殺心，並且對方已死，就犯根本戒。而且，許多比丘共同協商殺人，所有比丘均犯他勝罪。《俱舍論》中云：「軍兵等為同一事，一切人均如作者。」

　　妄基知言解意人，意樂轉想生說心，

　　加行神通等功德，雖無說有上人法，

　　究竟他懂彼妄語，則已失毀根本戒。

　　四、妄語，基：所說的對境是除了自己以外的他相續、能知言解義、精神正常、非石女與兩性，具此五種名相的人。意樂：為了改變對方想法而生起要說欺人之

談的心。加行：超越欲界的一禪至佛果之前的神通等世間出世間的功德明明知道自己本來沒有反而謊稱為有，說上人法妄語。薩嘎拉尊者云：「於此五障礙，得諸人之法，盡彼許上法。」究竟：雖然自己所說的謊言未能轉變對方的心意，但當聽者已明白妄語之義，比丘已經失毀了自己的戒律。這裡所說的妄語必定具足是語言、是自己所說的語言、是與自己有關的語言、正確、明了、當面而說此六種法相，並且所說之人在無有增上慢的情況下自己說或者由他人來說，比丘在接受別人所說話語的過程中，我們如果詳細分析，以觀待果、坐墊（坐在花墊上等）以及本體的方式可以了知也有犯妄語戒的。若有人想：此等加行與正行支分如果未具足，那是否犯根本戒呢？加行之加行僅僅想做並從坐墊上站起等，只是惡作，為了此事而前往等為加行粗墮，正行時雖未真實生起墮罪，但與之相類似，諸如沒有殺心而以必致人於死地的利刃擊中人，是加行粗墮。正行雖已究竟，但四支中任何一支不具足，諸如以殺心殺非人，是正行粗墮。剩餘的所有墮罪均應依此類推。這些在犯單墮等其他罪業時均成了惡作。僅是在心裡思維，即是所守惡作；身語中表現出來，則是所懺惡作。

犯此四何比丘敗，故佛說為四他勝。

此四種罪業各自四種支分都已具全，無論犯任何一戒，那位比丘就已敗於罪業的足下，因而遍知佛陀說叫

自性大圓滿支分決定三戒論釋

四他勝。《別解脫經》中云：「諸比丘無論犯彼等中任何一墮罪，自始至終均成他勝。不可與諸比丘同住，不得享用僧財，當擯除。」

共稱十三僧殘者，於非行處出精液，
以貪觸女身部位，明說淫語貪女讚，
撮合男女相互遇，為自過量大小屋，
無故誹謗假故謗，破僧隨順破僧違，
污家擯除而誹謗，現墮時勸惡性拒。

第二、僧殘罪：因為要恢復此墮罪必須依靠僧眾，並且清淨的戒律只剩餘少許，數目共有十三種，為此共稱為十三僧殘罪。

一、出精僧殘：除口腔、肛門、陰道處，以想出精的意樂心將自己的男根接觸自之手指或他者身體部位而出精，享受快感時，即犯此僧殘。

二、觸女人：以貪欲心想觸摸可依的女人，如果觸其身毛，則稱為粗墮。直接撫摸其肌肉等身體部位，體驗樂受時，即犯此僧殘。

三、貪鄙語：直截了當地對知言解義的女人明說當時當地共稱的淫穢語，當對方懂得其義時，即已犯此僧殘。

四、讚供養：為了與女人作不淨行以淫欲心說：「對像我這樣的持戒比丘，最好的供養就是不淨行。」對方已知其義或接受對境所說的語言時，比丘即犯此僧殘。

自性大圓滿支分決定三戒論釋 附 戒律輯要 等

五、作媒嫁：自己通過三次捎信的方式撮合，使自己以外本不相好的男女接觸，相互行淫欲之事時，即犯此僧殘。

以上五種為貪欲有情所犯的五種墮罪。

六、小屋僧殘：比丘未經僧團開許，便在多生物、有諍、有災等三種不淨之地，私自或令他人營造房舍，度量超越長十八肘、寬十肘半所成之罪。蓋屋頂時，即犯此僧殘。

七、大屋僧殘：使用不如法的清淨地基、材料，營造可容納四比丘以上的大房舍，用牆圍繞，蓋屋頂時，即犯此僧殘。

這兩種是貪執外資具所犯的墮罪。

八、無根謗：既未見到也未聽到又無懷疑的根據而對其他比丘以四他勝任何一種的方式明說誹謗之詞，他人懂得其義即犯此僧殘。

九、假故謗：假借稍有根據而以旁敲側擊的方式妄加誹謗其他比丘犯四他勝中任意一種。他人明白其義時，即犯此僧殘。

這兩種是因損惱而犯的僧殘。

十、破僧：在一個界限內本人不包括於其中的持戒比丘，對數目均已足量的雙方僧眾，以非法見進行挑撥離間。為此，僧眾雖以婉諫、啟白、一量、二量、三量五遮加以制止，但該比丘仍不作罷，前四種末尾時均犯

自性大圓滿支分決定三戒論釋

一粗墮，如果到第五羯磨完畢時仍不捨棄，則犯此僧殘。以下三種僧殘也當依此類推而了知。在此分析破僧與五無間罪中的破和合僧的差別：破和合僧所分開的是僧眾，挑撥者一定要是比丘，最終結果僧眾必須分開。此處的僧殘，即使僧眾未能分開，但以五遮制止，末尾仍舊沒有捨棄行為，就足以構成僧殘，挑撥者不一定是比丘，比丘尼也會出現。

十一、隨順破僧：對於破僧的比丘進行相助，僧眾以五遮制止，末尾仍不放棄，則犯此僧殘。

十二、比丘因與女人一起嬉樂等違犯學處的惡行而使在家人生厭惡、起邪見，因此被僧眾開除。於是此比丘便以四非理的誣衊之詞妄加誹謗僧眾，僧眾以五遮加以制止，末尾仍不放棄，即犯此僧殘。

十三、惡性拒諫：自己犯了墮罪時，別人說其過失，僧眾按照戒律勸其還淨時，該比丘心懷不悅地說：「你們無論是好心還是惡意，都不要說什麼。」僧眾以五遮制止，到了末尾仍不放棄，即犯此僧殘。

以上四種是因違諫而犯的僧殘。《別解脫經》中所說的「有遮靜處坐」講了二不定，比丘在無有人陪同的情況下在有遮掩的靜處與女人坐在一起，根據行淫與否的差別，這位比丘犯他勝、僧殘、單墮三者其一，或者僧殘與單墮二者以及最終將做何事均不一定。因此，僅僅同女人坐在一起就犯單墮，它的結果包括在他勝與僧

自性大圓滿支分決定三戒論釋 附 戒律輯要 等

殘中，因而未單獨宣說。

第三、墮罪分為捨墮罪與單墮罪兩種。

其一捨墮罪，無論誰人出現墮罪，都必須要捨棄犯罪之物來還淨。如若未經還淨，其果報將是墮入惡趣，數量共有三十種，分為三類。

第一類衣等十種：

宣說三十捨墮罪：自餘衣持過十日，

離開法衣過一夜，衣料積蓄過一月，

使比丘尼浣法衣，以及從彼受衣料，

於非親屬在家人，索要法衣之布料，

若贈取超上下裝，思供養己辦衣價，

提醒衣質價值量，囑託衣價珍寶取。

一、持餘衣：未張開羯恥那衣的補特伽羅自己占有執為我所的多餘衣物，大小達到能覆蓋三輪量[34]，如果有可加持的三法衣或沒有三衣也無有做法衣的念頭，量及一肘的布未作加持或者雖已作加持，但與雜染相聯，無論以自力或雜染力持用超過十日，在第十一日黎明則犯此捨墮。雜染有四類，即衣雜染、缽雜染、藥雜染、墮雜染。後三種下文中有宣說，在此講述衣雜染，衣雜染又有十日衣雜染與月蓄衣雜染兩種。其中十日衣雜染：依前所說這樣的衣服未經加持而成為能雜染，與之同時或他時後來得到的任何衣物均成為所雜染，如果未經雜

自性大圓滿支分決定三戒論釋

---

[34]覆蓋三輪量：量滿可掩兩膝至臍之三輪的量。

染以前也未作加持，則雜染以後，成了所雜染的衣物雖作了加持，但若超過十日，也以能雜染的自力與所雜染未過十日但以雜染力而產生墮罪。月蓄衣雜染：月蓄衣的定義下文即將宣說。雜染的方式一般來說除了日期以外與十日衣雜染相同，但就特殊而言，有四類：（一）類別已轉未雜染：以前得到的月蓄衣後來因圓滿獲得法衣而轉變為十日衣，類別已轉，（如果在十日之內）當日獲得則不會出現雜染。（二）類別已轉已雜染：若在後來時日中獲得，類別已轉變，已出現雜染。（三）類別未轉已雜染：如果是前後得到的月蓄衣，前面的未作加持，類別雖然未轉變，但也出現雜染。（四）類別未轉未雜染：獲得月蓄衣後三十日內保存，如果未得到其他衣物，則類別也不會轉變，又不會出現雜染，因為無有所雜染之故。

　　二、離衣：未得到離祖衣的開許並且未張開羯恥那衣的比丘除了在具有怖畏的寺院以外離開作了加持的三衣其中之一，越過放置法衣的附近過一夜，到次日黎明時犯此捨墮。

　　三、月蓄衣：未張開羯恥那衣並且無有三衣中任何一種的比丘擬定做法衣並且尺寸已達到一肘的量，長度不能覆蓋三輪，又未作加持或雖經加持但與雜染相聯，從而以自力或雜染力儲蓄滿一月，到第三十一天黎明時犯此捨墮。

自性大圓滿支分決定三戒論釋附 戒律輯要等

四、使浣法衣：比丘讓非七代之內親屬的比丘尼洗滌自己舊的三衣或敷具任何一種，對方正在洗時，比丘犯此捨墮。

五、受衣：自己本來已有三衣的比丘向非親屬關係的比丘尼化緣能覆蓋三輪量以上的衣服或衣料，取受時犯此捨墮。

六、乞衣：有三衣的比丘向非親屬的在家人化緣能覆蓋三輪量的衣服或衣料，得到手中時犯此捨墮。

七、過量受施衣：無有三衣的比丘向非親戚的在家人化緣衣服，結果施主贈送許多。如果接受上衣下裝一套以上，則犯此捨墮。

八、辦衣價：非親屬的在家人想供養比丘法衣或衣料，這位比丘提前到其前提醒說要供養這種質量、這麼多價值的，當得到手中時即已犯此捨墮。

九、乞各辦衣價：當比丘聽說男女信徒分別供養自己許多衣物或一件時，為了觀察其是否供養而提醒，獲得時即犯此捨墮。

十、囑託：比丘委託執事用施主所供養購買法衣、比丘不能接受的金銀等珍寶代買，後來執事未按時交付法衣，比丘親自向執事索要三次。如果對方仍未交付，三次緘默而要，無有罪過，如果過多索要，獲得法衣時，即犯此捨墮。

第二類：

自性大圓滿支分決定三戒論釋

絲棉製作成敷具，罕處黑羊毛具鋪，

製作混合之敷具，六年未過做新具，

有應量具亦重製，擔黑羊毛三由旬，

令尼掰開滌羊毛，觸寶納質與買賣。

一、做棉敷具：比丘用絲、棉等價值昂貴之物製成敷具，即犯此捨墮。

二、做黑羊毛敷具：在黑羊毛罕見的任何地方以黑羊毛製成敷具，鋪設時即犯此捨墮。

三、做混合敷具：戒律中說下身羊毛一份、上身羊毛一份、黑羊毛兩份混合而做敷具可以。如果比丘自己或令人用超量的黑羊毛做敷具，用此三者正在做時犯此捨墮。

四、六年二敷具：比丘本來有敷具，並且未過六年，也未經開許，自己或讓他人重新做敷具，已完工時即犯此捨墮。

五、一卡敷具：比丘本來有具量的敷具，但如果在縫製新敷具時，不從舊敷具上剪下如來一卡即常人一肘半的量補到其上而享用，則犯此捨墮。

六、路途擔羊毛：比丘出自貪心而在一日內背負自己擁有的黑羊毛等重擔，如果有沙彌等同伴，則從開始出發即犯此捨墮，如若無有同伴，則在三由旬內開許，從過三由旬起逾越一聞距的邊緣而行，則犯此捨墮。

七、令掰滌羊毛：比丘讓非親屬的比丘尼掰開羊毛

並洗滌，對方如是而做，則比丘犯此捨墮。

八、觸寶：在未經開許、無有浪費等外緣的情況下，比丘以貪愛之心接觸或讓人接觸金銀等珍寶，據為己有。開許情況：讓施主觀想為寶物主人；讓執事承諾他自己是寶物的主人；經過加持。

九、納質：比丘以貪財之心向非親屬的在家俗人貸金銀等物，以牟取利潤，當量達一肘的衣物利潤得到手中時，即犯此捨墮。

十、買賣：比丘為求得利潤，除珍寶以外的糧食、衣服等其他物品如果過多，則從非親屬的在家人手中購買來，如果過少，則賣給他們，當得到利潤時，即犯此捨墮。

第三類：

未加持缽過十日，持有雙缽無工錢，
令紡織成紡織物，予比丘衣復奪回，
說施時前歸己有，畏寺離衣過七日，
雨衣解制過半月，僧眾迴向之財物，
據為自己所擁有，藥過七日而積蓄。

一、持缽：比丘自己的應量缽盂未作加持或者雖作過加持但已雜染，持用超過十日，到第十一日黎明則犯此捨墮。雜染方式除名詞不同外與十日衣雜染相同。

二、求餘缽：比丘明明有質量、形色均可、量可容納九捧以上、上端留有一拇指空隙可使用的缽盂，還向

自性大圓滿支分決定三戒論釋

非親屬的在家人化緣其他缽盂，如果獲得，則持有了兩個缽，得到手中時，則犯此捨墮，後來得到的缽如果未經加持超過十日，也犯前一捨墮。

三、織作衣：比丘自己或派人讓非親屬的紡織工縫紉衣服，不付工錢，當法衣到手時，即犯此捨墮。

四、給織酬：非親屬的在家人讓人縫紉供養自己的衣服，如果未經施主允許比丘擅自令尺寸縫大些，得到法衣時，即犯此捨墮。

五、奪回已給物：曾經贈送給予自己見解相同的其他比丘衣服、缽盂等資具，爾後又奪取回來，當這些物品離開對方時，即犯此捨墮。

六、過期蓄衣：供養安居僧眾的過期蓄衣在分別施予時，應當是解制後的第二天分發。如果在安居期間歸為己有，未解制時分別分發，解制後的第二天未分發，則前後共有三種墮罪。依照《毗奈耶經》中所說：「五過期蓄衣，施患為患者，亡人為亡人，以及啟程者。」對於此中所說的五類人，在離安居結束還差十日分配，無有罪過。但安居期間說法所得財物以及為病人作經懺所得財物不包括在此內。

七、出寺離衣：比丘住在寺院，如果具有怖畏，則經過加持的三衣六天內離開也無有罪過，當解除怖畏後到第七天黎明時犯此捨墮。

八、求雨浴衣：自己承諾早安居或晚安居的比丘在

安居一月之前或解制半月之後尋求以及持用雨衣，則犯此捨墮。

九、迴向轉餘：比丘將在家人準備供養僧眾或其他比丘的衣服及缽盂等財物轉為自己，執為我所，則犯此捨墮。

十、積蓄：有利於風濕病的藥物超過了加持的七日後仍舊儲存，則犯最後一條捨墮。在此七日藥只是代表而已，實際上，加持未失的四種藥無論是哪一種超過施予的時限，如果仍舊持用，則犯捨墮。施予時限是指過午、下午、日落、黃昏、夜晚最後時刻。《毗奈耶經》中未說時藥需要加持，而盡壽藥作加持後乃至有生之年持用也不犯積蓄捨墮。但更藥、七日藥以及盡壽藥如果在病癒之前作了加持，那麼依靠自力或雜染力超過各自之時後若還持用，則犯捨墮。

藥雜染：能雜染的藥經過加持，所雜染的藥與各自同時或不同時後來獲得，而被雜染，最終能雜染超過了自時，所雜染雖然未過自時，但如果超越了前者能雜染的加持界限，則依靠自力或雜染力其一而產生墮罪。

墮雜染：無論犯了三十捨墮中的任何一種，在未作還淨之前，無論獲得任何資具都會在前一捨墮還淨時成為其因之物，不僅僅是它，就算是後面得到的所有資具也因前者的雜染而必須捨棄。因為《根本律》中說：「若有捨墮，則歸為己有之資具亦需捨棄。」此等捨墮

在還淨時，奪回已給物與求餘缽二種物品必須從根本上捨棄，其他捨墮中的物品只捨棄一夜即可。

其二單墮：如果犯這些墮罪，則將墮落到惡趣中，懺悔時不必先捨離其物，因而稱為單墮。數量共有九十整。《根本律》中云：「明知與種子，未差與輾轉，水俗家故犯，同行與說法。」正如這裡的總結偈所說，單墮有九個十條。

第一類明知十條：

所謂單墮九十整：明知妄說比丘過，

以離間語分開友，挑起宿怨合亦分，

為女說法及說罪，與未近圓者同誦，

實說已得上人法，徇情以及輕學處。

一、故妄語：他勝妄語；無故誹謗、假借誹謗的僧殘妄語；明知而將非法說為法，將法說為非法的粗墮妄語；別人已犯墮罪卻知情不說的惡作妄語；明知故妄、謗私情、謗執事、謗為少食而說法、謗僧、故犯學處單墮內的六種妄語。除了這十種妄語外明明知道而故意說謊，聽者明白其義時，即犯此單墮。

二、毀訾語：並非出於饒益之心而說當地當時所傳聞之比丘的過失，當對方懂得其義時，即犯此單墮。

三、離間語：以離間之詞挑撥友好比丘之間的關係，當對方理解其義時，即犯此單墮。

四、更發舉：兩個比丘發生爭執，僧眾已通過如法

自性大圓滿支分決定三戒論釋 附 戒律輯要 等

的方式予以平息，自己也參與了平息事件，結果又重新挑起已息之爭，並且是以挑撥的心態而說破壞關係的言詞，當對方明白其義時，即犯此單墮。

五、為女人說法：持戒比丘在無有人陪同的情況下對想聽法的女人傳講其不懂的法五六句以上即犯此單墮。

六、與未近圓者同誦：以放逸散漫的心態與未受近圓戒者一起用各種音調誦經，則犯此單墮。

七、說罪：對於犯了他勝或僧殘的比丘，未經僧眾差遣，擅自說他不是比丘、不懂得學處、犯了罪之類的話，當聽者理解其義時，即犯此單墮。

八、說實得上人法：獲得了上人法功德的比丘在無有特殊必要的情況下對未受近圓戒者如實講述已獲得了這些功德，當對境懂得其義時，即犯此單墮。

九、徇情：當有比丘給予為僧眾做事的執事比丘除食品外的少許資具時，其他比丘忍受不了，誹謗說那位比丘將僧眾的財物徇私情給了某人，當對方明白其義時，即犯此單墮。

十、輕呵：諸如在作長淨期間念誦《別解脫經》時，說些「念這麼細微的學處有什麼用呢」一類的輕視之詞，他人懂得其義時，即犯此單墮。

第二類種子等十條：

損壞種子與嫌毀，違惱言教犯墮罪，

自性大圓滿支分決定三戒論釋

答非所問佯未聞，不收坐墊損敷具，

驅逐比丘惱壓制，以座穿漏有蟲水，

引入草中重造房，此等明知故犯罪。

一、損種子：青稞等種子以及能生長出苗芽的任何一法，在無有毀壞、開許、被草捆縛等外緣的情況下通過炒青稞等方式損壞種子，自己或令人除掉草木等植物，毀壞時，草與青稞等種子損壞每一粒或一顆即犯一次此單墮。從樹上摘下核桃等成熟的果實等為惡作。開許的方式：用火接觸、以刀或指甲或鸚鵡嘴等損傷，諸如此類。除時藥以外的其他三種藥下午受用時也要灑涼水方可使用。

二、嫌毀：對於如法已做或正在做僧眾之事的比丘直接說：「竟然給我如此下劣的食物。」或者旁敲側擊地說：「有些人這般做事。」對方也明白了其義，以此僧眾作啟白羯磨將執事員列入惡人行列中時，說者即犯此單墮。

三、違惱言教：自己犯了墮罪，其他比丘為了讓他悔改而良言相勸，當如法問其犯罪過程時，他假裝未聞，緘默不言，答非所問，如果對境已明白其義，將其列入惡人行列中時，即犯此單墮。

四、損壞敷具：自己享用僧眾的大小坐墊等，之後自己未收回，也沒有委託他人收回，隨便扔在無有屋頂遮蔽的地方，以致於造成損壞，或者雖未損壞，但離其

自性大圓滿支分決定三戒論釋附 戒律輯要等

附近超過四十九尋，則犯此單墮。

五、草敷具：使用僧眾在有含生產生的經堂所鋪的草等坐墊，其後自己未收回，也未差遣他人收回，扔在那裡，致使破損，或者雖未損壞，但越過其附近而去則犯此單墮。

六、驅逐：以嗔恨之心自己或令人將其他比丘從經堂中擯除，當對方出去時，即犯此單墮。

七、壓制：以損惱的心態對先進入經堂的其他比丘進行壓迫，以身語制服時，則犯此單墮。

八、穿漏：坐在有尖銳腳的凳子沉重地壓在經堂柔軟的頂上，致使經堂穿破，則犯此單墮。

九、澆蟲水：明明知道是有含生的水與草木等，卻將這樣的水引到草等土地上，或將草等拋入水中，無論是自己做還是令人做，有多少生靈死亡，就將犯多少此單墮。

十、重造房：在地基不穩固或者未挖水溝等有危險外緣的情況下，自己或差遣別人建造能容納四威儀以上的房舍，在一日內用泥壘牆兩層或三層以上，明知故犯，則犯此單墮。

第三類未被差遣十條：

此下均於比丘尼，未差說法差至暮，

為食說法做尼衣，施予法衣及同行，

同船順行或逆行，靜處同坐與忽立，

使作食物彼享用，此等單墮當捨棄。

所謂的此下是說以下十條是依靠比丘尼而犯的單墮。

一、未被差遣教誡比丘尼：未被差遣作為比丘尼的上師或雖被差遣但不具足法相的比丘為比丘尼講法，當對方明了其義時，犯此單墮。

二、雖被差遣但教誡至日暮時：雖然被差遣作為比丘尼的上師，但在有畏怖的地方到日落之後仍舊傳法，對境了解其義時，即犯此單墮。

三、為飲食故教誡：本來是稱職並被差遣做比丘尼的上師不是為得利養而講經說法，但其他比丘以嫉妒心謗說他為了少許飲食而說法，當對境理解其義時，誹謗者即犯此單墮。

四、做衣：比丘為非親屬的比丘尼做衣服，當完工時即犯此單墮。

五、與衣：僅僅為了人情而將自己具量的法衣送與非親屬的比丘尼，當對方得到手中時，比丘犯此單墮。

六、與同行：與非親屬的比丘尼一起去做客等為同一目的一路同行，每過一聞距即犯一單墮，過半聞距犯惡作。

七、與同船：如前一樣與比丘尼一起上船，如果船直接而行不犯單墮，如果順流而行或逆水行舟，則如前一樣每過一聞距犯一次單墮。

自性大圓滿支分決定三戒論釋附戒律輯要等

八、同坐：持戒比丘在無有陪同的情況下與非親屬的女人在有遮掩的靜處僅間隔一尋距離而坐，即犯此單墮。

九、忽立：在靜處與女人尤其是比丘尼，如前一樣兩人僅間隔一尋距離而立，則犯此單墮。

十、使作食：在施主面前稱說非親屬的比丘尼有與自己無關的功德而讓他們烹調飲食，當比丘尼享用時食時，比丘犯此單墮。

第四類輾轉食等十條：

輾轉食於外道處，宿過夜食與受缽，

食用之後復進餐，為令犯罪勸更食，

未許界內另聚食，非時食與食蓄食，

未與而食咽四藥，化緣美味佳餚食。

一、輾轉食：在無有一次性化緣不能維持生活而患病、為僧眾的事業、佛塔之事、飢荒時節以及去往半由旬地方的情況下，也未張開羯恥那衣的比丘，又沒有從非親屬的在家人手中獲得一肘以上的法衣，一日在其他家中已用過時食，但又向第二家、第三家等化緣，再三進食，即犯此單墮。

二、宿食：在外道所住的地方非親屬的俗家中，在施主未加挽留的情況下留住超過一夜，第二天用餐時，即犯此單墮。

三、受缽：非親屬的在家人並非是隨意而供養，比

自性大圓滿支分決定三戒論釋

丘化緣超過一大缽或兩中缽、三小缽即四斗半量的時食，帶往他處食用時即犯此單墮。

四、更食：在非飢荒無病的情況下，本已吃過時食，心中也不想再吃，並且口中也如是說，之後在未作任何加持，又進餐，即犯此單墮。加持方式：在未離座位的比丘前蹲坐手持已捨之食，祈求加持。比丘接受吃兩或三口或獻新，無論如何，再交給其本人手中。授受之食尚未吃完而站立起來後又繼續進餐，從開始站起時，也犯此單墮。

五、勸更食：對於其他比丘已捨棄的食物，本來未作加持，但以惡心為了使其犯墮罪，而妄說已經作了加持，當對方明白他所說之義而食用，則說妄語的比丘犯此單墮。

六、別眾食：在非為患病之時，於一個界限內，以製造不和的心態在僧團外聚合三個比丘以上一起享用應食，則犯此單墮。

七、非時食：在無有生病等外緣的情況下，並非是應時，而在本洲過午至次日黎明期間用餐，咽了多少口食物，就犯多少此單墮，即便是病人在食用時也必須念時。

八、食蓄食：在無有患者等外緣也不是像有兩個咽喉反芻的情況下，四藥中的任何一種作加持後超過了自時而成為蓄食，未失毀而食用則犯此單墮。此處的積蓄

有四種意思，（一）沒有浪費等外緣，任何食物在未作授予儀軌之前，比丘擅自接觸；（二）比丘在自己的真實界限或其附近內將生食煮熟；（三）在界限內使如是物品過夜；（四）無論在界限內還是界限外比丘將這樣的食物煮熟，在不是有利於疾病或飢荒之時食用，則犯惡作。

九、未與而食：自己在無有斷食與利於疾病等外緣的情況下，明明知道未作授受，除了水與牙木以外的四藥任何一種吞下一口以上則犯此單墮。授受：不是在受者的旁邊或後面，而是在無有他物隔開的前面，供養者雙手捧著，受者也是雙手張開承接。如是授受毀壞之因，《毗奈耶經》中云：「奪滾與接觸，迴向非比丘，變性生改變，捨棄壞授受。」

十、乞佳餚：在無有利於疾病等外緣的情況下，在當時當地共稱為美味佳餚的奶等飲食，非親屬的在家人不是隨便而供養的，但毫不知足一味地索要，則犯此單墮。

第五類水等十條：
享用有含生之水，強坐食家遮靜立，
授裸體者往觀軍，軍中過宿與整軍，
毆打比丘與擬打，覆藏粗重之罪業。

一、飲用有蟲水：為自利而使用有含生的水沐浴、洗衣服、阻擋、轉移、飲用以及將有生靈的草木燒火

自性大圓滿支分決定三戒論釋

168

等，有多少含生死亡就犯多少此單墮。因而用油燈必須要做燈罩，用水必須要用懸掛濾水器、有嘴濾水器、三角濾水器、底有濾器之瓶以及明濾任意一種認真加以過濾。

二、強坐食家：進入夫妻就寢的室內或者附近地方坐或臥，當他們發現比丘在那裡時，比丘即犯此單墮。

三、強立食家：在有遮掩的靜處站立，當在家男女發現時，即犯此單墮。

四、授食裸體者：在非為病人、親屬、也不是為了行善的目的，將自他二者均可食用的應時飲食親手施給裸體外道男女教徒，當對方獲得時，即犯此單墮。

五、往觀軍：在無有國王邀請等外緣及必要的情況下，比丘離開自處而去觀看軍隊，當見到時，即犯此單墮。

六、軍中過夜：在無有外緣與必要的情況下，於軍營地過一或兩夜以上，即犯此單墮。

七、整軍：即便在有外緣和必要的情況下需要於軍中留住時，如果自己隨便接觸盔甲兵刃，指揮排兵部陣，則犯此單墮。

八、打比丘：以嗔恨心自己或令人毆打其他比丘，如果擊中，則打多少次，就犯多少這一單墮。

九、擬打：以嗔心準備毆打其他比丘而作打姿，當對方明白其義時，即犯此單墮。

自性大圓滿支分決定三戒論釋附戒律輯要等

十、覆藏粗重罪：在有發露對境的具相者中，對其他比丘所犯的僧殘或他勝罪明明知道或懷疑，但在無有特殊必要的情況下卻隱瞞不露，若過一夜則犯此單墮。如果隱藏他勝、僧殘以外的其他墮罪，則犯惡作。

第六在家等十條：

阻止施與比丘食，觸令觸火與悔欲，

與未近圓過兩宿，與持惡見者暢談，

與持惡見僧同宿，身著未染壞色衣，

觸寶兵器與樂器，非暑隨意作沐浴。

一、阻與食：當在家人供養其他比丘食物時，該比丘以惡心說些阻止供齋的話語使施主不供養，當對方懂得其義時，即犯此單墮。

二、觸火：以散亂的心態接觸或令人接觸火，則犯此單墮。為了修法念時則無墮罪。

三、悔欲：僧眾為比丘作羯磨，當初他贊同，並已得到羯磨體。後來又出爾反爾，並說些反悔的話，當對方明白其義時，則犯此單墮。羯磨體未成立之前反悔，只是不成羯磨體，不犯此單墮。

四、宿過兩夜：在無有任何外緣和必要的情況下與未受近圓戒者同宿一處，住宿超過兩夜，過第三夜，到第四天黎明時，犯此單墮。雖在同一室內，但中間如果間隔八肘半距離，則不犯此單墮。

五、不捨惡見：對於口口聲聲說飲酒與過午食等無

自性大圓滿支分決定三戒論釋

有罪過的持惡見者，僧眾以五遮加以制止，到末尾仍不捨棄，則犯此單墮。

六、隨被驅擯者：與被僧眾擯除的比丘一起暢所欲言等同流合污，過一夜則犯此單墮。

七、與被逐沙彌同宿：與不捨惡見、被僧眾開除的沙彌同宿等行為相同，過夜則犯此單墮。

八、受用未染壞色衣：除了濾水器以外，未以如法三色㉟染色一肘以上白色衣服暴露在外穿著，則犯此單墮，如果身著黑色、花色以及八正色㊱，則犯惡作。

九、觸寶：在非為浪費、施主想積福德而供養、說法等特殊必要的時候，對於自己未擁有的寶珠、珍珠等寶物，以及寶劍、寶矛等兵器，大鼓等樂器，以散亂心自己或差遣他人接觸，則犯此單墮。

十、洗浴：在非為炎熱的夏季三月也不是利於疾病等開許之時，以前已沐浴過，尚未過半月之前，隨意而沐浴，當半身沒於水中時，即犯此單墮。

第七類故犯十條：

殺害旁生令比丘，已做之事生悔心，

擊攊戲水女同宿，令比丘畏藏彼物，

前施無准復取用，無根謗與女同行。

㉟如法三色：律經中所制允許比丘服用的三種染色顏色：青如藍靛、赤如土紅和紫紅如木槿樹皮。

㊱八正色：不宜作為染著出家人衣服之八大正色：黃丹的桔黃色、天青的深藍色、胭脂的紫紅色、銀朱的失紅色、紅花的紫黃色、茜草的大紅色、甘草的黃黑色和紅芙蓉的深黃色。

自性大圓滿支分決定三戒論釋 附 戒律輯要 等

一、殺旁生：以殺心自己殺或令人殺屬於旁生類的眾生，有多少死亡，即犯多少此單墮。

二、故惱：為了使已受比丘戒的其他比丘傷心而說「你未得到戒體」或者「你已破戒」諸如此類令生後悔的話語，當對方明白其義時，即犯此單墮。

三、擊樥：為了使其他比丘身體發癢，而揉搓腋窩等處，即犯此單墮。

四、戲水：在已沒過身體一半的水中玩耍或令人遊戲，則犯此單墮。

五、與女人同宿：在無有陪同的情況下，與女人同宿一處過夜，則犯此單墮。

六、使懼：想使其他比丘畏懼而顯示或令人顯示各種各樣不悅意的恐怖相，當對方懂得其義時，即犯此單墮。

七、藏物：以盜取之心而非以饒益心隱藏或令人隱藏比丘等五種出家人任何一者的法衣與缽盂等生活資具，當隱藏起來時，即犯此單墮。

八、輒自著用：以盜竊之心在沒有對方開許把握的情況下將曾經自己已給予其他比丘的法衣重取回來，任意享用，即犯此單墮。

九、無根謗：在無有見、聞、懷疑根據的情況下，誹謗其他比丘犯了十三僧殘中的任何一種，當聽者明白其義時，即犯此單墮。

十、與女同行：在無有陪同者的情況下與非親屬的女人同路而行，每行一聞距，犯一次單墮，行半聞距犯惡作。

第八類與眾賊同行等十條：

與賊同行盜亦同，未滿二十授近圓，

掘地做客超四月，捨棄所學與竊聽，

無罪不告而離去，不敬飲酒暮入城。

一、與賊同行：與土匪、盜賊、偷稅的商人等一起行路也與前一樣，每過一聞距，犯一次此單墮。

二、未滿二十歲授近圓：傳戒比丘明明知道或心存懷疑而為算上閏月也不足二十歲的人傳授近圓戒，當三量的第一量圓滿，第二量開始時，堪布犯此單墮，阿闍黎與僧人犯惡作。

三、掘地：世間共稱的堅硬之地，在無有特殊必要的情況下，自挖或令挖四指以上，則犯此單墮。

四、離眾遠居：超越施主邀請時間的期限留住，或者施主無有語言的限定，超過四月而住並用餐，則犯此單墮。

五、捨棄所學：其他比丘良言勸告自己學習學處時，諸如說「你不懂什麼，在沒有詢問其他智者之前，我不學」，以輕蔑心說此類之語，當對方理解時，即犯此單墮。

六、竊聽：與自己有爭執的比丘與其他兩位比丘以

上進行商議時，並非是想平息爭論而是為了擴大爭端來偷聽，當自己明白彼等所說之義時，即犯此單墮。

七、不告而去：自己可以補充數目，首先入於長淨等如法羯磨的行列中，在啟白儀軌尚未作之前，便悔欲而去，或者在其餘比丘無有過失的情況下不辭而別，離開附近地方而去，則犯此單墮；聽到啟白後離去犯惡作；自己不能填補數目則不犯罪過。

八、不恭敬：真實的佛陀、比丘僧眾與僧眾的代表管家三者其一如法吩咐時，不受教誨，不相恭敬，違背而行，則犯此單墮。

九、飲酒：飲用或想享用酒糟而釀成的糧食酒、葡萄酒、莨菪酒等能迷醉的酒類，當咽到咽喉中時，即犯此單墮。假設通過熬開使其酒味與能力喪失，為了對疾病有利而含在口中或塗在身上，則無罪過。

十、日暮入聚落：在自洲過午以後至第二天黎明之間的非時，無有外緣與必要，也未告訴附近的同伴，而入於俗人所在的城中，當離開自己的門檻與附近時，即犯此單墮。

第九類說法等十條：
請僧下午過三戶，夜宿國王王妃宮，
於誦經等言方知，貴重寶物做針筒，
製作床腳超過量，惡心棉花沾染床，
敷具以及覆瘡衣，雨衣法衣超越量。

自性大圓滿支分決定三戒論釋

174

一、比丘遊聚落：比丘在上午口頭迎請所有僧眾到有食物的施主家中，他本人未囑咐施主供齋，自己卻挨家挨戶遊蕩，致使僧眾的齋飯受到影響，下午仍舊一家一家地閒逛，如果超過三四家以上，使僧眾行持佛法受到損害，則犯此單墮。

二、居住王宮：在無有國王為行法而邀請等特殊必要的情況下，在日暮至次日黎明間到國王與王妃遊戲的王宮、有王妃的宮殿內去，當到達王宮的門檻或附近時即犯此單墮。或者白天去後晚上在那裡住宿也犯此單墮。

三、輕毀學處：自己已聽過《別解脫經》兩次以上，並且明明知道其中有這一內容，但為了顯出了知也無所謂的態度，而在長淨之際，僧眾誦《別解脫經》時故弄玄虛地說：「這裡有這個內容啊，我現在才知道。」說此類輕視戒律中學處的話語，當對方理解其義時，即犯此單墮。對於契經等如此，則犯惡作。

四、製作針筒：比丘自己或令人用珍貴罕見的象牙等做針筒，做成時，即犯此單墮。

五、改造床高過量：比丘製作或令人製作床腳高過一肘的床，完工時，即犯此單墮。

六：使沾染棉花：比丘以惡心使棉花沾染在僧人的大小床墊上，則犯此單墮。

七、製作敷具過量：一般來說，比丘的敷具長三

肘、寬兩肘六指，超過此能量的一半即犯此單墮。

八、覆瘡衣過量：比丘覆瘡衣的尺寸為長六肘、寬三肘，超過此能量的一半，即犯此單墮。

九、雨衣過量：比丘雨衣的尺寸為長九肘、寬三肘十八指，超過此能量的一半，即犯此單墮。

懺悔此等單墮時，將針筒毀壞，棉花收拾乾淨，床腳鋸掉，過量的衣料剪去，懺悔對境的上師問：「你毀壞了嗎？收拾乾淨了嗎？鋸掉了嗎？剪去了嗎？」如果未如是懺悔，則犯惡作。

十、法衣過量：本來不具有佛陀的身量，而自做或令做佛陀的法衣量或超過他的量，完工時，即犯此單墮。佛陀的法衣量：長為佛陀自己的五肘即普通人的十五肘，寬為佛陀的三肘普通人的九肘。

第四向彼悔：由於要以悲哀的形象分別懺悔，因而稱為向彼悔。此類罪依靠出家、在家而犯各有兩種，共有四種。

向彼悔罪有四種，於城化緣尼食享，

俗家尼派未遮食，羯磨戒施主受食，

森林畏處未察賊，化緣而食此四類。

一、受比丘尼所乞之食者：非親屬的比丘為自己準備的應時之食，比丘在城中或其附近或大路上化緣，當享用她的食物時，即犯此向彼悔。

二、於白衣家其他比丘尼特授予食者：在迎請僧眾

自性大圓滿支分決定三戒論釋

的施主家中，比丘尼安排，不讓按次序供僧，而顧及情面地說「供養這位、供養那位」。當時一位比丘也未加制止，如此凡享用食物的所有比丘均犯此向彼悔。

三、從僧眾已與學家羯磨之施主家受食者：因有某種必要，僧眾心願相同以啟白羯磨規定不能到某某施主家去化緣。若有屬於此戒律範疇內的比丘向那位施主化緣些許葉子之類的應時齋飯享用，則犯此向彼悔。

四、於有恐怖處未觀察有無盜賊而受食者：在離城區一聞距的危險之處，受僧眾差遣的比丘心想：保護僧眾與施主免遭損害有什麼用呢？於是未看守森林等，而向其他人家化緣應時之食享用，則犯此向彼悔。

第五、惡作罪：由於罪業細微，因而稱為惡作。數量如總結偈中所說共有一百一十二種，分為九類。

裙不齊圓過高下，裙邊上翻如象鼻，

如香囊與蛇頭狀，上衣不圓高低十。

第一類十著衣聚：僧裙上下邊不齊不圓、僧裙高過膝蓋而穿著、僧裙過於向下以致觸及髁骨、裙角過長如同象鼻、臍上裙邊翻下如多羅葉形、於腰條中作成豆團形、腰帶上伸出如蛇頭形，此七種是穿著僧裙所犯的惡作。上衣不圓不整、穿著過高、穿著過低，此三種是由穿著上衣所犯的惡作。

未護眼散衣不整，遠視纏頭與撩衣，

披單至肩手拊肩，抱項跳行與跨行，

蹲行舉踵以趾行，搖身掉臂手叉腰，

搖頭比肩攜手行，不為行走二十聚。

第二類二十行走聚：未以正知正念防護身語、未整齊著衣、左顧右盼、遠視過一軛木、以衣纏頭、撩裙露形、抄衣至雙肩、兩手拊肩行、兩手抱項後行、跳躍而行、大步跨行、下蹲而行、舉踵以趾行、兩手叉腰行、搖身行、掉臂行、搖頭行、比肩行和攜手行。斷除此等，如法行走。

未請未察縱身猛，伸足交足與翹膝，

斂足舒足露形坐，斷此坐姿之九聚。

第三類九坐聚：施主未請坐而坐、未觀察有無含生而坐、放身猛坐、伸足而坐、交足而坐、翹膝而坐、過斂足而坐、舒足而坐、露形而坐。斷除此等，如法端坐。

未如法受過滿缽，菜飯等量未次第，

食尚未至即伸缽，以飯覆羹未觀缽，

於他器上伸缽受，此等即八受食聚。

第四類八受食聚：未如法而受、過滿缽受、菜飯相等受、未次第受、未用意觀缽而受、食未至即伸缽、為欲多得故以飯覆羹、於食上伸缽。斷除此等，如法受食。

大小食團相違食，未如量食先張口，

口中含食而言語，則則食與加加食，

自性大圓滿支分決定三戒論釋

呼呼食與瀑瀑食，伸舌分米毀過食，

填頰彈舌齧半食，舐手刮缽振手食，

振缽食做塔形食，食時斷此二十一。

第五類二十一進食聚：未如法而食、極大食團、極小食團、未如量食、食未至口先張口待食、含食語、食酸食發則則聲、食甜食發加加聲、食冷食發呼呼聲、食燙食發瀑瀑聲、舒舌食、散食即一粒一粒地拾來食、毀訾食、填頰食如猴包、彈舌作聲食、齧半食、舐手食、刮缽食、振手食、振缽食與做伙食佛塔形而食。斷除此等，如法進食。

輕慢觀缽污手觸，水器未問濺污水，

殘食置於缽中棄，險岸陡坡露地置，

層級四處置缽盂，險岸陡坡層級洗，

站立逆流缽取水，斷此用缽十四聚。

第六類十四受用缽聚：以輕慢心觀比其他比丘之缽、以污手提淨水瓶、以污水濺他比丘、未問舍主在衣舍內棄洗缽水、以殘食置缽中而棄、地上無替墊而安放缽、險岸邊安放缽、層級處安放缽、陡坡處安放缽、於險岸邊洗缽、於陡坡處洗缽、於層級處洗缽、立洗缽、以缽逆流取水。斷除此等，如法用缽。

二十六種說法聚：聽者立臥己低坐，

前行自行道邊緣，覆頭手抄披單者，

拊肩拘項戴頂髻，戴帽冠髻纏頭者，

自性大圓滿支分決定三戒論釋附 戒律輯要等

乘象馬與轎車者，著履拄杖持蓋者，

持兵器劍弓箭者，披甲者前不說法。

第七類二十六說法聚：比丘對非病人聽者說法時，人坐己立、人臥己坐、人在高座好座（己在下座惡座）、人在前行己在後行、人在道中己在道外、未病覆頭者、為單抄衣者、為雙抄衣者、為拊肩者、為抱後項者、為著頂髻者、為戴帽者、為戴冠者、為戴鬘者、為以布等纏頭者、為騎象者、為乘馬者、為乘轎者、為乘車者、為著屐者、為拄杖者、為持蓋者、為持兵器者、為持劍者、為持弓箭者、為披甲者。斷除此等，如理說法。

所謂三種奉行聚，不站立解大小便，

水中以及青草上，不棄糞便唾液涕。

第八類三奉行聚：奉行三清潔之事：除病者外，不站立大小便；不棄大小便及涕唾於水中；不棄大小便及涕唾於青草上。斷除此等，如法奉行。

最後一種攀登聚，即不攀過一人樹。

第九類一攀登聚：除了遇到老虎等災難外，不許上樹過一人高。

辛二、旁述：

尼八他勝廿僧殘，捨墮罪有三十三，

單墮一百八十條，向彼悔罪有十一，

惡作一百一十二，共有三百六十四。

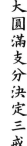

自性大圓滿支分決定三戒論釋

180

比丘尼戒，非梵行等共同四他勝，以淫心抱觸男子、以淫心仰臥男子身前、明知故隱同伴尼犯他勝、身語拒絕眾所擯除比丘悔過來請寬容四種不同之戒，共有八種他勝罪；作媒嫁等共同七種、加上取輕重等不同十三種，共有二十僧殘罪；持缽、離衣、積蓄等共同十九條，持餘缽過夜等不同十四條，共有三十三捨墮；故妄等共同七十二條，受近圓戒後未滿十二年而做他人上師等不同有一百零八條，共有一百八十單墮；從僧眾已與學家羯磨之施主家受食者共同一條，化緣乳品、酸奶、酥油、油餅等不同十條，共有十一條向彼悔；除施主未請坐而坐與不淨物灑於青草上以外與比丘相同的惡作有一百一十條，僧裙露腰、以貪心去往他家不共兩條，共有一百一十二惡作。比丘尼戒總共有三百六十四條。但在此藏地，無有比丘尼戒的傳承，因此僅略而言之。

庚二、所修：

應守學處圓修法，長淨安居與解制，
衣事皮革舍宅事，藥等事於別論知。

通過完全淨除過患之方式增上三學的方法有十七事，其中增長對治學處、淨除罪業的長淨事有十一種必要。無論是早安居還是晚安居都有三個月，在此期間不說他過、不分財物，此為安居事。安居結束時解開此等規定，為解制事。為勝過在家人與外道並憶念戒律，免

自性大圓滿支分決定三戒論釋 附 戒律輯要 等

遭嚴寒酷熱而依靠如理的方式等穿著不墮兩邊的衣裝為衣事。宣說它的特殊情況為皮革事。如何使用僧眾宅舍等，為舍宅事。宣說為利於不同疾病的四藥用法，為藥事。「等」字所包括的其他事在頌詞中未說，詳細內容當從其他論典中了知。

在此，簡略說明上述的總義。如《毗奈耶經》中云：「出家事與長淨事，安居解制皮革事，藥衣張羯恥那衣，僑賞彌事羯磨事，紅黃時非時所攝，以及行履別住事，中止長淨舍宅事，諍論止息僧諍事。」共講了十七事。

一、出家事：要宣說一切出家的學處就必須先講得戒的補特伽羅如何得戒，這一點前面已講過，在此不贅述。

如是能守護所得到的學處之事有八種，圓修學處有三事，即長淨、安居、解制。

二、長淨：為了淨除以前所積累的罪障、清淨心與智慧而作的寂止長淨。方法：首先對治貪心修不淨觀：如云：「浮腫蟲啖想、紅青黑腫想、啖食焚焦想、離散壞爛想。」對治嗔心修慈心，對治癡心修緣起法，對治分別念，如云：「修數呼吸法、隨行安住法、轉變分別念、真實許六種。」這時宣說了憶念呼吸的修法。經中云：「心安住、能恒住、能數住、趨近住、能調伏、能寂滅、最滅盡，能一緣、能入定。」以九種住心方便息

自性大圓滿支分決定三戒論釋

滅欲界心以後修四禪四無色正行的寂止以及正念住等三十七道品。

為了後世而在即生中禁防煩惱、清淨戒律作順法長淨。方法：懺悔罪業、不再就犯、加持直到教誡不放逸等。如果有未參加者，則作取同欲等前行法即是加行，之後僧眾同心誦《別解脫經》為正行。

定時長淨：按照曆算，鬼宿月（藏曆十二月）、翼宿月（二月）、氐宿月（四月）、箕宿月（六月）、壁宿月（八月十六至九月十五）、昴宿月（九月十六至十月十五）等月份下弦十四日所作的為十四日長淨，一年中有六次十四日長淨。十五日長淨在上述月的上弦有六次、其他六月的上弦下弦各有六次。一年總共有十八次十五日長淨。

不定時長淨有三種：在開光等吉祥之時所舉行的長淨，叫吉祥長淨；為了制止已出現傳染病等災害或者為了避免災難出現而作的長淨，稱為息災長淨；為和解僧眾分裂而作的長淨，稱為和合長淨。

在特殊情況下，如果比丘只有三位以下，那麼一直要等待，或者到舉行長淨之處去，或者以長淨作加持，如果只有自己一人，那就念誦三偈半的長淨偈。

三、安居：如云：「避免譏諷斷害生，斷身命害修破損，增聞法等瑣事鮮，解制張羯恥那衣。」安居有此中所說的八種功德。安居方法有兩種，如薩嘎拉所說：「牛宿月（藏曆六月十五至七月十五之間）初一，前安居為主。

室宿月（七月十五到八月十五）初一，共稱晚安居。」無論是早安居還是晚安居，在半月之前就開始復修、清掃經堂等，為遠預備；無論承諾早安居還是晚安居，那一月已滿，於十五日作長淨儀式，賜予舍宅等直到承諾，令大家知曉，為近預備。正行從下弦月初一開始，清晨在比丘前念誦三遍安居偈而承諾。如果無有特殊的對境，自己立誓也可以。在安居期間，有六種要守護的誓言，如云：「立誓不離自地點，精勤聞法不挑撥，復修破損長安住，遠離捨墮於此二。」應當認真護持安居戒。

四、解制：固定時間在七日等之前，讓附近地方知道即將解制等為遠預備；如果是早安居，則在婁宿月（藏曆九月），如果是晚安居，則在昴宿月（藏曆九月十六至十月十五）十五日上午僧眾聚集後作懺悔、三常念直到沙彌懺罪之間依照長淨儀軌而舉行。如果有不能參加者，那麼就要到僧眾前取同欲、取解制而宣說，加持同罪，請大家專注解制，這是近預備。正行時為僧眾發草，念誦三遍解制偈，並作財物解制。對於解制，以對境、物質、處所、時間、儀軌、作者的六種特殊情況也要了知。

非時解制：在安居過了一個半月的二十日，因某種外緣而可以作解制；在戰爭等出現的情況下，僧眾全部需要分別，僧眾聚集而作解制；比丘由於某種外緣而要離開，也可作解制。

安住緣五事即藥事、衣事、張羯恥那衣事、皮革事

自性大圓滿支分決定三戒論釋

與舍宅事。

五、藥事：遠離邪命而得到的不墮兩邊的四藥。時藥：主要是遣除飢餓疾病而對比丘開許的藥。一般來說，是指過午不允許享用的五啖食、五嚼食，如薩嘎拉尊者云：「肉粥麵粉飯，油餅五啖食，根莖花與果，葉子五嚼食。」

更藥：主要為遣除乾渴疾病而開許的藥。比丘在一日內加持後可享用此藥，諸如飲漿八原料，如云：「芭蕉果梅子，林檎菩提子，雞血李葡萄，櫻桃子酸棗。」此外，還有人們共稱的釀造粉汁（毗奈耶經中所說聽許比丘飲用之葡萄酒酒尾子）、糧酒粉汁（開許比丘飲用之青稞酒梢子）、酸奶汁、酸乳精、黃酒這些具有滲水、濾過、極淡、照見面影和清澈如蘆蒦五相飲料。此藥與其餘三藥配合也有三類。

七日藥：是主要為遣除風濕病而開許的一種藥，比丘在七日內加持後可以服用。如總結偈中云：「生酥與融酥，菜油及糖沫，糖沫塊凝脂。」

盡壽藥：是主要為遣除身體疾病而開許的一種藥，比丘乃至有生之年作過加持後可以使用。如云：「根莖與葉子，花果之藥等。」此等藥在界限內，也要造一座用來煮熟、過夜等的淨室。新建、已建的舊房、在一界限內不能用作經堂有此三種可作為淨室的。這些淨室的條件及加持的方式，如總結偈中云：「自之附近為己

185

有、非二共同不相聯，具有屋頂共六相，抬拾建造頓現四。」

六、衣事：非為邪命、符合戒律而得來的衣物，通常是指經如法三色染色的衣服。有活、需和盈三種資具。

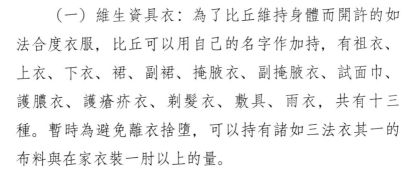

（一）維生資具衣：為了比丘維持身體而開許的如法合度衣服，比丘可以用自己的名字作加持，有祖衣、上衣、下衣、裙、副裙、掩腋衣、副掩腋衣、試面巾、護膿衣、護瘡疥衣、剃髮衣、敷具、雨衣，共有十三種。暫時為避免離衣捨墮，可以持有諸如三法衣其一的布料與在家衣裝一肘以上的量。

（二）必需資具衣：在未形成維生資具任何一種形狀的一肘以上衣物，用自他二者的名字作加持後可持用。絲綢衣物等作為財物想，帽等作為衣服想。

（三）盈長資具衣：用別人的名字作加持或者觀想後可以持用、除維生與必需資具以外剩餘的衣服。

對於這三種衣，斷除貪執而將身體作傷口想、衣服作包紮傷口之物想而享用。實在不能繼續使用時，為了增上施主的福德等也應當貼在佛塔的破裂處。

七、張羯恥那衣事：是裁剪法衣之事，因將其做成平板一樣，以此得名。實際上，比丘意念觀想自己法衣上的加持轉移到從安居財物中所得的三法衣上，張開者被差遣等為加行。承諾早晚安居的比丘們在室宿月十六

自性大圓滿支分決定三戒論釋

日清晨聚集一堂，被差遣者誦三遍偈文讓僧眾知曉為正行。僧眾說隨喜，被差遣者宣說護持誓言為後行。轉移加持：被差遣者在界限以外黎明時，屬於其中的所有僧眾在不屬於界限等處而作的為自然離加持，昴宿月十五日或者因外緣提前而作的是勤作離加持。

八、皮革事：在中土，為了保護僧眾經堂等而僅開許皮鞋，除經堂以外的家中如果無有其他墊子，則可坐皮墊。在邊地，為了防寒而開許使用皮鞋、皮墊，在特別嚴寒的地帶，可以隨意享用。

九、舍宅事：如《根本律》中云：「當造經堂，於其一面中間造淨室，其前為門框，四方形也。」建造經堂後，要在門上繪畫金剛手菩薩、輪迴五分圖。作禮的方式，在家人向出家人頂禮，所有出家人按照戒臘而禮拜，僧俗都要敬禮佛陀。使用經堂與寺院的舍宅等一切資具的方式：薩嘎拉尊者云：「無學道者主人享，有學道者授受享，具有禪定能力者，得開許享無過失。剩餘懈怠所毀者，以還債式而享用，任何時於破戒者，皆遮享用經堂等。」尤其是對破戒者的遮止方式：《心釘》中云：「破戒者地邁一步，享一口食一碗水，享用僧眾之財物，說為邪命墮地獄。」應當以此等方式進行取捨。

失而還淨事：分為犯罪還淨與爭論還淨兩種，其中犯罪還淨有四種，即紅黃事、行履別住事、時非時所攝

自性大圓滿支分決定三戒論釋　附　戒律輯要　等

事、中止教誡長淨解制事。

十、（犯罪還淨之一）紅黃事，因為佛是為紅黃地方的諸多比丘制定的，因而共稱為紅黃事。它又分不願懺悔者與願意懺悔者兩種。對不願發露懺悔者進行呵責、懲罰的方式有五種：威懾治罰：對於鬥毆者以役使的懲罰，並嚴厲警告說：如果再不放棄，就要將其擯除僧團。呵責治罰：對於違犯僧殘罪者令做遷悅等事，如果仍舊屢教不改，則通過輕的對治方式呵斥說，去其他地方居住。暫擯治罰：為了避免他人生邪見，而擯除令在家人生厭惡心者。疏遠治罰：對於輕侮在家人者，僧眾不與之友好，令其悔改。永擯治罰：受到此治罰的有七種人，本來已經犯了墮罪卻說沒犯，則為強說不見自曾犯罪者；明明眾所周知此人已犯僧殘等罪，不肯悔改者；口口聲聲地說飲酒無有罪過等懷有惡見者；躬行鬥毆之事不加悔改者；暫時身語裝模作樣如理如法者；緊持鬥毆之事不放者；與比丘尼淫蕩雜處者以及依教評論仍舊不息諍論者。此七種人從僧團中擯除，如果重新祈求寬恕，則予以相合寬恕的長淨，使其恢復如初。

願意懺悔者之紅黃事：還淨方式與下三事中所講的意思相同。

十一、（犯罪還淨之二）行履別住事：要想使真正犯的僧殘罪與覆藏罪得以清淨，就必須在半月等期間奉行遷悅等，因此共稱為行履別住事。這樣的僧人當然算

不上是殊勝的修行人，犯僧殘覆藏多少日，就要遷移多少日。正在進行遷移期間，如果再犯同類的第二個僧殘，則重新遷移；倘若犯第三個僧殘，則再重遷移；如若又犯第四個，那麼就必須作呵責治罰。愉悅：是為了使真正犯的僧殘罪得以清淨，比丘在六天、比丘尼在半個月中令僧眾愉悅，比丘尼違犯難斷法也通過這種方式還淨。無論如何被予以愉悅之事後要在這些天內恭敬承侍僧眾。如果期間又犯第二僧殘，則重新愉悅；犯第三個僧殘，再重愉悅；如果犯第四個僧殘，則作呵責治罰，這一切均與前相同。此等之行如下總結偈中所說，在進行遷悅的過程中，履行遷悅者要斷除五尊勝行[37]，接受五微賤行[38]，解除遷悅：比丘二十人、比丘尼四十人聚集，先痛斥其惡行，再讚歎其改邪歸正的行為，於是又成為恭敬處。

十二、（犯罪還淨之三）時非時所攝事：宣說覆藏與未覆藏的差別以及簡明扼要地說明清淨墮罪的時間與所有墮罪的本體，故共稱為補特伽羅時非時所攝事。此事分六：覆藏：認識或懷疑與自相續相聯的僧殘墮罪，

---

[37]五尊勝行：《毗奈耶經》中說，比丘受治罰者，行履遷悅期間，所當戒除五種尊勝行：承受清淨比丘所受奉事、伴隨清淨比丘同察教座、詰問清淨比丘墮罪、治罰懲處清淨比丘和清淨比丘同行。

[38]五微賤行：《毗奈耶經》中所說比丘受治罰者所須行履五種低賤之事：晨間須較常僧早起，開啟殿堂門戶；逢講經時須做扇涼扇等應做之事；僧眾集會時須擊犍椎、敷設坐具、焚置薰香；午後須用適宜之水洗淨諸比丘足；一切時處皆須一心向善，自居僧伽末座。

明明有發露懺悔的對境，卻覆藏過夜；未知：對於造罪未造罪、造了什麼罪、是否為故意造罪等一無所知；再行：正在進行遷悅還沒有結束時還俗等，如果後來又受比丘戒，則再繼續前面的遷悅；不記：不記得覆藏的時間以及墮罪的量；五事：遷移、再遷移、愉悅、再愉悅以及解除遷悅；多數：不記得覆藏犯罪時間與墮罪的量，如果大致記得，懺悔要超過它的量，時間也要較其記得的時間長，比如（記得覆藏三個月，）要以四個月等為準而懺悔。

十三、（犯罪還淨之四）中止教誡長淨解制事：依靠許多罪過而必須作中止教誡、長淨、解制，故而稱為中止教誡長淨解制事。此事是針對有因如法與無因非法而發生事件的僧人。

諍論還淨事有諍論本事、僑賞彌本事與止息僧眾諍論事三種。

十四、諍論本事：對於僧眾出現的大多數諍論以如法的形式予以平息，因而共稱為諍論本事。諍論本事的所息諍事有四種，關於有為法常、無常等為言諍；在中止教誡長淨解制中，中止者與被中止者的諍論為罪諍；如果評論墮罪，對方不承認，所說與能說之間發生的諍論為犯諍；因為前三種諍論而不能如法作長淨等羯磨，為事諍。此四種為所息。能息者如果死去或者還俗或者相續中生起了殊勝智慧與悲心等，則自然息滅諍論。除

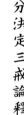

自性大圓滿支分決定三戒論釋

此之外的能息有滅諍七法，即八現滅諍、回憶施教、清醒施教、多數滅諍、探索罪體、布草滅諍與承諾滅諍。其中的現量滅諍也有八種，即立敵現前滅諍、直道現前滅諍、僧伽現前滅諍、明白現前滅諍、明明現前滅諍、有上座僧伽現前滅諍、三藏法師現前滅諍、威力上座現前滅諍。如果依靠前面的滅法未能止息諍論，則使用後面的滅法加以平息。對於言諍，運用八現滅諍法與為僧眾發籌碼方式的多數滅諍法予以平息。對於罪諍，如果有犯罪的經過，則以八現滅諍法止息；若沒有犯罪經過無有根據、有其他根據以及已經還淨三者則用八現滅諍法與回憶施教法平息；精神病患者出現的諍論，通過清醒施教法止息，用此三種滅諍法。對於犯諍，如果犯罪者不認識自己所犯罪的本體，則讓其探尋罪業的本體，通過探尋罪體而息滅；對於明白罪體者，在除了犯罪者與制裁者以外未有擴大的情況下，以承諾滅諍平息；如果犯罪牽涉的是少數人，則以八現滅諍；如果牽涉到所有僧眾，則以布草滅諍，僧眾同心加以止息，有此四法。對於事諍，通過僧眾共同開許直接息滅以及間接採用滅諍七法。

十五、僑賞彌本事：僑賞彌地方與廣嚴城的僧眾發生不和，在一個界限內各作羯磨，因而共稱僑賞彌本事。僧眾關係破裂，通過相互斷除言過失、作治罰、違諫、入列（使僧人入於劣者行列）等令僧眾分裂的因，

自性大圓滿支分決定三戒論釋 附 戒律輯要 等

不離沙門四法，向僧眾懺悔，予以寬恕與順法長淨此二對治加以和解。

十六、止息僧眾諍論事：法相：按照《俱舍論》中所說，不是在本師佛陀前而是在凡夫僧團中，接受佛和正法以外的其他本師與教法，並取籌碼，以此破壞僧團，時間不長，除南贍部洲外無有。所分裂的雙方都是四個人以上，分裂者只有一人。《俱舍論》中云：「初末二大尊者前，佛已涅槃未結界，於上此等六時中，破法輪僧不出現。」除了本師在世、佛法未出現過患、佛差遣二大尊者、劃界限時以外其他時間不會出現破法輪僧。還淨方式：《毗奈耶經》中說要由二大尊者作調解。分裂之過患，在未和解之前那一尊佛陀剎土中所有眾生相續中不會生起任何五道功德。

十七、羯磨事：能得之僧人守戒的方法、還淨周遍一切，為羯磨事。作羯磨的僧眾數量四至四十之間，有十一類，參加羯磨的人數具足，並且具有（十三種）增添法、遠離兩種違品，羯磨師總的來說要具足增添法、了知儀軌，特殊情況僅僅了知儀軌也可。對境：大小界限等有的對境不屬於有情，屬於有情的覆缽口等是對在家人作的羯磨、安居期間外出予以開許等對沙彌所作的羯磨，施予羯磨、差遣羯磨、治罰羯磨、違諫羯磨、入列羯磨是對比丘所作的羯磨。這一切都是法、非法、和合、不和的羯磨，法與和合是所修，非法與不和為所

斷。這所有的羯磨若分類，則有一百零一種。（此等名稱於此未譯，請參閱羯磨律典。）

庚三、推斷同類：

佛說本未開與遮，若近開許離遮止，

當行此等近遮止，遠離開許均斷除。

如是對前述的所有取捨道理明確之後，略說如何修學佛未直接開遮的學處，對於佛陀最初未明顯開許遮止的學處：如果與佛開許接近、遠離遮止，便可奉行。例如，佛說沙彌要作解制，由此可知沙彌也需要作長淨。毫無疑問，這樣做非但不會成為罪業反而會獲得功德。如果接近佛遮止而遠離開許，必須要徹底斷除。譬如，佛遮止用棉花做墊子，既然如此，那麼更多的坐墊顯現也不允許。這是《毗奈耶雜事經》中所說的。此經中云：「世尊近涅槃時，告諸比丘：諸比丘，我已為汝等宣說廣戒，而未歸納。然略說亦當諦聽。諸比丘，我從始至終既未開許亦未遮止之學處，設若近於開許、遠離遮止，則為開許，當持受；設若近於遮止遠離開許，則為遮止，故皆莫行。」

丁二、生起戒體之所依：

生戒所依除外道，造無間罪北俱洲，

黃門兩性五黃門，三變性者幻化外，

生於三洲之男女，承許為戒之所依。

生起如是別解脫戒的所依身體；業障深重、外道或

自性大圓滿支分決定三戒論釋 附 戒律輯要 等

入於外道造五無間罪等以及異熟障嚴重的北俱盧洲地方的眾生是失毀種姓者，如云：「無有性別者，稱彼為黃門。」二性同時生與兩性者、半月變性者、擁抱堪能者、嫉妒者、失毀性別者為五類黃門、三次變性等失根者、非人幻化人相以及非人眾生等是失眾生者。如《俱舍論》中云：「北俱盧洲二黃門，兩性除外一切人，可具惡戒戒亦爾。」這些是生起戒體的違緣。除此之外，生於東南西三洲的所有男女均承許為生起、存在別解脫戒的所依。《分析三戒論》中云：「三洲男女外，他眾不得戒。」

丙四（失而恢復之方法）分四：一、宣說捨戒之界限；二、宣說有無墮罪之理；三、還淨方法；四、守戒之功德。

丁一、宣說捨戒之界限：

末說失戒恢復理，捨戒之因還戒死，

兩性同生三次變，無因果見斷根重。

如是堪為得戒身分者在如理守護所得戒律的過程中，如果因煩惱深重等而失毀，最終若懺悔，大多數也有恢復的方便法。如《毗奈耶經》中云：「二者將得以清淨，不成煩惱，此二者無有漏增長。云何二者？不犯墮罪與犯墮罪後如理還淨者。」這裡已宣說了失戒恢復的道理。

從根本上捨戒之四因：如果在知言解義者面前心裡

一邊想口中一邊說「將戒還給三寶、因三藏、授戒堪布阿闍黎、依止師、同修道友而還戒」，則捨戒。因為相續中已生起了相違真實受戒的想法。此外，口中言說持梵淨行很困難等，雖然不是真正的還戒，但已顯示出還戒的因，故而與捨戒無有差別。《毗奈耶經》中說：「未還戒未失戒。」同樣，如果死亡，則由於捨離了身體，故已捨戒。若是兩性同時產生以及三次變性者，則已失去了生戒所依，因而捨戒。如果生起無有因果的邪見，則已斷絕了善根，也就無有戒體所依的根本，因此捨戒。其實，這些均是捨戒之因，但由於生起邪見說為捨大小乘一切戒律的因，故罪過尤為嚴重。這些是總的捨戒因。

　　未滿二十受後知，則捨比丘之戒律，

　　若應許作非梵行，則捨正學女戒律，

　　過夜則已捨齋戒，此等各自不共同。

　　再者，自以為已經到了二十歲而受近圓戒，後來方知未滿二十，如果加上住胎與閏月仍不足二十歲，則捨比丘戒。答應作非梵行，由於違越學處，故捨正學女戒。如果過了夜晚最後一剎那，則已過了受戒的時間，因而捨齋戒。這三種不僅僅以總的捨戒因捨戒，而且以各自分別不共的捨戒因也捨戒。

　　如若違犯根本戒，及正法滅亦捨戒。

　　克什米爾有部師，許若具戒犯他勝，

則如具財亦欠債，有謂破一均失毀。

接下來宣說是否為捨根本戒之因等道理：經部宗認為，如果覆藏根本罪，那麼相續中已經無慚無愧，這是大的失毀，因而會捨戒。紅衣部論師則認為，如果教法隱沒，也就無有學處的界限，所以也會捨戒。無著兄弟對此有不同的觀點，他們說：（僅僅教法隱沒，並不會捨戒，）由於證法未隱滅，以前有的戒體不會捨，只是因為無有能授的儀軌而不會有新生的戒體而已。克什米爾的有部宗諸位論師承許說：雖然犯了覆藏根本罪，但不會捨戒，因為失一方面就捨了一切是不應理的。如是具戒與犯根本戒二者都具足，就像有些人既有財產又欠債一樣。還有一些律師認為，他勝不是捨戒之因，因為僅僅犯了四根本罪中的一條，還是具足戒體。可是，觀待失戒而言，則所有的戒已失去了其作用。如《根本律廣釋》中云：「犯他勝罪之比丘雖有戒律，然其戒已無作用，因不得與梵行道友共住、不得享受用，真實受戒是為得解脫，彼已遠離解脫，故與無戒相同。」因此，失毀戒體與未得戒體二者如果犯墮罪，只是惡作。

丁二、宣說有無墮罪之理：

初學失常苦逼者，無能力守無罪業。

是否犯了真正五墮罪之界限，初業者由於未與佛制罪聯繫在一起，故不會犯真正墮罪，如賢施一樣。精神失常與被痛苦折磨者由於不能處於正常心態中，以致於

自性大圓滿支分決定三戒論釋

196

無法如理守護所有粗細的取捨界限，也就不會有真正的墮罪，就像瘋子殺人與夢中造罪一樣。

丁三（還淨方法）分二：一、認識覆藏罪；二、真實還淨。

戊一、認識覆藏罪：

所謂覆藏密不言，覆他勝今不恢復。

下面宣說有無覆藏的真正墮罪可否還淨的界限：所謂的覆藏，想保密罪業的心理即是覆藏之心，以此引發語言不告訴他人，身體也加以隱瞞，即是覆藏罪，它是有表色，所覆藏罪之本體是無表色。除了具有辨別是否犯墮罪能力的比丘等以外不會犯真正的墮罪。對於他勝罪，如果一剎那生起覆藏之心，也已成了覆藏罪。而僧殘罪由於需要作遷移，所以過一夜才成為覆藏罪。未還戒者如果一次犯了覆藏他勝罪，則即生之中不可能恢復真正的墮罪。如云：「造預造罪污在家，於此三種破戒者，斷諍擊打犍槌後，如腐芭蕉當擯除。」然而，破戒者自己以悔前戒後之心懺悔，則會有清淨異熟罪業不墮惡趣的機會，因此應當精勤懺罪。如果未作懺悔，則今生來世的過患不僅要自己承受，甚至他人與之同宿一夜，也要在十四俱胝四萬年中轉生地獄。假設破戒者是三藏法師，那麼雖然不能與僧眾共享受用，但是僧眾以賜予其住處與受用等攝受，如果他祈求寬恕時，僧眾未接受，那麼從此以後，計算所得財物的價值量，若已足

量，則僧眾犯他勝。

戊二、真實還淨：

若無覆藏說真實，於僧前懺視戒淨，

復受戒律僧殘等，觀待輕重次第淨。

此外可以恢復的還淨方法，犯四他勝任何一種，如果一剎那覆藏心也沒有，則不覆不藏講說所犯之罪，在具法相的僧眾前懺悔，僧眾問：「你將罪業視為罪業嗎？」懺悔者不是故妄而是真心誠信所犯之罪而說：「視為罪業。」又問：「你今後能禁戒不犯嗎？」他心裡有縱遇命難也不再造這樣罪業的想法而回答：「能戒。」應當如是懺悔。祈白是前行。正行時，僧眾以白四羯磨授學懲罰羯磨，令其在有生之年中履行五微賤行，斷除五尊勝行而留住，從而可清淨罪業，這是佛經中的直接意思。如是懺悔後重受比丘戒而授學懲罰羯磨，這顯然是唯識宗以上的觀點。

十三僧殘未過夜的所有覆藏罪如果是違諫，則在界限內的所有比丘前，其他罪在一人前發露懺悔。犯過夜的覆藏罪的人不是殊勝的人，覆藏多少日，就要遷移多少日，遷移與正行愉悅的所有方式在前面總義中已宣說過。殊勝的人犯僧殘罪還淨的方式，如云：「具慚、持戒、持經、持論、具智慧者於一人前懺悔，可清淨僧殘罪。」

「等」字所包括的其他所有墮罪則觀待輕重懺悔而

自性大圓滿支分決定三戒論釋

次第清淨的方式：他勝粗墮重罪在六位比丘前，輕罪在五位比丘前，僧殘粗墮重罪在四位比丘前，輕罪在一位比丘前懺悔，得以清淨。捨墮等後面的罪墮以及沙彌犯罪懺悔的方法在前面各自的戒條中都已概括宣說了。

一般來說，隨時隨地出現墮罪時，應當精勤發露懺悔，做到死亡時無有罪業至關重要。假設死時有能回憶起未懺悔的罪業，雖然當時身語不能如理發露懺悔，但心裡憶念懺悔戒，犯也能清淨。《根本律》中云：「最終若有氣無力（未具足他緣），則觀想與做相同（心裡觀想懺悔與真實身語懺悔相同）。」這些是能還淨的道理。

不能還淨作加持的方式：需要作懲罰的僧人因未作懲治、無有懺悔對境以及有犯諍等外緣而未能懺悔，在未到僧眾行列中之前作加持總集所有共同的墮罪而以啟白羯磨作加持，如此在懺悔時也是必不可少的要訣。

總之四力無不攝，前造悔懺如服毒，

誠心後悔厭患力，如毒依藥精進行，

善法對治現行力，如不服毒後戒罪，

穩固定解返回力，如依藥以猛厲信，

皈依發心懺罪等，即所依力行四力。

總而言之，沒有不包括在四對治力中的懺悔。《宣說四法經》中云：「彌勒，菩薩若具四法，則所造所積罪業皆可壓制。何為四法？厭患對治力、現行對治力、

返回對治力、所依對治力也。」對以前造的罪業作懺悔的方式：就像有人在不知不覺中服了毒，重疾縈身、嘔吐不止時追悔莫及一樣，不是口頭上而是深深生起後悔心為厭患對治力。就像對治中毒要依靠藥物一樣，為了清淨罪業，三門勵力行持善法為現行對治力。如同今後不再服毒一樣，懺悔以前所造如毒般的墮罪後心想不再造這樣的罪業，禁止惡行，對若懺悔則清淨的功德、不懺悔今生來世過患無窮的道理生起穩固定解為返回對治力。如同服毒者要依止施藥的醫生一樣，以猛厲的信心皈依三寶、發殊勝菩提心、念誦《三聚經》等懺罪經典而懺悔，為所依對治力。倘若如理依靠此四力，則產生後世苦果的墮罪都能得以清淨，因此精進懺悔意義重大。然而，如果未依靠此宗的方法以及前面所說的方式懺悔，則無法清淨真正的墮罪，所以將二者結合起來十分重要。

然若犯一嚴重罪，得地延遲如目護。

雖說通過這樣如理如法懺悔，罪業能得以清淨，但是犯了一次嚴重罪業，縱然如理進行對治，也如根本罪無覆藏而還淨卻不能清淨其本體而較他人難以獲得阿羅漢果，以此為例，獲得上地解脫功德會拖延很長時間。為此，對於所有細微的學處都必須比心臟與眼珠還要精心護持。《毗奈耶經》中云：「何人若於悲佛教，以輕視心稍違越，彼將為苦所束縛，如砍竹林毀芒林，此罪

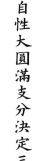

自性大圓滿支分決定三戒論釋

遭受大國王，嚴厲懲罰不可比，非理若違佛教言，轉旁生如翳樹龍。」

失戒的過患：如《毗奈耶經》中云：「失戒不得微妙法，已得迅速而忘失，地道證悟皆不生。」倘若破戒，心裡想不告訴他人，就不會受到別人的羞辱恥笑等，則如《本生傳》中云：「未被見中造罪業，猶如服毒不安樂，天尊以及瑜伽士，以清淨眼定現見。」上方天界中的諸位天人也會到處宣揚，使破戒者臭名遠揚四面八方，遭受天等眾生百般恥笑，在聖者前也感到羞愧難當，在僧眾集會中也是惶恐不安，對於施主的供養十分膽怯，善法方面的諸天神也不予庇護，並會使黑法方面的魔眾有機可乘，現世中種種不幸降臨頭上，後世以違越他勝、僧殘、捨墮單墮、向彼悔及惡作次第墮入燒熱地獄直至復合地獄之間。因此，必須要謹小慎微。

丁四、守戒之功德：

功德為病國王懲，暫遣違緣救畏戒，

為後世受善願戒，得人天樂非解脫。

若具出離之戒律，獲得聖果如難陀。

如果未失毀戒律，如理護持，則其功德無量。如果為了即生中免遭疾病折磨與國王的懲罰而受戒，雖然能遣除暫時的違緣，但只能算是救畏戒；如若因害怕惡趣的痛苦僅為了獲得善趣而受戒，則稱為善願戒，自己雖如願以償獲得人天樂果，但由於未被出離心所攝，而不

自性大圓滿支分決定三戒論釋附 戒律輯要等

201

是獲得解脫的方便。因此，以欲求出離輪迴獲得三解脫之一的意樂所攝而受八種別解脫戒，之後未有失毀，嚴謹守護，那麼就能夠獲得阿羅漢等三解脫的果位，例如難陀最初遵照世尊吩咐不由自主地受了戒，後來佛陀依靠神變將他帶到天界，現示諸天子天女給他看。結果他希望後世與他們共享快樂而精勤守護學處，因而他以前的戒律也就成了善願戒。其後，世尊又顯示地獄的痛苦給他看，難陀因而生起了出離心，從此之後，他所受的戒真正成了別解脫戒，最終現前阿羅漢果位。

三皈等德後殊勝，乃為前後共同道，

大乘所化與彼同，故為諸德之根本。

不僅如此，守戒而且也有暫時的功德，成為梵行智者們交口稱讚處，具足聖者七財，死而無憾，後世也會因為守護戒律未犯他勝等五罪而轉生到他化自在天、化樂天等欲界五天處，最終依靠無垢戒律成就一緣等持，依靠一緣等持生起無分別智慧，從而根除三有，獲得解脫。薩嘎拉尊者曾說：「備受讚歎財圓滿，轉生天界無量殿，獲得等持及解脫，此戒律果極廣大。」《教比丘經》中云：「嚴謹護戒人，彼具端嚴貌，守持清淨戒，自信戒學處，此人一日中，積福不可量，成就正覺果。」

這些戒律是一切上上功德之所依等功德：持受三皈依的居士到圓戒居士，如是「等」字所包括的沙彌與比

自性大圓滿支分決定三戒論釋

丘戒，後後功德更為殊勝，並且前前戒是趨向後後戒的共同之道，因此，別解脫戒也就成了菩薩戒的所依，別解脫與菩薩戒又成為密宗戒的所依。對於上兩戒的所化眾生，也需要具備下戒，別解脫戒內下下戒與上上戒所依能依的關係也與之相同。所以說，具備出離心的戒律是生起教法、證法一切功德的根本，也是增上所生功德的所依。《親友書》中云：「戒如動靜之大地，一切功德之根本。」在往昔佛教興盛之時長期守護清淨圓滿戒律也不如於佛法瀕臨隱沒的現在僅守一天的學處功德大。如《三摩地王經》中云：「於恒河沙俱胝劫，具清淨心以飲食，幢幡以及油燈鬘，侍那由他俱胝佛，誰於正法極衰敗，佛教即將滅盡時，一日中受一學處，福德遠遠勝前者。」

第二品別解脫戒次第釋終

自性大圓滿支分決定三戒論釋 附 戒律輯要 等

第三品　菩薩戒

宣說別解脫戒之後，接下來要講菩薩學處的界限。不僅是世間增上生的所有功德，就是一切聲聞、緣覺的寂滅功德也唯一來自於佛的傳法。佛陀是依靠在行菩薩道時於三大阿僧祇劫中積累二資而獲得正覺果位的，菩薩也是由發菩提心而生，因此菩提心寶是三寶的源泉。如阿闍黎月稱論師也親口說：「聲聞中佛能王生，諸佛復從菩薩生，大悲心與無二慧，菩提心是佛子因。」宣說這樣內容的大乘三藏為一切佛子無誤地開示了如何修學的意義，並且作為持戒的根本而住於真正三寶的本體中。

乙三（菩薩戒）分四：一、緣起；二、未得戒者得受之方法；三、已得戒者不失護持之方法；四、失而恢復之方法。

丙一（緣起）分三：一、真實緣起；二、所得戒之本體；三、分類。

丁一、真實緣起：

賢劫眾生導師佛，於鷹鷲山等聖地，

為諸大乘種性者，宣說無邊廣三藏。

文殊結集龍猛釋，寂天弘揚深見派，

彌勒菩薩作結集，無著世親作詮釋，

阿底峽弘廣行派，蓮師自宗同龍猛。

自性大圓滿支分決定三戒論釋 附 戒律輯要 等

本師釋迦佛在不可思議阿僧祇劫前就已成佛，佛號根頂如來，然而為了引導此娑婆世界的眾生從三有到達寂滅城而再次以十二相等方式於此賢劫中示現成就菩提。如《寶性論》中云：「以大悲心知世間，照見一切世間界，於法身中不動搖，以異化身之自性。」又云：「於不清淨諸剎土，乃至世間示現住。」世尊以千佛等的形象應世而利益有情，未來乃至世間存在期間一直以不可思議的幻化任運自成饒益眾生，而今在此具諍之時以殊勝化身形象所演說的所有法門僅是在眾生心前顯現而已，實際上自相根本不存在。《功德莊嚴王經》中云：「我未說何法，眾生前遍現。」

尤其是佛陀以具足五圓滿的方式宣說了極為廣大的大乘三藏。本師圓滿：第四導師大能仁釋迦牟尼佛；處圓滿：鷹鷲山等地；眷屬圓滿：總的大乘種性者，分別的四眾眷屬以及天龍等共不共住地無量菩薩；法圓滿：宣說定學為主的第二轉無相法輪，其中經之律闡述菩薩學處的界限；經之經宣講深廣等持；經之論開顯地道、總持、等持的詳細分類。宣說慧學為主尤其是抉擇如來藏的第三轉廣分別法輪，其中論之律闡明以方便調伏煩惱；論之經宣講趨入深義之方法；論之論廣述蘊界處的詳細分類等。也就是說，佛陀根據時間與所化眾生的根基不同而次第或同時傳講了句義博大精深、不可估量的三藏。《功德莊嚴王經》中云：「次第現求者，彼前如

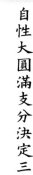

自性大圓滿支分決定三戒論釋

206

是說，同時趨入者，傳講圓滿法，滿足諸心願，佛語之特點。」

關於三轉法輪了義不了義的觀點，一轉法輪為不了義這是各宗各派一致承認的。對於二轉與三轉法輪各宗觀點多有分歧。此處承許中轉法輪一半了義、一半不了義，末轉法輪為了義。《解深密經》中云：「初二轉法輪其上仍有，亦有妨害，乃不了義，成諍論之源。」最後佛轉了稀奇殊勝的法輪。彼經中又云：「此轉法輪無上，無有妨害，乃了義，不成諍論之處。」《涅槃經》與《總持王請問經》中以乳藥與淨寶的比喻等說明以次第的方式淨化補特伽羅。

對於佛所說的三藏，諸隨學者通過結集與注疏等方式加以弘揚的情況：共同結集如前。不共結集：在王舍城南方布瑪薩瓦山，一百萬佛子聚集一堂，由彌勒、文殊、金剛手菩薩結集三藏。

如果依照二大車軌而言，則所有甚深經部由至尊文殊菩薩結集，後來文殊菩薩親自攝受的大乘阿闍黎龍猛菩薩撰著了解釋中轉法輪密意的《中觀六論》，以及詮釋末轉法輪密意的讚頌集等。對於龍猛菩薩的宗軌，月稱、聖天、清辨論師等也通過著寫大量解釋密意的論典來詮解。發心（菩薩戒）法軌等寂天與則達熱論師等廣泛弘傳，這是甚深見派。

廣博的一切經部由補處彌勒菩薩結集，之後他撰著

207

了解釋密意的《慈氏五論》，並傳給聖者無著，無著菩薩著寫了《瑜伽師地論》（又名《五部地論》），世親論師造了《八品論》㊴等。由他們兄弟二人加以詮解並弘揚光大，這一源流菩薩戒的法軌由阿底峽尊者在此藏地弘揚開來，一脈相傳，這是廣大行派。

追隨蓮花生大師的前譯派自宗所有密乘續部中所說的得受菩薩戒的方法以及大多數支分學處都與龍猛菩薩相同，見解則隨兩大宗軌。共稱廣大行派的開創者聖者無著等的見解雖然決定是中觀見，但在宗派與所化眾生前解釋為唯識，這也是毫不相違的。

丁二、所得戒之本體：

本體慈悲潤相續，以及為利他眾生，

欲求獲得菩提故，斷除三門罪之心。

若問：菩提心的本體是什麼呢？以對無量眾生悅意的慈心與不忍他們痛苦的悲心滋潤相續，唯一為了利益他眾以智慧緣圓滿菩提而想獲得佛果之心引發，也就是以智慧方便雙運的願行心所攝六度本體的特殊發心，斷除利他之障礙以及自己圓滿菩提之違緣三門罪業的相續心。《現觀莊嚴論》中云：「發心為利他，求正等菩提。」解脫部與獅子賢論師認為菩薩戒的本體是心王，也就是意識。而無著兄弟則認為是心所，無著菩薩在《菩薩地論》中云：

㊴《八品論》：《經莊嚴論釋》、《辨法法性論釋》、《辨中邊論釋》、《注疏道理》、《作業品》、《五蘊品》、《二十頌品》、《三十頌品》。

「菩薩殊勝願即是發心。」這證明他承認菩薩戒的本體是欲樂（心所之一）。世親論師在《經莊嚴論釋》中說：「緣二利之思乃發心。」很顯然，世親論師認為菩薩戒的本體是思。全知大法王無垢光尊者認為，發心時心所自然產生，因而發心既是心王也是心所。

丁三（分類）分二：一、分類；二、歸納。

戊一（分類）分二：一、分一至六類；二、地界之分類。

己一、分一至六類：

分類龍猛無著二，　每一一至六各二，
一類空性大悲藏，　二資勝義世俗二，
三類戒定慧三學，　資糧加行信解行，
不淨七地勝意樂，　三清淨地異熟心，
大悲斷除一切障，　即是佛地發心四，
觀待五道五發心，　對應六度分六類。

關於菩提心的分類，共稱有龍猛菩薩與聖者無著兩大派。他們每一派均有一到六種分類，觀待分基以願行菩提心而分各有兩類。

一類：以證悟空性的智慧對未證悟者生起純淨的悲心的方便智慧雙運藏菩提心。

二類：觀待福慧二資糧的學處而分為粗大名相所生世俗發心與由細微法爾所得之勝義發心，如《涅槃經》中云：「世俗勝義分，二種菩提心。」

三類：依照能清淨的戒學、能安住的定學與能解脫的慧學即三學，或者嚴禁惡行戒、攝集善法戒與饒益有情戒而分三類。

四類：資糧道加行道以對離邊空性生起勝解而行的方式緣他利，為勝解行發心；不清淨七地證悟自他等性，因而是殊勝意樂發心；三清淨地無勤獲得無分別智慧自然成辦他利，故為異熟發心；具有無緣大悲、遠離二障及其一切習氣，即是佛地之發心。

五類：新入道初業者的發心即資糧道初發心；加行道圓修之發心；見道現見法性義之發心；修道解脫一切俱生障礙之發心；無學道如實現前無為法智慧最終任運自成饒益有情，它不是一切住地菩薩真如的行境，因而為不可思議之發心。《般若二萬頌》中云：「初業之發心，圓修之發心，見法之發心，解脫之發心，不可思發心。」

六類：觀待六度的反體而有六種發心。

己二、地界之分類：

地金月火等廿二，以地界分十地間。

此外，若以對應比喻、助伴、同法三種方式而分，則有如地、金、月、火等二十二發心。如《現觀莊嚴論》中云：「如地金月火，藏寶源大海，金剛山藥友，如意寶日歌，王庫及大路，車乘與泉水，雅聲河流雲，分二十二種。」按照次第，一、如地之發心：與以希求

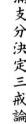

菩提的欲樂心之助伴相應的心如大地，成為產生一切善法之根本故；二、如金之發心：乃至菩提果之間意樂無有改變，故如金子；三、如月之發心：意樂更加殊勝，善法與日俱增，故如明月；四、如火之發心：真實行持六度，從而焚燒障礙乾薪，故如烈火；五、如藏之發心：滿足一切眾生願望無窮無盡，所以布施如寶藏；六、如寶源之發心：能生功德寶，故戒律如寶源；七、如大海之發心：心不被不幸所擾，安忍如大海；八、如金剛之發心：不因魔緣退轉，因此精進如金剛；九、如山之發心：不為有相所動搖，故禪定如高山；十、如藥之發心：息滅二障之疾，智慧如妙藥；十一、如友之發心：不毀善根，成辦他利，具有善巧，故方便如友；十二、似如意寶之發心：滿自他願，故願似如意寶；十三、如日之發心：能成熟所化相續的善妙莊稼，故力如日輪；十四、如歌之發心：開示所化眾生希求之法，故智慧如歌聲；十五、如王之發心：無礙成辦他利，故神通如國王；十六、如庫之發心：福慧無盡，故二資如王庫；十七、如大路之發心：三時一切聖者之遺蹟，故菩提品如大路；十八、如車乘之發心：趣入斷除二邊之道，故止觀如妙乘；十九、如泉水之發心：不忘失句義為他眾宣說，故總持辯才如泉水；二十、如雅聲之發心：為想解脫的所化眾生傳播妙法，故法宴如雅聲；二十一、如河流之發心：無勤實現所願並自然流入遍知

211

大海，一道如河流；二十二、如雲之發心：於法界中不動之同時成熟所化眾生心相續的莊稼，故法身如雲。共有以上二十二種發心。

此等發心若以地界分析，則欲等三者為三資糧道發心；實地行持為加行道發心；十度為見修道所攝之十地的發心；神通到總持辯才之間的五種為三清淨地發心；法宴等三發心為佛地發心的說法實際上是指大乘阿羅漢向即十地的加行、正行、後行的發心。如是就最初的資糧道至十地末際而安立了二十二發心。

戊二、歸納：

全攝願行二發心，彼亦願心思利眾，

行心則為實行持，猶如欲行與正行。

如是七種分類所說的一切發心歸納而言，則均可包括在願行二心之中，即為利他而欲求圓滿菩提果的意樂，為此而實地行持六度。其中願心猶如士夫想上路，行心好似真實啟程。就像正在行進時也不捨欲去之心一樣，修學行菩提心六度時也具足願心。

丙二（未得戒者得受之方法）分二：一、法相；二、受菩薩戒之方法。

丁一、法相：

世俗發心之法相：除開菩薩聖者入定本體的發心，為他利緣圓滿菩提的大乘學處之發心。事相：大乘資糧道、加行道者相續中的發心以及菩薩聖者後得本體的發

自性大圓滿支分決定三戒論釋

心。分類：如《經莊嚴論》中云：「助因根本力，聞力善習中，生穩不穩固，稱他說發心。⑩」

丁二（受菩薩戒之方法）分二：一、世俗發心依儀軌之受法；二、勝義發心由修力而得。

戊一、世俗發心依儀軌之受法：

初未得戒得受法，持戒善知識面前，

大乘法器之信徒，七支供已願行心，

一次性受自他喜，此乃龍猛之觀點。

最初未得菩薩戒者得戒的方法，這是略說。此種受菩薩戒的方法是由粗大名相中產生，具體受戒方法：關於傳戒的對境，兩派一致認為

需要一位具足菩薩戒、精通傳戒儀軌、不求財物而以慈悲心攝受所化眾生的具相善知識。《入行論》中云：「捨命亦不離，善巧大乘義，安住淨律儀，珍貴善知識。」《道燈論》中云：「從具德相師，受菩薩律儀，善巧律儀軌，自安住律儀，堪傳律具悲，當知是良師。」

受戒之補特伽羅：如果依照甚深見派，則具有知言解義法相並想受戒者不一定必須是暇滿人身。凡是具有希求圓滿菩提的意樂、能真實生起戒體、堪為大乘法器的一切眾生均可受戒，因此受戒者是對如浩如煙海的菩薩行及無上大菩提果有虔誠信心的弟子。

自性大圓滿支分決定三戒論釋 附 戒律輯要 等

---

⑩唐譯：友力及因力，根力亦聞力，四力總二發，不堅及以堅。

受戒的儀軌：加行：依殊勝教言斷除厭離輪迴、貪執寂滅之心，而對遠離二邊的菩提心生起喜悅之情，以此三方便而改造自心，再對殊勝對境傳戒上師供上曼茶羅，在殊勝所依三寶前皈依，並以殊勝方便七支供積累資糧。正行：依靠苦樂施受法修心，先三次祈禱垂念，再念誦三遍「如昔諸善逝，先發菩提心，復此循序住，菩薩諸學處，如是為利生，我發菩提心，復於諸學處，次第勤修學」，如此一次性受願行菩提心。後行：自己修喜心，令他眾也修喜心，受戒者供養酬謝。上師略說學處。

這以上是龍猛菩薩的觀點。

無著承許受願心，無需別解脫戒律，

然正受前受七戒，上師詢問其違緣，

弟子承諾學處等，以願行各儀軌受。

無著菩薩的觀點：僅僅受願菩提心，受戒者不必先受別解脫戒，但未受行菩提心戒者真實受戒首先必須要受七種別解脫戒。《道燈論》中云：「別解脫戒律，恒具七種人，菩薩戒有緣，其餘不可受。」受戒方式必定依靠儀軌，以前面的三教言改造自心。加行：在殊勝對境前供曼茶羅，誠心祈禱，皈依殊勝所依，以殊勝方便積累資糧。正行：依靠自力甦醒種性，依靠他力了知圓滿菩提的功德等，通過加行力生起三想。先祈禱垂念，再念誦三遍「我某某今發心……乃至涅槃」，如此受願菩提心戒。後行：心生歡喜，上師宣講學處，弟子供養酬謝。

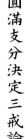自性大圓滿支分決定三戒論釋

行菩提心戒受法：加行：受戒者觀察意樂，祈求迅速賜戒。上師問其違緣情況，並讓他懂得菩薩學處，再問是否願意受戒。正行：上師說「善男子某某，你是為利一切眾生而受戒嗎」三遍。弟子也承諾說：「是為眾生而受戒。」以此將得戒體。「等」字包括宣說後行儀軌，叮囑了知，宣講功德，要求保密，宣說學處，酬謝供養。所謂的抉擇自性也就是略說菩薩戒功德。如是按照願行菩提心各自不同儀軌而次第受戒。

佛像前可二派同，得戒界限三誦末。

假設未尋找到具有法相的傳戒善知識，那麼在佛像所依前也可以自己受戒，這一點是兩大派系共同承認的。如果自己有觀想的能力，雖然沒有所依，但在前方的虛空中觀想佛菩薩，在彼等前受菩薩戒，這一方式依據《文殊剎土莊嚴經》所說在《道燈論》中也有宣說。得戒之界限：海雲上師說第一誦時得願菩提心戒，第二誦得行菩提心戒，第三誦使此二戒得以穩固，這也與中觀宗的儀軌極為吻合。但在此處宣說兩派共同承許的得戒界限，即三誦各自傳授儀軌的末尾得戒。

戊二、勝義發心由修力而得：

勝義依軌而得受，此乃密宗之觀點，

顯宗若有如是說，僅是立宗修力生。

勝義發心不觀待儀軌而得戒的方法：認識勝義菩提心的本體。勝義發心的法相：現量證悟無分別法性之智

215

慧的菩薩聖者根本慧定以及佛陀入定出定無二無別之本體的發心。按照名言的觀點來分，則顯宗說勝義是法界，發心是現證智慧，得戒的方法也必須具備上師、修行、證悟三殊勝。《經莊嚴論》中云：「令圓滿佛生歡喜，積累福慧二資糧，於法生起無念智，故承許彼為殊勝。㊶」密乘則認為勝義發心的法相是遠離二取、安住於本基中的光明智慧。《密集根本續》中云：「自心本無生，空性之自性。」如是發心依靠儀軌而受得到戒體的道理在《幻化網續》、《現前菩提普明續》、《五次第續》等續部中有宣說，由此可知，勝義發心依靠儀軌而受是密宗的觀點，因為它為果智慧轉道用提供了一個緣起，實際上是以相同於世俗的形式而生起的。假設依據《諸佛菩薩名稱經》中所說的「當發勝義殊勝菩提心」而認為顯宗對此也有宣說，那只不過是立宗罷了，勝義發心的法相正如前面所說，在資糧道加行道中通過反覆修止觀瑜伽的力量而於見道中才能生起勝義菩提心。

丙三（已得戒者不失護持之方法）分二：一、略說；二、廣說。

丁一、略說：

中說得不失護法，即是三種菩薩戒，

嚴禁惡行攝善法，以及饒益有情戒。

如是所得到的戒律，中間為了不失毀，而必須要護

_____

㊶唐譯：親近正遍知，善集福智聚，於法無分別，最上真智生。

216

持，原因是如果失毀，那麼將有欺惑所有眾生等極其嚴重的過患；若未失毀，則獲得菩提等功德頗巨。

守護的方法：需要依止增上緣的大乘善知識，精通所緣緣大乘三藏及其注疏，並且不僅僅停留在字面上，而是實地加以修持。

宣說所護的戒條：概括而言，即是三種菩薩戒，禁戒發心學處的違品三門之一切惡行（嚴禁惡行戒），自相續攝集以六度所攝的一切善法（攝集善法戒）），以四攝利益有情（饒益有情戒），所有菩薩戒完全可包括在這三戒中。這三戒實際上是一本體，僅是以反體不同而分的，譬如一個寶珠可以遣除黑暗、攝集眾生之財、利於傳染病。

一切菩薩的事業決定是為自他二利，依靠嚴禁惡行戒與攝集善法戒成熟自相續後以饒益有情戒成熟他相續，因而它們的定數與次第也是如此確定的。如是遠離三種戒律的違緣，成辦順緣而加以守護。尤其為了便於記憶也可作成偈文「……以正知念不放逸，斷除不善行善法」。

丁二（廣說）分三：一、所護戒條；二、能護之方法；三、生起菩薩戒體之所依。

戊一（所護戒條）分三：一、嚴禁惡行戒；二、攝集善法戒；三、饒益有情戒。

己一（嚴禁惡行戒）分二：一、龍猛菩薩之觀點；

二、聖者無著之觀點。

庚一（龍猛菩薩之觀點）分二：一、宣說根本罪；二、惡作罪參閱他論。

辛一（宣說根本罪）分四：一、國王五定罪；二、大臣五定罪；三、平凡人八定罪；四、彼之攝義。

壬一、國王五定罪：

第一掠奪三寶財，捨法懲具破戒者，

令還俗等造無間，邪見國王五定罪。

接下來次第廣說以上概述的三種戒條，其中第一嚴禁惡行戒，依照《虛空藏經》、《大密善巧方便經》，寂天菩薩在《學集論》中對龍猛菩薩的觀點加以分析：一、以猛烈心強行掠奪或盜竊、令盜三寶的財物，無論價值足量與否；二、口口聲聲說三乘中任意一乘的教法三藏、證法三學中所包括的一切善法不是佛陀的言教，也不是獲得解脫的方便，自己捨棄或令他捨棄；三、以嗔恨心懲罰持學處的具戒比丘或未持學處的破戒比丘，或令他們還俗，搶奪或令人搶奪他們的袈裟等；四、殺父、殺母、殺羅漢、破和合僧、惡心出佛身血造五無間罪任何一種；五、說善有善報、惡有惡報的因果不存在，執持邪見。如果以此驅使，直接造不善業，那實在是罪大惡極。這五種罪是勢力強大的國王容易就犯的，因而安立為國王五墮罪。

壬二、大臣五定罪：

亦毀宅村鄉鎮城，都市大臣五定罪。

以嗔恨之心毀壞一家一戶等的舍宅、四個民族居住的村落、有十八種工巧的城鎮、大量商業匯集的城市、像匝巴嘎那樣的都市，「亦」字是指前面國王五定罪中除邪見以外的四罪基礎上再加此條，諸位大臣為效忠國王而在四面八方直接執行法律，容易就犯這五條，因此稱為大臣五定罪。

壬三、平凡人八定罪：

於未修者說空性，令其慕求聲聞乘，

退佛果發小乘心，捨別解脫學大乘，

聲聞乘不斷貪等，退彼不得彼之果，

以妒讚自而毀他，為求利養炫耀己，

令懲比丘行賄賂，修者受用施誦者，

使棄寂止之修法，乃平凡人八定罪。

一、對於未曾以諸如有為法皆無常的道理修過自心的初學者或小乘的不定種性，過早地講說離邊空性，致使對方捨棄菩提心，而慕求聲聞道，如此傳法者犯墮罪；二、在已趨入大乘道者前故意說「你行持六度也無法獲得圓滿菩提果」令其退心，之後又繼續說：「修持聲緣果位吧，必能出離輪迴。」使對方發小乘心；三、在無有任何特殊必要的情況下，對正在修學或者雖未出家但想學別解脫戒的聲聞種性者說：「你學這個有什麼用嗎？」令其捨棄，之後又告訴他說：「發圓滿菩提

自性大圓滿支分決定三戒論釋附戒律輯要等

心，讀誦大乘經典吧，依靠菩提心的威力能摧毀一切罪過。」使對方學大乘；四、口若懸河地對小乘的學徒說：「依靠聲聞乘不能斷除貪等煩惱，學大乘吧！」使對方捨棄聲聞乘，自己持有修學小乘道無有解脫果位這一觀點並在無有特殊必要的情況下，令別人也持此觀點；五、為了名聞利養，在嫉妒心的驅使下，自己本無功德卻說有而加以褒揚讚歎，對於眾人恭敬的其他菩薩，真實或者妄說加以詆毀；六、為獲得名聞利養，自己明明未證悟卻大言不慚地說我已經證悟了深法奧義，說上人法妄語來自我炫耀；七、以離間語在諸如王族等有權有勢的人與修此法的比丘等諸沙門之間搞分裂，使有權者對沙門予以財物治罰，以此為緣，沙門盜取三寶財物向離間者進行賄賂，離間者自己接受或者送給掌權者，如果這三人是發心菩薩，那麼都犯墮罪，否則，離間者自己犯墮罪；八、搶奪禪修者的受用，給予或令人給予諷誦者，如果接受者也屬於那一方並且是發心菩薩，則犯根本墮罪，依靠惡劣的法律等手段使其放棄寂止為主的瑜伽修法。這些是普通人容易就犯的八種罪。

壬四、彼之攝義：

彼彼易犯而安立，然而一切均可造，

名稱十八實十四，捨願行心根本罪。

對國王、大臣與平凡人三種人安立各自的墮罪，其實是從這三種人容易就犯的角度而安立的。一般來說，

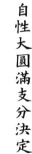

自性大圓滿支分決定三戒論釋

並不意味著這三種人不能犯所有的戒條。

這所有的墮罪名稱上雖然有十八種，但國王與大臣的前四條根本罪沒有不同，如此算來，實際上只有十四罪。入了菩薩道以上（一地以上），不可能出現根本罪，因而只有受了菩薩戒的凡夫與夜叉等才會犯。在這些根本罪的基礎上，按照《大密善巧方便經》中所說的「善男子，菩薩若以聲緣作意而住，則犯菩薩根本重罪」，捨願菩提心為根本罪。依據《寶積經》中所說捨棄行菩提心不奉行善法為根本罪。這樣一來，菩薩戒共有二十條根本罪。

如果以菩薩的根基次第而分，上述的十八種是利根者的戒條。

對中根者以下，《集學論》中宣說了四種罪。此論云：「捨棄菩提心，以無盡貪吝，於乞不布施，不勤令歡喜，於眾不安忍，以嗔打有情，煩惱隨他轉，偽裝如法說。」

對於鈍根者，唯一安立不捨願心一條，這一道理按照《教王經》中所說作成偈頌：「所作所為數眾多，一切雖然不能行，希求信仰與羨慕，真實圓滿之菩提。行住坐臥威儀中，恒時當以憶念修，亦應誠心隨喜已，供佛菩薩與緣覺，善根迴向諸眾生，共同圓滿菩提果，不毀自己圓資糧。」假設這樣的願心菩薩戒失毀，則行心菩薩戒也已捨棄了，如此罪過極為嚴重。《般若攝頌》

自性大圓滿支分決定三戒論釋附戒律輯要等

中云：「雖於俱胝劫中行十善，然發欲求緣覺羅漢心，彼時戒染過患毀戒律，彼發心較他勝猶嚴重。」

辛二、惡作罪參閱他論：

支分八十惡作等，細故未說閱學集。

惡作等同分的所有罪業，護持根本戒的支分八十條惡作等由於極其細微，故於此論中未加闡述，但《學集論》中有明確宣說，敬請參閱。

庚二（聖者無著之觀點）分二：一、宣說根本罪；二、惡作參閱他論。

辛一（宣說根本罪）分二：一、願菩提心學處；二、行菩提心學處。

壬一、願菩提心學處：

無著觀點願學處，不捨眾生念功德，

勤積資修菩提心，取捨黑白願心戒。

接下來闡述無著菩薩宗派的願心學處。根本學處不改願心的方法：任何眾生擾亂自心時，心裡不禁暗想：我現在就算有能力也不饒益這個眾生，也不制止其損害，斷除此種捨棄眾生的心態，即便他眾恩將仇報，也以大悲心攝受不捨願心。不失願心的方法：恆時憶念《華嚴經》中以二百三十比喻㊷而說明的菩提心功德，從而珍重受持。提高心力的方法：以善心為前提，盡心盡

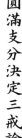

自性大圓滿支分決定三戒論釋

㊷此比喻的數量有不同說法，東晉譯本六十華嚴中有117種，唐朝譯本八十華嚴有213種，藏地的其他譯本也有130種之說。

力積累二資等。增上的方法：通過修四無量、晝夜六時中發心、修苦樂施受法三種方式恆常行持菩提心。不忘失的方法：取捨四白法與四黑法此八法即是願心學處。

欺騙應供令生悔，誹謗聖者諂誑行，

即四黑法當斷除，相反四白法皆行。

下面講黑白八法。虛妄欺惑成為應供處的上師堪布阿闍黎等；別人成辦本不該後悔的善事等，雖然對方最初無有後悔之心，但令其心生追悔；以嗔心言說聖者的過患，妄加誹謗；在眾生面前諂誑行事。此等即是四黑法，應當斷除。與之相反，《迦葉請問經》中云：「迦葉，若具四法，則不忘菩提心。云何四法？不明知故妄；於菩薩作本師想；於眾生無諂誑而以淨心安住；將一切眾生安置於大乘。」這其中所說的即是四白法，應當隨時隨地奉行。

壬二、行菩提心學處：

讚自毀他貪名利，吝嗇不施財與法，

以嗔恨心損他眾，他人懺悔不接受，

愚信偽法而宣說，四根本罪行學處。

成為行菩提心違品的根本罪經部中零散存在，無著菩薩將這些內容歸納於《菩薩地論》中。由於貪圖名聞利養，為了獲得而讚揚自己，詆毀其他受恭敬者；發心菩薩自己本來有能力，但因吝嗇而對痛苦飢餓、無依無靠的乞丐不施少許財物，或者對於想聽聞佛法並堪為法

器的補特伽羅不賜正法；在猛烈嗔心的驅使下，僅是口出不遜、惡語中傷還不滿足，竟然對他人大打出手等進行加害並且別人懺悔也不接受，而是一直耿耿於懷；以愚癡引發謗說大乘三藏不是佛語並捨棄，自他由於愚昧而信解假法，並說為正法。這四種根本罪也是從發心方面而分為四種的，就加行而言則有八種，斷除這一切罪行，即是行菩提心學處。

辛二、惡作參閱他論：

細微惡作四十六，當於他論而了知。

此外的細微惡作罪雖有四十六種，但於此未加詳說，因而應當參閱其他論典而了知。《菩薩戒二十頌》中云：與攝善法戒相違三十四，與利益有情相違十二戒，其中第一分六類：（相違布施七惡作：）三門不供三寶尊，內心跟隨欲望轉，於諸長者不恭敬，於提問者不答覆，不應他人之宴請，拒絕接受金子等，於求法者不施予。（相違持戒九惡作：）捨棄一切破戒者，為他信仰不修學，利益眾生行為少，具有慈心無不善，欣然接受邪命事，不靜極為掉舉等，內心不思離輪迴，不斷毀名之六因，雖有煩惱不對治。（相違安忍四惡作：）他人謾罵還罵等，捨棄一切嗔恨者，對方懺悔不接受，內心跟隨嗔恚轉。（相違精進三惡作：）為求名利攝眷屬，於懈怠等不遣除，以貪言說無稽談。（相違禪定三惡作：）不求等持之實義，不斷禪定之障礙，視禪定味為功德。（相違智慧八惡作：）誹謗捨棄聲聞乘，本具有而

自性大圓滿支分決定三戒論釋

勤於彼，不勤佛教勤外論，勤行外道樂於彼，詆毀捨棄大乘法，讚歎自己詆毀他，於正法義不趨入，詆毀意義依文字。第二與利益有情相違十二戒分三類：（退失利他四惡作：）必要不與他同行，於諸患者不承侍，能遣他苦不遣除，於放逸者不說理。（不饒益他六惡作：）於有恩者不回報，不解他者之憂愁，於求財者不布施，不利自之諸眷屬，不相隨順他眾心，不說功德與過失。（不懲惡者二惡作：）時機相宜不鏟除，不顯神變呵責等。

以上這些惡作在其他論中是各以三種方式來講解的。假設因不恭敬、懈怠、懶惰而出現罪業，則成了染污性罪。倘若因忘失而犯罪，則成非染污性罪。精神紊亂者犯罪則無有過失。與嚴禁惡行戒相違的墮罪不必單獨宣說，原因是作為出家身分，別解脫的四他勝在此也是根本罪，其餘的所有墮罪在菩薩戒中都成了支分惡作，雖然不是出家人，但自地的根本罪同品的一切細微罪在菩薩戒中均成惡作。

阿闍黎淨賢與阿瓦白雅嘎熱雖然已闡明了此二宗軌所說的十八種根本罪與四根本罪二者互不相違的觀點，但大阿闍黎寂天菩薩按照《虛空藏經》中所說的十四種，再加上《大密方便經》中所說的「以貪吝心」等四種，總共十八種，《菩薩地論》中所說的四根本罪也包括在這十八種根本罪中，因而它們並不矛盾。

己二（攝集善法戒）分二：一、總義；二、詳述。

225

如理如法修學六波羅蜜多。

庚一（總義）分七：一、法相；二、定義；三、分類；四、定數；五、次序；六、修法；七、功德。

辛一、法相：

菩提心學處是具有四種特法之六度所攝的一切行善的相應心。四種特法：一、遠離六度各自的違品；二、以三輪體空的智慧攝持；三、具有滿足他眾意願的作用；四、成熟三菩提果。如《經莊嚴論》中云：「毀布施違品，具有無念智，圓滿諸所欲，成熟眾生三。㊸」剩餘的各度均可依此類推。

辛二、定義：

梵語波羅蜜多，其中「波羅」義為彼岸；「蜜多」義為趣至，也就是說，到達勝過世間與聲緣一切善法的彼岸，即是波羅蜜多。

辛三、分類：

六度每一度都可以分為六種，共有三十六種，即給予他眾為布施；不染違品為持戒；忍耐苦行等為安忍；具有喜心行善為精進；一心專注他利為靜慮；三輪體空為智慧。《現觀莊嚴論》中云：「由彼等別別，皆攝施等六，故披甲修行，六六如經說。」

辛四、定數：

菩薩戒的一切所修均可包括在三學中，觀待三學而

自性大圓滿支分決定三戒論釋

㊸唐譯：壞施三障分，具無分別智，令諸願圓滿，成熟有情三。

決定為六度，因為前三度分別以因、本體、所屬三方面攝於戒學中，第五靜慮度包括在定學中，第六智慧度攝於慧學中，精進是三學的助伴。如《經莊嚴論》中云：「觀待三學數，佛真說六度，前三屬戒學，後二歸二種，一者三助緣。㊹」

辛五、次序：

從因果、劣勝、粗細而確定六度之順序。《經莊嚴論》云：「依前而生後，存在劣殊故，粗大細緻故，說彼等次第。㊺」

辛六、修法：

《經莊嚴論》云：「無求之布施，不貪世持戒，一切皆忍受，功德源精進，靜慮非無色，智慧具方便，於此等六度，智者真實修。」

這一切均應具足六種殊勝而實修。所謂六殊勝，一、所依殊勝：具足菩提心；二、諸法殊勝：行一切事；三、所為殊勝：為利一切有情而奉行；四、方便殊勝：以三輪體空智慧攝持；五、迴向殊勝：迴向無上菩提；六、清淨殊勝：真實對治二障而行。

辛七、功德：

六度分別的功德：所緣廣大、發心清淨、作用廣義、果報無盡。彼論又云：「廣大與清淨，廣義與無

㊹唐譯：為攝三學故，說度有六種，初三二初一，後二二一三。
㊺唐譯：前後及下上，粗細次第起，如是說六度，不亂有三因。

盡，當知布施等，一切四功德。㊻」

修行之果：《寶鬘論》中云：「施受用戒樂，忍光澤進威，禪寂慧解脫。」六度也包括在二資糧中，《經莊嚴論》中云：「施戒乃福資，三度屬二者，第五亦智慧。㊼」因此，通過積累二資獲得二身是究竟之果。《寶鬘論》又云：「一切佛色身，從福資糧生，大王佛法身，由智資糧生。」

庚二、詳述：

攝善法戒修六度。為除貧困三布施，

以斷心持三戒律，當忍怨害苦深法，

環甲攝善與利他，即行此三之精進，

修世出世之靜慮，行深聞思修智慧。

下面對六度分別加以闡述，其中第一布施度，本體：具足四種特法的施捨善心及其種子。定義：梵語達那，意為遣除對方的貧窮，故稱布施。分類：有法施、財施與無畏施三種，其中法布施：觀察法器而以大悲心應機施教，發放正法喜宴；財施有捨施、大捨施、極大捨施；無畏施：暫時救脫病魔等，究竟救離輪迴。在家菩薩主要作財施，出家菩薩主要作法施。

持戒度，本體：具足四種特法的斷心並想防護罪業的善心及其種子。定義：梵語謝拉，意為不被損惱所

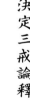

自性大圓滿支分決定三戒論釋

㊻唐譯：廣大及無求，最勝與無盡，當知一一度，四德悉皆同。
㊼唐譯：初二為福體，第六即是智，餘三二聚因，五亦成智聚。

害，獲得清涼，故稱持戒。分類：如理奉行嚴禁惡行戒、攝集善法戒、饒益有情戒。

安忍度，本體：具足四特法的清淨善心及其種子。定義：梵語堅達，意為忍受痛苦等，故稱安忍。分類：有忍耐怨害之安忍、不畏深法之安忍與承受苦行之安忍三種，其中忍耐怨害之安忍：思維嗔恨的過患而對他眾的加害心不計較無所謂，心不煩亂，非但不予報復、不懷恨在心，反而還應對其生起悲心；不畏深法之安忍：對空性等甚深法義不生畏懼，對利他不生厭煩；承受苦行之安忍：為了究竟的無上安樂而不對暫時修法苦行等痛苦生厭煩而是欣然接受。

精進度，本體：具足四種特法歡喜的善心及其種子。定義：梵語布雅，意為堅強不屈奉行殊勝道理，故稱精進。分類：有擐甲精進、加行精進、利他精進三種。擐甲精進：意樂不被惡魔所害作為因，心想：在未將一切眾生安置於圓滿菩提之前，絕不捨棄精進；加行精進：歷經五道十地而攝集一切善資，心不怯懦，不以稍許修行為滿足，不被外緣所退，以恭敬恆時而精進；利他精進：歡喜成辦二利之因、行持利益他之事，而倍加勤奮。

靜慮度，本體：具足四種特法的一緣專注之善心及其種子。定義：梵語得那，意為心相續不散他處，故稱靜慮。分類：修持與外道相同的四禪四無色之世間靜

慮、修持以出世間道獲得的三乘各自的出世間等持靜慮兩種。也可以按照《楞伽經》中所說分三類，即未入道者相續中色界無色界的凡夫行靜慮、入資糧加行道者的義分別靜慮以及見道以上聖者的緣真如靜慮。

智慧度，本體：具足四種特法辨別萬法的善心及其種子。定義：梵語札嘉，意為證悟或通達，故稱智慧。分類：聞慧、思慧、修慧三種。聞慧：精通佛經注疏的內明以及攝受所化的支分共同四明，《經莊嚴論》中云：「若未通五明，聖者不成佛，為伏他攝受，自成遍知勤。⑱」尤其是要想徹底通達經典的所有意義，必須以了義、不了義、秘密、意趣等方式來衡量，但此處為了對諸法的真如實相生起聞所智慧，從而遣除增益，必須要對依靠觀察本體的離一多因、觀察因的金剛屑因、觀察果的破有無生因、觀察因果二者的破四邊生因、遣除有無戲論的緣起因此五大因將一切世俗戲論的貪執抉擇為無戲的第二轉法輪的密意與超離心境的法性勝義光明智慧遠離空不空等觀察的境界不可思議本體的第三轉法輪以及所有密續中所說的意義，內心生起定解。思慧：對所聽聞的意義進行觀察研究，融入自心，深思熟慮，分析揣摩，不是只停留在籠統的思維上，而要逐字逐句，對句義的次第、正確、錯誤深入細緻鑽研，確定無疑。如《智藏集經》中云：「諸位比丘與智者，當如

---

⑱唐譯：菩薩習五明，總為求種智，解伏信治攝，為五五別求。

煉金細觀察，切莫因是我之言，欣然接受而恭敬。」不僅僅是以信心奉行，而是依靠生信來源的教證、事實力的理證前後互不矛盾來觀察而接受。《中觀四百論》中云：「何義依教理，善妙明宣說，前後無相違，諸正士盡受。」如果對所要思維的內容已經圓滿地思考了，那麼接下來就要在相續中生起甚深的修所智慧。總的來說，通過取捨一切了義法而實地修持，尤其是實修勝觀妙慧無分別智慧。依靠思所智慧抉擇二轉、三轉法輪與甚深密宗續部中所說的一切密意均不相違，斷除所有分別念的戲論而安住，《羅睺羅讚般若經》中云：「無有言思智慧度，無生無滅虛空性，各別自證智行境，頂禮三世諸佛母。」通過如是安住而如雲散日出般使內心顯現出入定覺性不成識別性自明赤裸安住的離思智慧即心性光明。依靠反反覆覆修習之力而對未證悟自住智慧的一切有情自然而然生起大悲心，這是一條規律，這樣的空性大悲雙運是所有大乘顯密道的正行中不可或缺的無誤要訣。也就是說，以最初發心、正行無緣、後行迴向三殊勝攝持而行，即是三智慧。

己三、饒益有情戒：

饒益有情戒四攝，初以布施攝所化，

以愛語引令起信，九乘次第傳利行，

為能引導彼等眾，自己亦行即同事。

以六度成熟自相續後不雜自私自利之心而以四攝隨

機利益所化眾生。布施：首先以財施攝受未被集聚的所化眷屬。如《蓮聚經》中云：「以布施招手。」愛語：對於所攝受的眷屬，以愛語加以指引，傳授妙法，令他們對修行生起希求心與歡喜心。彼經云：「以愛語迎接。」利行：對於具有希求心的弟子，應當像用稀稠食物次第餵養小孩一樣，僅僅依靠一法不能成熟不同根基的眾生，因此對下下、下中、下上三種根基者以聲聞、緣覺、菩薩三乘，對三種中根者以事、行、瑜伽三乘，對三種上根者以生起次第、圓滿次第、大圓滿即以次第九乘加以引領，稱為利行。如彼經云：「以利行安撫。」同事：如是為了引導所接引的所化眾生實修此等法義，自己必須同樣奉行彼等之義，自己如果未加行持，則如麻瘋病者說大鵬修法一樣，別人無法誠信。彼經云：「以同事勸諫。」

四攝的定數為四的理由：為暫時利益而布施，為成為究竟利益之因受持正法，深入意義、誠信彼義而需要後三攝，也可以說堪為法器，對此信解、實地修持、究竟奉行，為此數目確定四種。《經莊嚴論》中云：「令器及令信，令行亦令解，如是作四事，次第四攝業。」間接也說明了四攝的次序。此外，儘管《菩薩地論》中宣說了十二種饒益有情戒的道理，但我認為這也僅是就前面所說的四十六種惡作個別的反體而安立的，實際上無有不同，故於此未述。

自性大圓滿支分決定三戒論釋

戊二（能護之方法）分四：一、以四正斷之精進而護持；二、以正知正念不放逸而護持；三、一切威儀中以善法度日而護持；四、以攝一切學處而護持。

己一、以四正斷之精進而護持：

　　　　學諸同品斷違品。

清淨、增上一切學處的方法：如《學集論》中云：「我身與受用，三世諸善根，施予諸有情，護彼清淨增。」這其中以布施三事、護持、清淨、增上四種方式而概括宣說了一切菩薩戒。也就是說，初學者持戒，信解行中不清淨七地聖者主要修清淨，清淨三地聖者主要修增上。

此處宣說通過四正斷精進使菩薩戒得以清淨、增上的方法：為使圓滿菩提的一切同品善法未生者令生起，已生者者令增上，而通過發起猛厲希求心、三門精進而行、毫不拖延、孜孜不倦、默默不語的方式使內心真實安住而修學。同樣，為使圓滿菩提的違品一切不善未生者令不生、已生者令斷除，而以前述的方式修學。

己二、以正知正念不放逸而護持：

　　　　恆依知念不放逸。

應當恆時依靠不忘失護戒之心的正念與觀察自相續是否出現罪業、精進善法與否等的正知以及謹慎取捨的不放逸而護持菩薩戒。

己三、一切威儀中以善法度日而護持：

自性大圓滿支分決定三戒論釋 附 戒律輯要 等

行住坐臥威儀中，遵照清淨之品行，

任何所作所為中，言相合語且發願。

將一切無記之事均轉為善法後為了具有實義而修學的道理：行住坐臥四威儀的一切時分，不失正知正念而應當對《入行論.正知正念品》中所說的道理生起定解，再進一步遵循勤修。此外，《經莊嚴論》中云：「佛子行時當如何，隨異根基之行境，如是以符種姓詞，利有情故為現行。⑷」因此，我們應當按照《華嚴經.淨行品》中所說，於行住坐臥威儀中時時刻刻以正知正念攝持而行事。所作所為中，也是以恰如其分言說相合各類眾生的話語或者僅僅心思維為利益有情而發願，如此一來，不用說善事，就是無記的一切事也將成為福德資糧，因此，深深認識到這一切所為均具有實義，不應只是停留在口頭上而要努力做到身體力行。

己四（以攝一切學處而護持）分二：一、歸納上述學處之義；二、建立自宗觀點。

庚一、歸納上述學處之義：

全知龍欽繞降言，願心學處四無量，

行心學處行六度，歸納取捨黑白法。

在此闡明智者的觀點，辨別萬法的智慧超群、對佛經論典的詞義通達無礙、心相續中富有教法證法功德的全知龍欽繞降尊者說：願心學處的攝要，完全可包括在以四無

自性大圓滿支分決定三戒論釋

⑷唐譯：異根於異處，異作有異行，凡是諸所作，迴以利眾生。

量修煉自心、反覆觀修、具有利樂有情之心中，因為這已說明了不捨菩提心、不改願力學處的緣故。諸佛子所修的一切善法均可攝於六度中，因而如理如法奉行六度即是行心學處。《心性休息》中云：「願學處修四無量，為斷違品當護心，行心學處行六度，為斷違品當精進。」概括而言，則攝於取捨四白法與四黑法之中。《宗派寶藏論》中宣說二宗軌之根本墮罪分類後，在講如何護持之時寫道：「當不失正知正念而捨棄四黑法，奉行四白法。」相反，如果以行四黑法而虛度光陰，那就證明已捨棄了願菩提心。如果捨了願心，自然也就失去了行菩提心戒，如同無有牆壁就不存在畫面一樣。

庚二、建立自宗觀點：

利樂現世皆當行，不利今生害後世，

一切行為均應斷，二軌學處無不攝。

此外，如果以慈愛心引發，那麼無論任何行為都對自他今生有利並成為來世究竟安樂之因，所以應當以權巧方便而接受。倘若是以嗔心驅使，相互爭論不休、使自他二者的相續無法堪能等，對自他今生不利，後世也會成為惡趣之因等有害究竟利益的任何行為，都必須謹小慎微，徹底斷除。而且對於現世表面的安樂，有害於後來的所有因素，也要詳加觀察，盡心盡力予以斷絕。這也是攝要。總而言之，一切菩薩取捨的道理要遵照大乘諸經典中所說而如理修學的方法無不包括在前面講的

自性大圓滿支分決定三戒論釋 附 戒律輯要 等

二大宗軌學處中。

戊三、生起菩薩戒體之所依：

生戒所依天與龍，羅剎女等罪業者，

亦能生戒龍猛宗，無著則說彼所依，

需具別解脫戒者。總之信仰佛與法，

亦信無上菩提果，信奉如海佛子行，

則能生起菩薩戒，此乃寶燈經中云。

能生起這樣的菩薩戒體所依身分：如果具備知言解義並想受戒的條件，那麼即便是天龍羅剎女等這些不能堪為別解脫戒所依的非人類以及造無間罪等惡業者等下劣身分的眾生也能生起戒體，這是龍猛菩薩的觀點。其依據是《寶積經》中所云：「爾時，說此法已，天龍、非天、大鵬、大腹行不可計數之眾生皆發無上真實圓滿菩提心。」這裡密意指的是生起願菩提心。

如果按照聖者無著的觀點，那麼未得行菩提心戒者要得戒必須是三洲中具足性別、功用、能力的男女，因為具足七種別解脫任何一種才是行菩提心戒的所依。兩大宗軌表面上所依大小、入門廣狹等方面有所不同，實際上要訣均是一致的，無論是否先受了七種別解脫戒，如果連戒殺等斷一分罪業的心也沒有，則無法生起菩薩戒，因而必須要具足斷除惡行這一點，否則與菩薩戒相違之故。所以，若就總的觀點來說，為受戒的眾生地所攝即是身體所依，當然主要還是意樂所依。所謂的意樂

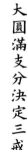

自性大圓滿支分決定三戒論釋

236

所依，即是說信仰本師佛陀出有壞及其傳的大乘三藏所有教法，並對所要得的無上菩提果誠信，以想修學欲樂信行持經中所說的菩薩如海般的大乘行為，則可生起菩薩戒體，這是《寶燈經》中所說的。此經云：「若信佛佛法，亦信無上果，亦信佛子行，生起菩提心。」處之所依：所轉生之處的所依，如果未出現捨戒之因，則後世無論生於何處都具備菩薩戒，因為乃至菩提果之前受戒的緣故。由此看來，以後生生世世中值遇善知識而僅以恢復憶念的方式便可得戒，不需要重新受。

對於這所有的戒條，上、中、下根者根據各自的能力，按照律儀中所說的「如是於學處，次第而修學」，以正知正念攝持而修學，然而，如果因犯墮罪而失毀，則過患無窮，諸如成為譴責之處、令諸佛不悅、眾生不喜，失毀自利、失去名義等不只現世中會感受此等果報，而且也成為後世轉生大地獄之因。《學集論》中云：「毀善根之罪，眾生地獄因。」尤其是還菩薩戒的罪過極為嚴重。《入行論》中云：「況請眾生赴，無上安樂宴，後反欺眾生，云何生善趣？」

丙四（失而恢復之方法）分三：一、宣說四類墮罪之理；二、真實還淨方法；三、如理護戒之功德。

丁一、宣說四類墮罪之理：

末說失而恢復法，何者不察理非理，

行止等捨皆墮罪，為大捨小罪形象，

237

無能為力皆無罪，無力勤行無罪相。

最後宣說若毀菩薩戒恢復的方法：任何補特伽羅對任何事，都必須盡己所能觀察合理與非理，如果對此未加觀察，對本應捨棄之處，無論是做還是中止做，或者對行止漠不關心處於平淡等捨的狀態，都有墮罪。這種墮罪也有四類，如果經過一番觀察研究明明知道是非理之事，諸如以損惱心殺生行非理，以吝嗇不作布施，不做合理之事都是墮罪。如《寶積經》中云：「何者以喜心，百年作布施，何者一日中，持戒遠勝彼。」與布施相比，持戒更為殊勝，因而為了大利持戒耽擱捨棄小利布施，以微小的痛苦不悅可以成為大的對治，諸如對於在造惡趣之因者，其他人通過暫時粗暴的損害而制止，這是墮罪的形象。布施頭顱不是初學者能力所及的境界，所以他們不做或無誤行止均無有罪過。初學者對於無能為力的布施肢體等如果勤奮去做或者以惡心引發苦行，無有罪過，只是無罪的形象。

對照實例來說明三戒：嚴禁惡行戒：以嗔心殺生為墮罪；以饒益心殺生只是墮罪形象；以悲心殺人無罪；雖然對利他有利但卻不殺為無罪形象。攝集善法戒：以吝嗇心不作財施為墮罪；以饒益心不施酒等為墮罪形象；以清淨心布施為無罪；為害他給予兵刃等為無罪形象。饒益有情戒：不護理患者為墮罪；為成大利不作護理為墮罪形象，慈心而作為無罪；本有大利而捨棄為無

自性大圓滿支分決定三戒論釋

238

墮形象。應當以此為例了知這方面的一切道理。

利他身語七不善，有開許時實為善，

應當以了知開遮的方式而修學，以大悲心引發，在無有自私自利之心唯一想利他的情況下，行饒益之事，則身語的無記之事通過心的牽引可以轉變成善不善，因此初學者成為不善的七業，對於持菩薩行者廣大利他也有開許的時候。諸如誅殺有損於佛法眾生之屠夫的殺生，諸如為了圓滿彼之資糧而從富翁手中盜取供養三寶、賑濟貧困的不與取；諸如為了挽救貪欲所逼必死無疑的女人並令彼逐漸行善而與之不淨行的邪淫；諸如為了挽回他眾的生命等而說欺人之談的妄語；諸如分開被惡友控制的修行者與惡友的離間語；諸如為使喜歡言談者趨入正法而說各種無稽之談的綺語；諸如為制止造不善業而口出不遜呵責之詞的粗語。以上這些身語業表面上雖然是不善業，但由於是好心善意所引發，實際上是善法。《中觀四百論》中云：「菩薩由意樂，若善若不善，一切成妙善，以意自在故。」《除心障經》中亦云：「比丘於自父，說速行催促，彼父因此亡，未成無間罪，善心置鞋墊，於能仁頭上，他人丟棄之，二者得國政。」又《菩薩戒二十頌》中云：「具有慈心悲心故，內心善妙無罪過。」

丁二（真實還淨方法）分二：一、龍猛菩薩之觀點；二、聖者無著之觀點。

戊一、龍猛菩薩之觀點：

越時失毀黎明時，　祈禱聖者虛空藏，

夢中墮罪得懺淨，　餘罪晝夜誦三遍，

三聚經而得清淨，　此乃龍猛之觀點。

捨戒失戒之緣：有捨願根本願菩提心、犯違品根本罪、還菩薩戒三種，初終二種是即刻菩薩戒就根本不存在的因與緣，僅僅懺悔還不行，而必須再次受戒，除此之外的一切根本罪在白天三時、夜晚三時即一日六時中，若從犯罪時起已超越了對治期限，則稱為越時墮罪。

出現墮罪還淨的方法：中根者通過在本尊前懺悔而得以清淨。如果想在總的密主本尊聖者虛空藏菩薩前懺悔，則未過夜前沐浴、清潔，供香、持誦其名號，頂禮，猛厲祈禱：「祈求聖尊為我顯相，令我罪業得以清淨。「如此真實或於夢中根據緣分，虛空藏菩薩顯現人等各種形象來表明清淨墮罪。假設未出現驗相，則在黎明時，如前而行，誠心祈禱：「黎明啊黎明，當您在贍部洲出現時願立即以大悲關照我，將我的話語迅速轉給大慈大悲的虛空藏菩薩，請他在我的夢裡顯示快速懺淨墮罪、獲得大乘聖者之方便與智慧的方法。」如是祈禱後入眠，結果虛空藏菩薩在夢中隨機顯相令墮罪懺淨。

下根者則通過四種對治力而懺悔，所依對治力即大乘善知識與殊勝佛像，內在所依即皈依與發心；現行對治力即誦讀值得讚歎的大乘經典、陀羅尼咒等；厭患對治力與返回對治力與前面別解脫時所講的相同。

利根者以如夢如幻的方式在遍布虛空界的佛菩薩前以詞句懺悔後於真實義中入定。《廣方經》中云：「何者欲悔戒，端坐觀真義，真實觀真性，見真性解脫，彼為勝悔懺。」

此外，對於惡作以及因忘失、未以正知攝持而未能還淨的剩餘所有墮罪，通過晝夜各三遍誦《三聚經》、精進奉行善法來懺悔。

一般說來，菩薩戒與別解脫戒不同，如果每天反覆受，則戒體將越來越增上，而且所犯根本罪如果未逾越期限，僅以懺悔也有可恢復的，但如若超過了期限，則已毀戒，必須要重新受。受戒次數不固定，對於所犯的總的自性罪與佛制罪，尤其是違犯一切菩薩學處，每日受菩薩戒是甚深殊勝的對治法，因而至關重要，這以上是龍猛菩薩的觀點。

戊二、聖者無著之觀點：

行四黑法捨眾生，則已捨棄願心戒，

不間斷行無慚愧，以此喜悅視為德，

乃大束縛毀戒律，稱為他勝小中非。

無著菩薩的觀點：行四黑法以及存心捨棄眾生，則已捨棄了願心菩薩戒。捨了願心，行心也將失毀。對於諸如為了利養而讚自毀他等四他勝罪中的任何一種，如若具有不間斷屢屢再犯、毫無慚愧、以此為樂心生歡喜、對此事視為功德此四支分，則稱為大束縛之墮罪，

自性大圓滿支分決定三戒論釋 附 戒律輯要等

將毀掉戒律，因此稱為他勝；任何一支均具足，但對此生起強烈的慚愧心，並不觀待他緣自己快速中止惡行，則為小束縛；支分具足，但略生慚愧，經他人規勸而中止惡行，稱為中束縛。後兩種並不是真實捨戒。

犯他勝罪重受戒，中等者於三人前，

下等者於一人前，以說罪體而懺悔，

無相合者意念戒，廣大行派無倫比。

懺悔以上罪業的方法：如果出現以捨願心、大束縛他勝根本墮罪而捨菩薩戒的情況，則在具足大乘戒的四人以上之前勵力懺悔戒犯，積資淨障，再度受戒，重複受戒次數不能超過三次。

以中等束縛引起的所有相似他勝在三人以上之前懺悔。

以下等小束縛所造的根本罪以及除此之外的四十六惡作根據是否具染污性發心也有成為無墮的。無論如何，犯這些罪如果在一人以上前言說罪體而懺悔戒犯，則可清淨。《菩薩戒二十頌》中云：「大縛罪當重受戒，中縛三人前懺悔，餘罪於一人前懺，有無染污依自心。」如果無有懺悔此等罪業對境的大乘具戒者，就應當意念觀想在佛佛子前懺悔戒犯。《道燈論釋》中云：「初時能恢復，上士中二時，末時恢復下。」一般來說，六時與特殊時每一時均可分為三份，在這些時間裡依靠上、中、下根者的對治法而得以恢復。由於廣大行

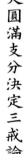

自性大圓滿支分決定三戒論釋

242

派的護戒界限以及恢復方法等是針對初學者而嚴格要求的，因此無與倫比。

丁三、如理護戒之功德：

若為菩提心攝持，眠等放逸亦不斷，

生福德力成佛子，三七卅三劫成佛。

一、善根持續產生之功德：如果瞬間生起了願菩提心，那麼產生暫時增上生之果的能力也永遠不會滅盡，並成為究竟獲得菩提之因。若在這樣的願心基礎上，被行菩提心攝持，除了造不善業時以外，即便是在睡眠遊樂散亂等放逸的狀態中也會接連不斷產生福德力，那果報不會窮盡就不言而喻了。《入行論》中云：「即自彼時起，縱眠或放逸，福德相續生，量多等虛空。」

二、名句轉依之功德：此外，何者生起菩提心，名稱立即就變成了佛子，成為人天應禮處。《入行論》中云：「生死獄繫苦有情，若生剎那菩提心，即刻得名諸佛子，世間人天應禮敬。」即便犯了某些罪業，但如果不捨願菩提心，則種性已勝過了聲聞緣覺阿羅漢，並且不會失去菩薩的名稱。《彌勒菩薩傳記》中云：「善男子，譬如金剛寶雖破損亦勝過諸金飾且不失金剛寶之名，亦能遣除貧困。同理，精勤遍知菩提心之金剛寶者亦勝過聲緣一切功德並不失菩薩之名，亦能遣除輪迴一切貧窮。」

三、獲得無上菩提果位之功德：獲得究竟果位的方法。總的來說，在資糧道中通過修四念住、四正斷、四

自性大圓滿支分決定三戒論釋 附 戒律輯要 等

神足而獲得五通與法續等持等。爾後加行道暖、頂、忍、勝法位在四順抉擇分前二分時修五根、後二分時修五力而減弱一切能取所取分別念，功德也大大超過資糧道。一地通過現量見到法性真諦而根除遍計所攝的二障，獲得一千二百等功德，修道九地依靠再三串習現見的法性智慧之力，而在一至六地次第斷除俱生二障，三清淨地滅盡煩惱障後漸次斷除細微所知障。在此等地之時，一萬二千等世俗功德愈加增上，到了十地末際以金剛喻定摧毀細微習氣，從而現前圓滿正等正覺果位。

利根、中根、下根菩薩證道之理：如牧童或稱不可喻發心的利根者，願度一切眾生成佛後自己再解脫，此等者不遲三大阿僧祇劫成佛，即第一大劫究竟資糧加行道，第二大劫圓滿不清淨七地，第三大劫究竟三清淨地，最終得果。

稱為如舟子或具殊勝智慧發心的中根者，即願自己與眾生一同解脫的菩薩們經七大阿僧祇劫成佛，也就是說資糧道加行道各經兩大劫，見道一大劫，修道兩大劫，究竟證道。

如國王或具大意樂發心的鈍根者，即希望自己解脫後再度化他眾的菩薩們歷經三十三大阿僧祇劫中成佛，資糧道加行道經三大劫，十地每一地經三大劫，最終獲得菩提。

第三品宣說菩薩學處之次第釋終

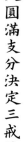

自性大圓滿支分決定三戒論釋

第四品　密乘戒

　　接下來，抉擇諸大持明者的學處密宗三昧耶戒之次第，如來徹底通達蘊界處所攝的一切法本來即於身語意無盡莊嚴輪自性中成佛之理，這是所詮義續；無謬開顯此理的即是能詮聲續，此聲續是由金剛持三密無二無別中自生的，在所化眾生前所顯現的這一切表示與名聲續均是通過身幻變的文字相、語幻變的名聲續與表示的方式來直指本義的，依此而通過意幻變能為有緣者直接開示實相義智慧。由於此等甚深續部與十方四時諸如來三金剛無二無別，因此堪稱為諸乘之頂、諸教之源、究竟了義，遠遠勝過他法。

　　乙四（密宗三昧耶戒）分四：一、緣起；二、未得戒者得受之方法；三、得戒者不失而守護之方法；四、失而恢復之方法。

　　丙一（緣起）分三：一、真實緣起；二、所受戒之本體；三、分類。

　　丁一、真實緣起：

　　本師普賢金剛持，密嚴剎中說續部，

　　後於米積等重說，問者金剛手結集，

　　八位大成就者等，印藏智者作詮釋，

　　共稱前譯派教藏，以及新派之宗軌，

　　雖不可量然於此，宣說續部總誓言。

本師佛陀以五圓滿之方式宣說了續部，（法身界五圓滿：）本師圓滿：我等大師無始時於本基法界中解脫覺性智慧，現前菩提，安住於身智無離無合的境界中，與三時諸佛意趣一味一體，從中顯現圓滿受用身，如《密智續》中云：「自性不動自圓滿，一切行境為普賢。」也就是說，本師圓滿即普賢金剛持。由於一切行境唯一清淨為智慧自現之本體，故為普賢，因不為二取妄念所動，故稱金剛，法界智慧無離無合而受持，示現為一切壇城的殊勝主尊之本師。處圓滿：自現極為清淨的密嚴剎土。眷屬圓滿：與本師無二自現的無量寂猛壇城眷屬。法圓滿：不可言說之智慧光明密意。時圓滿：基圓滿無有遷變法界中以自現方式顯現的時間。

（報身界五圓滿：）由受用圓滿身中在十地菩薩前顯現的密嚴聖處，以六部本師的形象，通過表示密意的語言為諸位菩薩眷屬恆時宣說密宗如海續部。同樣，在九地菩薩前顯現的相似密嚴剎土與八地菩薩前所現的假立密嚴剎中也以相同的方式宣講。爾時，在威猛所化者前也現為黑日嘎形象幻變忿怒壇城來利益他們。

（化身界五圓滿：）此外，在自性化身五剎土以及清淨不清淨的所有世間界顯示無量無邊的調眾化身相，根據各處眾生各自的意樂而以不可估量的調化方便加以饒益。如是一切續部是由金剛持意幻變的三部怙主菩薩分別在天界、龍宮以及羅剎境內弘揚光大。尤其是在人

間等處弘揚的情況如下：

　　殊勝化身我等本師在苦行期間心於密嚴剎土中成佛後依次在須彌山巔、大海岸邊、鄔金境地等處宣說了許多密法，又再度入於肉身而示現成佛等。還有者認為，佛陀以化身在宣說三藏時到密嚴剎土中成佛之後次第宣講所有密法，雖然有這種說法，但此處遵照前一觀點。佛陀傳講三乘之後於三月十五日在米積塔前，於下方幻化法界語自在壇城，於上方幻變具德星宿壇城，為雲集此處的眷屬灌頂後宣講瑜伽與瑜伽母的所有續部，又以離貪的形象傳講了大多數事續、行續，為鄔金國王恩札布德傳授《密集金剛續》，為金剛藏授予《喜金剛續》，諸如此類。在傳法時，佛陀自己顯示為各自壇城的主尊身相。「等」字是指前面所說的密嚴剎土各處，又重複演說以前宣講過的一切續部。

　　以結集等方法弘傳的情況：在須彌山的東北楊柳宮，九億六千萬菩薩聚集一堂，由金剛手菩薩結集、宣說一切續部。《時輪根本續》由月賢尊者結集，金剛藏菩薩結集《二觀察續》，《金剛空行續》由金剛亥母作結集……總之這些續部是由請求者的諸位眷屬結集的。本師與結集者顯現上是異體，實際上無有二致。《成密續》中云：「傳講續者意金剛，說者集者均為彼。」

　　若問：那麼，《授教王經》中云：「引導眾生之三乘，必是世尊所宣說，因果任運自成行，正覺不從他處

尋，為何不說了義乘？」「於因信解者，轉因法輪後，金剛乘捷徑，未來時出現。」這不是已經說明果乘佛只是授記了，並未直接宣說嗎？對此作答：那只是說密法在人間未普遍公開而已，並不是指根本未宣說。依靠前面所說之理也能夠了知這一點，所謂的授記後來出現密意是指將來廣泛傳播。

按照前譯派的觀點續部在人間興盛的情況：如《集密意續》中云：「吾已涅槃後，二十八年時，三十三天處，教主勝心天，降臨於人間。南贍東方隅，人中具緣種，名為國王匝，出現祥預兆。扎謝堅山上，金剛手現前，傳於五聖賢，羅剎境主等。」佛陀涅槃後二十八年時，聖種五賢依靠各自的神通神變匯集在斯里蘭卡的瑪拉雅山頂，發出二十三句悲哀之詞，結果密主（金剛手）現前，為聖種五賢等大多數聚集於此的持明者宣說了曾在密嚴剎、兜率天、三十三天弘揚的密乘。慧方便羅剎用琉璃溶液寫成金函，以密意七妙力的方式隱藏於虛空中。當時，依靠此伏藏的加持，薩霍的國王匝夢到七種稀奇夢兆，依此緣起，結果瑪哈約嘎續部經函落到屋頂。此外，智雅等其他續部也分別落到各處。在鄔哲雅那境內嘎繞多吉在金剛手菩薩前直接聽聞阿底約嘎續，並作結集，撰成經函。所有修部（八大法行）以前曾經在密嚴剎土聖地由勝尊黑日嘎以法性自聲宣說，密主金剛法自己顯現在九聖聚壇城中，最初以語言結集，之

後才立成文字，同時又撰著了詮解密意的五教⑤，交付與自在空行母。她將總的續部與分別的續部分開，裝於各自的寶篋中，伏藏於能樂塔處，後來將八寶篋分別交付與獲得大成就的八大阿闍黎，總的寶篋仍舊隱藏，最後由持明者蓮花生大師開取，傳授予九位或二十五位心子……

　　印度藏地的智者成就者們對各續部的密意加以詮釋、廣泛弘揚。按照《集密意續》中所說「密意持明與耳傳，如來菩薩瑜伽士，乃至補特伽羅間」。

　　前譯派自宗的遠傳教法部與近傳伏藏部是通過此續中所說的三傳承，再加上囑咐授記傳、發願灌頂傳、空行印持傳這六種傳承的方式一脈相傳，這是共同承許的。

　　後譯新派的宗軌，鄔金國王恩札布德將所有續部立成文字，為當地的一切眾生宣講，最後包括細微生靈在內全部變成虹身，整個地方空空如也，成為汪洋，遍滿龍類。密主又為這些龍類傳授續部，使它們相續成熟，次第轉變為人，到大海岸邊，形成城市，通過修持全部獲得成就。他們的兒女們變成了空行勇士勇母，於是便形成了人們共稱的鄔金空行洲。如此一來，大海也乾涸了，自然出現黑日嘎殿堂，在其庫房裡保存著所有續部

---

⑤大悲護持長住教、行為神變天尊教、事業究竟修行教、密宗了義教、開啟密門燈教。

經函，後來持明成就者們從該地以及香巴拉等其他地方迎請，逐步弘揚開來。諸如此類的源流雖然不可估量，但未加廣述，此論中對外續部只是籠統提及，為了實修而主要宣講了內三續總誓言的戒條。

丁二、所受戒之本體：

本體三門由方便，智攝戒條依各宗。

若問：所實修的密乘戒的本體是什麼呢？以能護殊勝方便智慧攝持的大樂智慧加以防護所護之三門細微習氣以及執相之分別念的心及其種子並且通過自相續獲得灌頂而得到的密宗戒律。自相續受持目視大樂、發笑大樂、擁抱大樂、雙運大樂智慧的差別依照四續部各自的觀點。

丁三、分類：

事行瑜伽無上四，十四墮罪各數定。

參閱時輪金剛說，無上之宗廿五戒，

十四根本五部戒，粗墮與大圓滿軌。

如果對此密宗戒作分析，則事、行、瑜伽、無上四續部中十四條根本墮罪各自均是定數，有關這方面的內容在具德《時輪金剛大疏》中有宣說，請參閱。外三續的所護戒條歸納成偈頌即：「事續十四根本罪：誠信三寶與密宗，信解大乘敬師友，不嗔他尊供自尊，不讚他論供賓客，不捨慈心勤利他，精進念誦護誓言，密續不傳非法器，護持證悟密宗續，違犯則為根本罪，依密總

續而禁戒。行續十四根本罪：十不善業為所斷，正法以及菩提心，縱遇命難亦不捨，莫以吝嗇不布施，不害眾生若違越，《現菩提》說根本罪。瑜伽十四根本罪：五部誓言次第為，皈依殊勝三寶尊，受持鈴杵手印師，慷慨發放四布施，受持戒律勤供養，即是所斷餘他勝，《大現真如續》中說。」

此處主要宣說無上瑜伽部的二十五條戒律、共同與殊勝五部戒、總續部中共稱的十四根本戒、彼支分粗墮，大圓滿教軌中的根本支分誓言在下文中也有闡述。

丙二、未得戒者得受之方法：

初說未得得戒法，彩粉密處之壇城，

世俗勝義菩提心，如是四種壇城中，

瓶密智慧四灌頂，次第賜予具相徒。

一般來說，灌頂有基灌頂、道灌頂、果灌頂三種。其中基灌頂：風脈明點的本性與四灌頂的功德是不可分割而存在的，如續中云：「自若無灌頂，灌頂豈能得？於蕎麥豆米，灌頂無果現。」道灌頂：是由金剛阿闍黎授予的灌頂，下面再作說明。果灌頂：最終現前果位時，雖說不需要依靠儀軌而得世俗所攝的灌頂，然而就像因乘中所說的佛地具有斷障發心一樣，在四身本體中可以安立果灌頂的名言。道灌頂：自己僅僅本來具有這樣的基灌頂還不夠，譬如，雖然具有種子，但如果人力、水肥、溫濕的外緣不具備，則不能成熟苗芽。同

樣，如果未得受能成熟的灌頂，就無有直接生果的能力。

（道灌頂又分為基、道、果三灌頂：）最初未得者新受的灌頂是基灌頂，之後上師賜予灌頂，自己趨入壇城受灌頂等，稱為道灌頂。十地末際，依靠報身佛灌頂而淨除細微習氣，從而本師、眷屬成為無二無別，這是果灌頂。

在此宣說基灌頂與道灌頂的得受方法：本來，自性智慧壇城、殊勝等持影像或幻化壇城、覺性覺受壇城、殊勝影像壇城四種之中前三種依次是：上師圓滿佛陀賜予十地菩薩的灌頂，十地菩薩授予見道、修道菩薩的灌頂，見道修道菩薩傳與究竟資糧道加行道功德者的灌頂。

接下來，廣說最後一種殊勝影像壇城的灌頂，此灌頂是為了成熟不能趨入前三種壇城的補特伽羅相續而傳授的。關於灌頂者金剛阿闍黎的法相，《集密意續》中云：「穩重調柔無諂誑，通達密續之修法，擅長繪畫諸壇城，十種真如皆當知。於諸有情施無畏，恒時喜愛大乘法，彼即稱為阿闍黎。」具足此等續部中所說之法相的上師依靠任意壇城進行四灌頂。第一寶瓶灌頂，《八大法行集善逝灌頂儀軌》中云：「於何壇城中，上中下所說，三壇城灌頂。」趨入花束、唐卡、彩粉三壇城，或有些利根具緣者首先即趨入阿闍黎身壇城也可以。此

外，三殊勝灌頂通常而言是依靠自性真如身脈壇城，不同的是第二灌頂依靠密咒真如文字密處壇城，第三灌頂依靠本尊真如世俗菩提心壇城，第四灌頂依靠智慧真如勝義菩提心精華智慧風壇城，有此四種。灌頂的方式：伏地、寶瓶、本尊像、弟子等事先做好準備，其後上師自己趨入壇城，為了使弟子堪為法器而令入壇城，受持誓言戒律。

淨醒夢酣睡雙運，所生三門所知垢，

生次絕火喻義智，修得三身具能力。

初三處觀三金剛，最終四灌圓滿時，

獲得持明密戒後，承諾精勤守誓言。

灌頂正行：（寶瓶灌頂：）阿闍黎身金剛住於化身本體與壇城本尊無二之中，從中幻化的本尊與從自性剎土迎請的天尊這一切均具足三清淨相而住。上師將弟子與灌頂聖物觀想為本尊，融入智慧尊者，灌頂物的所有聖尊化光後變為各灌頂物的形相，再持此灌頂物而進行覺性五灌頂以及方便金剛禁行灌頂即弟子之六灌頂，加上方便生金剛阿闍黎灌頂寶瓶灌頂，正行時賜予這七種灌頂，包括彼之分支結行均已完畢，從而領受現空無二智慧。

（秘密灌頂：）金剛阿闍黎語金剛住於佛父佛母雙運報身本體中，迎請諸佛融入後通過雙運喜愛等安住於菩提心本體白紅甘露密處，弟子直接從上師父母密處取

甘露，或者，如果無有這種能力，那麼上師就用鏡柄沾取甘露而放在弟子的舌頭上而融入心間，賜予秘密灌頂，從而領受明空離說智慧。

（智慧灌頂：）金剛阿闍黎意金剛住於法身本體中，依靠弟子佛父佛母雙運而賜予智慧灌頂：智慧尊者融入後上降四喜的方式而降下，達到金剛寶瓶時無漏而持，從而領受空樂無二智慧。

（句義灌頂：）阿闍黎智慧金剛住於本性身本體中，第三灌頂時的四喜圓滿後以方便逆返，從中究竟下固十六喜時，領受俱生智慧，這是第四灌頂。此灌頂有僅是以詞句直指智慧之句灌頂、相續中生起大樂智慧殊勝等持之義灌頂、依靠明妃引出覺受的所依灌頂、修習彼的道灌頂以及究竟的果灌頂五種，將這些灌頂次序不亂以間斷或連續的方式依次而賜予具有能自利的信心與能利他的精進者、能無有取捨地享用五甘露等殊勝誓言物、能修自加持之道的禁行者、風脈明點堪能並能依止手印明妃的禁行者、能遠離取捨無二安住的平等禁行者具足法相的弟子。續中云：「了知信勤禁行者，應當次第而賜予，利益力量之灌頂，以悲不令唐捐攝。」

如是灌頂次第滅盡醒覺時的粗大顯現、夢境時明點被風所動的細微顯現、酣睡時不分別一切的意明點以及雙運時安樂境界中的所有分別識聚，也就是淨除四階段所生的粗大身、細微語、極細微意三門以及最細微阿賴

自性大圓滿支分決定三戒論釋

254

耶的一切所知垢。此外，依次摧毀蘊魔、煩惱魔、死主魔以及貪執對境的天魔，而清淨業障、煩惱障、粗大所知障、細微所知障的所有習氣障。通過灌頂賜予弟子這種能力，使他們具有修道的資格。得受第一灌頂能修內外生起次第及事業；得到第二灌頂可以修持絕地火、幻身等具自身方便的道；獲得第三灌頂，可依靠業手印、智慧手印而修空樂道，通過修持這兩種道而生起喻智慧；獲得第四灌頂可以修雙運道而在相續中生起義智慧。喻智慧與義智慧是以三圓滿次第而獲得。如是反覆修習四道，究竟時獲得身金剛與化身、語金剛與報身、意金剛與法身、智慧金剛與本性身四果。在進行灌頂時，只是可以賜予修持各道、獲得各果的能力及殊勝緣分而已，並不能立即現前果位。如頌云：「猶如磨利刃，得生能力量。」

認清獲得密乘戒的界限：從最初弟子三處觀想為三金剛、加持三門開始，到已經生起戒體的末尾即是四續部各自的結行圓滿之時。也就是說，下三續部各自灌頂的正行完畢觀待各自的阿闍黎灌頂圓滿，因此得到戒體是這些灌頂的末尾；無上續部的寶瓶灌頂末尾時獲得生起次第的戒體，得受三殊勝灌頂時得到觀待各自圓滿次第的每一戒體；最終圓滿四灌頂時才獲得了所有持明密乘戒體。

根據法器的差別，無論傳授多少灌頂，在灌頂完畢

自性大圓滿支分決定三戒論釋附 戒律輯要等

後都要詳細宣講誓言，再概括說明，令弟子承諾受持誓言，受持誓言後必須要努力守護一切戒律與誓言。

丙三（得戒者不失而守護之方法）分三：一、所護戒條；二、概述；三、生起密乘戒之所依。

丁一（所護戒條）分五：一、二十五條戒；二、五部誓言；三、宣說十四條根本戒；四、宣說支分粗墮；五、宣說大圓滿之誓言。

戊一、二十五條戒：

中說不失守護法，初禁行戒時輪云，
斷除殺盜淫妄酒，所斷五種根本戒。
禁止牌棋非法食，口出惡語修魔法，
及學非法五近罪。殺牛孩童與男女，
佛塔共稱五殺罪。嗔恨善友主尊佛，
僧眾上師五怨恨。不貪色聲香味觸，
眼耳鼻舌身五根，即二十五禁行戒。

僅僅獲得戒體還不夠，中間為了使所得戒不失毀，必須要以格外的清淨心而護持，誓言戒律是密宗所有功德的基礎，如果失毀，那一切學處都成了無有意義，譬如命根若滅盡，則一切根都將滅亡。也就是說依賴了知護持方法而於此宣講，這以上是略說。

下面對前面分類時所說的五種密乘戒按次第講述。

第一、二十五禁行戒：最初成為誓言所依的金剛薩埵誓言支分的二十五禁行戒在《時輪金剛》中有宣說，它共

自性大圓滿支分決定三戒論釋

分五類：

一、五根本罪：（一）包括細微生靈在內不用說是殺害，就是剎那以害心損惱也要禁止；（二）以自私自利欺騙他人的心態說妄語；（三）盜取旁生以上執為我所的他者財物；（四）依止他人的女人等行邪淫；（五）飲用產生罪過根源的迷醉之酒。此五種包括同分在內均必須斷除。這些是將我們緊緊束縛於輪迴的因，如同金剛繩一般，能摧毀自他一切善法。如果能夠並且想守護這些戒條，再賜予其餘二十條。因而這五條稱為所斷五種根本罪。

二、五近罪：（一）通過打牌、下棋等方式賭博；（二）依靠別人為了飲食、錢財而殺的肉等非法食品維生；（三）以煩惱心引發而談論戰爭、經商的話題等；（四）將吠陀中所說的祭祀祖先所信奉的神祇等視為解脫的善法、唯一依止以牲畜供施等魔法；（五）除了自己殺的肉以外以業力而死的肉不吃、穿著白衣、飲用雞蛋清等，隨學邊地這些非法陋軌。如果以這些非法虛度時光，則失毀善法，故稱為五近罪，切莫行持這五種非理之事。

三、五殺罪：（一）欲求善趣，為了供施而殺犛牛；（二）為了供神而殺孩童；（三）為了供施而殺男人；（四）為了女人而殺女人。這四種雖說可包括在前面五種根本罪的殺業中，但許多外道徒將總的殺業視為

自性大圓滿支分決定三戒論釋附戒律輯要等

罪業卻認為這些是善法，因而為了遮止而另外宣說。

（五）所謂的殺人天上師是指毀壞佛菩薩像、經典以及佛塔，之所以立名為殺，是因為邊地者認為這些也是正法，為了加以遮止，並且由於罪大惡極而如此稱呼。如是共稱的五殺罪均當斷除。

四、五怨恨：（一）對於正法與世間法的同行善友生嗔懷恨；（二）對依照二軌應當恭敬的尊者長者等生嗔懷恨；（三）對人天上師佛陀生嗔懷恨；（四）對比丘僧眾生嗔懷恨；（五）對理當依止的堪布阿闍黎等上師生嗔懷恨。必須斷除此五種憎恨。

以上這二十條戒應當通過平時威儀而精勤斷除。

五、五根境罪：眼、耳、鼻、舌、身五根識不應貪執色、聲、香、味、觸五境，否則都是能引來世之業。對此，應當通過生起次第將根境轉變為天尊，以收攝瑜伽之圓滿次第而斷除取境等，勤依正知正念來對治。

上述的這五類誓言稱為金剛薩埵二十五禁行戒。

戊二（五部誓言）分二：一、五部共同誓言；二、五部特殊誓言。

己一、五部共同誓言：

五部共同五誓言：學願行心三律儀，

如來瑜伽部誓言；受持鈴杵手印師，

乃金剛部之誓言；財法無畏與慈施，

即珍寶部之誓言；受持內外密之乘，

為蓮花部之誓言；供食業次業部誓。

意義雖然超勝瑜伽後品中所說之義，但由於名詞相同而且與願行發心、三律儀等大乘總的學處相同，因而稱為共同戒條。在此依照金剛乘的殊勝密意來講，儘管需要以各部的瑜伽來守護五部誓言，但主要應當修學自己所屬部的戒律，所以稱為五部各自戒或五部誓言。接下來依照次第而宣說：

一、如來部誓言：按照直接意義來說，穩固受持願行二發心以及具足各自法相的嚴禁惡行戒、攝集善法戒、饒益有情戒三戒，這一切的所依即是不共皈依三寶。隱含意義即受持空樂無二菩提心與心性本來清淨三殊勝自性。如來部瑜伽毗盧遮那佛主要是身部，身是一切果法的所依，同樣戒律也是一切功德的所依，戒律的根本即是皈依，因而將願行二菩提心與三律儀立為此部的誓言。

二、金剛部誓言：就直接意義而言，受持外標誌物的鈴杵後將自己觀為大手印本尊，《集真如續》中云：「彼當持金剛，搖晃正法鈴，以誓言加持，大手印誦咒。」隱含意義指內鈴杵與密鈴杵。其中內鈴杵即方便佛父金剛寶、智慧佛母蓮花鈴，手印為互相雙運。密鈴杵指白紅菩提燃降而雙運，修持真如不變大樂與具殊勝之空性無二無別雙運智慧也就是大手印。對於開示此等真如之義的上師也要恭敬依止承侍。由於金剛不動佛主

自性大圓滿支分決定三戒論釋附 戒律輯要等

要是意部，能詮方便智慧的標誌物鈴杵以及內密真如鈴杵為所詮意之本體，因此受持手印鈴杵與依止上師安立為金剛部的誓言。

三、珍寶部誓言：依照直接意義而言，財施、法施、無畏施、彼之根本大慈心此四布施，每日六時中要奉行。隱含意義，通過雙運菩提心降返生起四喜智慧。由於寶生佛是一切功德的源泉，故為珍寶部，布施也是賜予所需的本體，因而財施、法施、無畏施與慈施安立為此部的誓言。

四、蓮花部誓言：按照直接意義而言，受持外因相三乘、內事、行、瑜伽三續、密內三續諸乘之詞義。隱含意義：於中脈內持風，從而修持無毀之語金剛。由於無量光佛是語蓮花部，法也是語金剛之本體，所以受持內外密乘義立為蓮花部的誓言。

五、事業部誓言：就直接意義而言，在具足以上所有戒律的基礎上，盡可能地供養內外密的供品，供施食子，進行火施等受持四事業之一切次第。從隱含意義來講，這一切均以智慧方便雙運印持，通過供養而令融樂之蘊界根境諸天尊心滿意足。不空成就佛是一切事業的主尊，同樣，這些戒也主要是事業的本體，所以安立為此部之誓言。

己二、五部特殊誓言：

特殊殺生金剛部，十大應誅風分別，

珍寶部誓不與取，財女大乘甚深法，
念成自他利益說，蓮花部業法誓言，
大手印說依女人，事業部誓說妄語，
不緣自他示無實，如來部依酒五肉，
諸境次第不失行，內外密乘無上宗。

行持無上瑜伽不共五部瑜伽獲得穩固並得到能力的人，如果為了自他的利益而依照詞句直接行持不了義生起次第的戒律，也要明確詞句轉變具有密意所說的了義而不是依直接的詞句而行，相應上灌頂圓滿次第的戒律。這些誓言的了義、不了義兩方面都是無上密宗的不共學處，故而稱為特殊誓言。特殊誓言也有五種，在此次第宣說：

一、殺生即是瞋心清淨為金剛部不動佛之誓言：從不了義方面來講，為了使只有以誅法才能調伏的十大應誅的眾生中斷惡業而以誅業降伏，如此而做自己非但無有罪過，反而意義重大。《密藏續》中云：「不緣有無與中間，如幻眼花之方式，無命命亦無所斷，命與士夫乃邪念。」《定言續》中云：「損害佛陀教，精勤謗上師，恒時勤害眾，智者當誅殺。」從了義的角度而言，命是指精、血脈之風，依靠斷絕風的方便使風入於中脈，在頂髻得以穩固。此外命也指分別心，斷彼即指令分別念的心相續清淨於無生法界中。

二、我慢清淨為珍寶部之誓言宣說不與取：從不了

自性大圓滿支分決定三戒論釋附 戒律輯要等

義方面而言，為使他人資糧圓滿，遣除布施對境的貧窮等而依靠密咒的威力獲取他財作上供下施等，無有罪過。《密藏續》中云：「二諦二者無有別，幻化方式非異體，無有他與不予故，無取一切均法界。」從了義的角度來講，為了修持密宗智慧而以勾召他者之女人的方便搶奪，依風力而取受她的菩提心，或者是指勝義明妃大乘密意空性，依靠修持它的精華甚深法無二智慧而獲取，密意是針對成辦自他二利自在者而宣說的。經中云：「為何於大乘，何者亦未予，悟者不與取。」

三、貪心清淨為蓮花部之誓言說邪淫：具有修行證悟境界的補特伽羅具足無二見解，將佛父佛母作天尊想、二密處作金剛蓮花想、大樂智慧作法想即具此三想而觀修，以三方便行為攝持，依止真實業手印明妃。《密藏續》中云：「無貪即是貪，貪性無有貪，彼為勝梵行，亦是極大貪。」同樣依止意幻明妃法手印、絕地火誓言手印，即依靠此三手印（業、法、誓言手印）而修融樂智慧，因此有了義、不了義兩個不同的角度。從了義的角度而言，修持具殊勝之空性與不變大樂雙運中的空樂大手印義智慧，這些是借用女人的名稱而說為依止的。

四、嫉妒清淨事業部誓言而說妄語：從不了義方面來講，如果對他眾有利，則當說妄語。《金剛續》中云：「行利諸有情，為恆護誓言，師財有情命，妄言亦

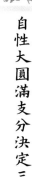

自性大圓滿支分決定三戒論釋

當說。」從了義的角度來講，於不緣救度者與被救度者之眾生的境界中救度一切有情脫離無實輪迴，《密藏續》中云：「一切萬法如幻術，名詞虛妄而假立，虛妄性中虛妄行，虛妄假立亦非有。」或者也可以如此解釋：風融入心輪從而顯現無毀之諸聲說為了義；除此之外他現眾生前同時演說各種法門說為不了義。《金剛藏續釋》中云：「何者食命風，同時以眾語，隨機而宣說，相應法妄語。」

五、癡心清淨如來部毗盧遮那佛之誓言：從不了義方面來說，飲用無有迷醉過患的酒，以及為了摧毀貢高我慢、淨穢執著，就像在中土對於不是為了享用而殺的五肉有開許一樣，將那些以自己業力而死的一切肉作為誓言物。此外，五甘露以及色等諸境隨意享受。就了義而言，享用五肉是指受持五根精華，飲酒意味著無漏受持上降俱生融樂，享用五甘露則指受持五大精華，依此清淨細微明點。境是指大小香精華逆反到臍間。或者說，依靠這些能使一切分別念於平等法界中融為一體。

這所有的誓言與戒律的次第，之所以最先宣說二十五禁行戒，是由於它所屬的五類中第一類對眾生損害頗大，第五類五根貪執對境也是生起煩惱之因，為此因相乘與外三續都一致要求斷除。接著宣說共同五部誓言，原因是它的所有直接意義與瑜伽續誓言相同。再後宣說五部特殊誓言，是因為它的了義不了義兩方面都是

無上密乘的特法。所以應當清楚，按照所化眾生的根基次第以不失毀的方式加以引導，並讓他們如法奉行，這是無上宗派的做法。

戊三、宣說十四條根本戒：

宣說十四根本戒：存心詆毀三恩師，
輕侮擾亂其內心，一切罪中最嚴重，
是故此條首先說；於示取捨如來教，
上師教言自明知，輕視違行違教二；
於總遠近密道友，嗔懷恨嫉侮等三；
心想眾生離諸樂，誠心捨慈第四條；
以貪非時故出精，捨菩提心第五條；
詆毀尋道入外道，聲緣大道乘宗六；
非器未作儀軌者，未圓滿與失毀者，
畏懼深法五者前，洩露秘密第七條；
於五蘊即五佛陀，輕侮詆毀摧殘八；
於基道果清淨性，疑為引導第九條；
本具能力不降慈，十大應誅第十條；
離名等執實無實，尋思衡量十一條。
不利具三信心眾，不護心欺第十二；
合適資具誓言物，應時不依十三條。
觀待總別智慧母，明暗滿足謗十四。

如果能像保護樹根般守護誓言，則是產生一切道果功德的根本；若未加以護持，則成為惡趣之因與痛苦的

自性大圓滿支分決定三戒論釋

根源，以業力牽引而下墮，密宗誓言也可分為十四戒條，以下對此理進行說明：

一、詆毀上師：如《明誓言續》中云：「一般引導誓言灌頂師，酬懺師與令解心續師，以及竅訣傳承六上師。」這裡宣說了六種上師。雖然從對境方面而言，不需要只是與密宗相聯，但此處所指的是三殊勝上師，《集樂寂靜根本續》中云：「解脫相續灌頂示竅訣。」也就是說，對於賜予灌頂、續部與竅訣的三恩德上師或具二恩德或具一恩德上師任何一者，以嗔恨或嫉妒心心想詆毀，進而通過言詞反對、譏諷的方式加以詆毀，輕侮不敬等，擾亂其心，令不歡喜，這是所有罪業中最為嚴重的，因為金剛上師是諸佛之本體，不僅對境嚴屬，而且自己的一切道果功德都完全取決於上師歡喜攝受，為此首先宣說這條誓言。如果破此誓言後未立即懺悔還淨，那麼無論再怎麼精勤修持密宗道，不用說殊勝悉地，就連共同成就也不會獲得。因此，對於上師的任何行為都應視為功德，盡心盡力成辦上師歡喜之事。

二、違如來教：對於為所化眾生開示取捨道理的三藏六續所攝的一切如來教法、詮解其密意的所有論典以及遵循彼等取捨學處的殊勝上師對自己的言教，自己明明懂得其義，卻以輕視的心態違越，不依教奉行，或者背道而馳，或者與彼相關的事情講與他人，無論如何這些都是違背如來教。第一條根本過後要數此罪最為嚴

自性大圓滿支分決定三戒論釋附 戒律輯要等

重，因而立為第二條誓言。

三、嗔恨道友：總道友即一切眾生，遠道友是所有佛教徒，近道友指入密乘者，尤其是密道友即一位上師攝受的一父之道友，間接說明一壇城所攝一母之道友，以上這些道友後後較前前更為親近，特別是密道友中於一父母前獲得灌頂時間如果有先後，則如長幼兄弟，同時受灌頂如孿生兄弟。圓滿獲得四灌頂的所有道友是最為親密的。對於這所有的道友心裡嗔恨，懷恨在心，以嫉妒的心理身語侮辱，口中言說過失等令其心生厭煩，則犯第三條根本戒。密道友之間進行爭論等是金剛內戰，罪過極為嚴重，難以清淨，故當小心謹慎。

四、捨棄慈心：心裡想：任何眾生遠離一切快樂或某一安樂遭受痛苦那該多好，以嗔恨的心態存心捨棄慈心，則犯第四條根本戒。

五、捨菩提心：尤其是因為秘密灌頂道而發嘔，從而捨棄方便智慧之精血，因為智慧灌頂而在非為開許七時的時間以貪心和輕毀學處之心對不變大樂生起邪見，認為不變融樂無有必要，故意出精。關於開許七時，如頌云：「秘密灌頂第三灌，一味平等供天尊，繁衍種族作丸子，以及觀察死相時。」一般來說，以生起次第捨棄對眾生的願菩提心或者通過行持菩薩戒根本墮罪而捨棄行菩提心，即犯第五條根本戒。

六、詆毀宗派：對於為尋求出離惡趣獲得善趣而宣

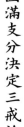

說外道宗教的白法，趨入出離之道的聲聞緣覺以及趨入脫離二邊的大道的大乘宗派，不認為這些乘道是趨入究竟一乘、引向上乘等的階梯，而是真正執為它們有勝劣之別，以瞋心加以詆毀，則犯第六條根本戒。

七、洩露秘密：因不誠信因果而未成熟的非器邪見者、因未作儀軌而未成熟連寶瓶灌頂也未得受者、因未圓滿儀軌而未成熟未獲得三殊勝灌頂者、因失毀而未成熟犯根本戒未懺悔還淨者、聲聞緣覺等根基未成熟畏懼甚深法義者，在觀待調化的時間與對所講之法不能堪為法器的這五種人面前，洩露密宗不共的誓言物、行為以及深義的秘密，當對方明白並生起邪見時，即犯第七條根本戒。

八、詆毀五蘊：如續云：「金剛蘊支分，共稱五正覺。」對於諸如在灌頂時直指五蘊自性為五部佛，以欲妙歡喜供養從而增上所依大樂、現前能依智慧這一點不了知，而認為身體是集諦的根本，口中侮辱誹謗並以砍斷身肢等苦行摧殘身體，則犯第八條根本戒。

九、於法生疑：基道果之諸法自性清淨故說於無二雙運光明菩提心如來藏本來實相中安住，認為此種說法只是為了引導眾生入道令生歡喜而已，實際上並非如此，產生懷疑，進而生起邪見，則犯第九條根本戒。

十、不降十敵：如《明誓言續》中云：「三寶上師怨敵二，破誓退密反抗者，入聚會列害眾生，成具誓敵

唯造罪，以及三惡趣眾十，諸瑜伽士當誅之。」正在造痛苦之因的九應誅、真實感受痛苦的三惡趣眾生算為一應誅，對於這十大應誅任何一位有情，尤其是對損害上師與弘法利生的野蠻眾生，在自己明明有降伏能力的情況下，本應當以大悲心予以降伏，卻放棄不降伏，反而以顛倒的貪愛與其結為親友，平庸仁慈，身語也與之同流合污，即犯第十條根本戒；對於這些應誅眾生，如果捨棄慈心，則犯第四條根本戒。

十一、揣度正法：對於遠離一切名稱、表示或相狀等的勝義以及了達勝義的方便無分別之道，不是以各別自證，而是以懷疑之心認為它有實、無實，分別貪執妄加揣度，則犯第十一條根本戒。

十二、令信士厭：具有清淨信、欲樂信、誠摯信三種信心想求正法的所化眾生，自己明明有能力賜法，非但不行利益，而且相違其心，不加護佑，以令生邪見的行為和貪嗔之心言說過失或者諂誑欺騙，使該眾生心生厭惡、反感，則犯第十二條根本戒。

十三、不依聖物：在薈供勇士勇母享受喜宴等密行時，本應依止的誓言物鈴杵衣飾等資具、內外五肉五甘露醇酒等飲食受用，金剛歌舞等誓言物以及行為在應時也因耽著聲聞戒律認為這些有過患而不享用，則犯第十三條根本戒。

十四、詆毀女性：對於總的女性，特別是自己所依

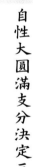

自性大圓滿支分決定三戒論釋

止的智慧女性這些法源自性者當面或暗地為了心裡滿足而輕侮，說詆毀之詞，當對方懂得其義時，即犯第十四條根本戒。然而，如果這些女性具足密宗誓言並是自己的上師或道友，則犯第一條或第三條根本戒。

此十四條根本戒的順序也是依據密宗對治的次第，後後較前前輕，因此是以輕重的方式如此安立的，成為四灌頂各自根本戒的道理，如此主要而言，則第十三條與第五條作為因果而成為與秘密灌頂與智慧灌頂相違的根本戒，第十四條尤其是與智慧灌頂相違的根本戒，第九條與第十一條是與第四灌頂相違的根本戒，其餘的九條則是與寶瓶灌頂相違的根本戒。後後灌頂時前前成為共同的戒條，本灌頂自己的戒成為不共的戒條。所以，僅僅獲得寶瓶灌頂者與自相違的九條戒如果犯了，則成為根本罪，除此之外的其他五條雖然犯了，也不會構成真正的根本罪，尚未得斷彼之戒的緣故。

戊四（宣說支分粗墮）分二：一、八粗墮；二、旁述。

己一、八粗墮：

今說支分之粗墮，灌頂誓言未成熟，

依止明妃薈供時，身體語言相諍鬥，

於未宣說之明妃，以自之力取甘露，

不為法器說密法，信士提問說他法。

住聲聞內滿七日，不具瑜伽與智慧，

自性大圓滿支分決定三戒論釋 附 戒律輯要 等

269

自己詡為密咒師，於非器說八粗墮。

現在宣說與根本罪同分的支分戒，雖然不是捨戒的他勝罪，卻會障礙迅速獲得成就，罪業粗重，故稱粗墮。相合《離畏勇士續》與《誓言海續》等的密意而在此論中概括宣說。其中前三條是能成熟自相續的支分戒，後五條是能成熟他相續的支分戒。

一、未得灌頂與不具足誓言者依止相續未成熟的明妃。

二、薈供等時金剛道友之間雖無害心但以身語相互爭論、毆打，發生口角。

三、未依儀軌僅僅以自己的風力從不具足續部中所說之法相的一般明妃處取甘露；

四、對於堪為法器並具希求心的弟子，因吝嗇秘訣而不傳講密法。

五、具足信心並希求法義的弟子請教法義，不予以正面回答，反而講些其他的法門。

六、在誹謗密宗見行的真實聲聞或者尋思者當中居住滿七日。

七、不具備密宗瑜伽真如智慧而自我標榜為持密金剛持。

八、對於不能堪為講竅訣法器而想求法的人，在非時傳講甚深赤裸覺性之義。

以上八種即是支分八墮。

自性大圓滿支分決定三戒論釋

己二、旁述：

未曾依修等而行，灌頂開光事業等，

於信外法示身印，於具二戒佛制者，

說無必要令違越，此等粗墮有多種，

然而謂此罪輕微，乃為時輪金剛說。

此外，自己從未曾進行念修等而想為弟子灌頂、對三寶所依開光、舉行火施之事等，並著手進行；對於雖然不是畏懼深法的種性但信解外因乘法門的補特伽羅，在無有必要的情況下顯示身手印；對於獲得了別解脫戒菩薩戒的密宗者在不是薈供、火施等特殊必要的情況下令他們違越過午不食等佛制罪。對於諸如此類粗墮的認識、次第、數量均不一定，支分不具全的惡作等罪業雖有許多，然而由於罪過輕微，而在此未作詳細闡述。如《時輪金剛大疏》中云：「墮罪雖有許多，然懲罰極為輕微……」

這以上新舊派共同的所有誓言均已宣說完畢。

戊五（宣說大圓滿之誓言）分三：一、總說與根本誓言；二、別說支分二十五誓言；三、旁述特殊誓言。

己一、總說與根本誓言：

尤其前譯大圓滿，根本誓師身語意，

各分九類二十七，支分誓言二十五。

接下來闡述在新續部中未提及過殊勝前譯大圓滿為主的所有續部中宣說的戒軌。一般來說，誓言梵語為薩瑪

雅，引申義為對所立下的誓願不能違越。《普集續》中云：「難越金剛誓言永守護。」也有以守護利益無窮、未護危險極大而安立為誓言的。《集黑日嘎續》中云：「若未違越成殊勝，違越被焚稱誓言。」如果詳加分析，前譯派所有的不同續部可以包括在續、教、竅訣三者中，這其中均宣說了總誓言、別誓言與特殊誓言三種。

　　所謂的總誓言實際上就是指別解脫戒、菩薩戒以及外續部這些戒共稱為有守護界限的一切誓言。《集樂寂靜續》中云：「別解脫與菩薩戒，事行瑜伽續之中，宣說所護任何戒，即是共同總誓言。」第三特殊誓言在下文中有講述。

　　別誓言：一切續部的根本《大幻化網根本續》中所說的五根本誓言與十支分誓言中前者可包括在此處宣說的根本誓言中，後面的十支分誓言就是指此處的二十五種支分誓言中不捨與應取兩種誓言，除此之外再無其他。一切聖教的根本《集密意續》中所說的根本三誓言與二十五支分誓言中的前者也包括在此處所說的誓言中，後者也與此論下文要講的二十五誓言意義一致。由此可見，此論中已宣講了竅訣阿底約嘎的所有誓言。

　　大圓滿誓言也分為頓根者無守之誓言與漸次根基者具守護界限之誓言。其中頓根者之誓言，如《寶聚續》中云：「超越護界之誓言，自成無有唯一等。彼等相輔相成也。」也就是說證悟諸法本來無有取捨而安立超離取捨守

護界限的誓言。漸根者之誓言：按照《誓言莊嚴續》中所說來講，根本誓言是指自己的三門印持為與諸佛總體上師之身語意金剛無二無別，或者說革日（上師）有沉重之義，如果失毀，則難以清淨，以此得名。如若分類，則身語意每一種都可分內外密三種，共有九種。

一、身誓言中三種外誓言：斷不與取為外外誓言；斷非梵行為外內誓言；斷除殺生為外密誓言。身之三種內誓言：不詆毀父母、道友與自之身體為內外誓言；不詆毀法與補特伽羅為內內誓言；不以毆打苦行輕侮、折磨自己的身體為內密誓言。身之三種密誓言：不毆打或準備毆打金剛道友的身體、不詆毀其裝飾為密外誓言；不侮辱上師的空行母為密內誓言；不踐踏上師的身影在其前言行謹慎為密密誓言。

二、語誓言中三種外誓言：斷除妄語、斷離間語、斷粗語。三種內誓言：不誹謗說法者、不誹謗思維法義者、不誹謗修持實相者。三種密誓言：不輕侮違越金剛道友之語、不輕侮違越上師手印及侍者之語、不輕侮違越上師的一切言教。

三、意誓言中三種外誓言：斷除害心、斷除嗔心、斷除邪見。三種內誓言：斷除放逸草率的邪行、斷除沉掉歧障的邪修、斷除常斷邊執的邪見。三種密誓言：斷除每日每座不作意見修行、斷除不觀修本尊、斷除不觀修上師瑜伽及對道友不修慈心。總共有二十七誓言。

自性大圓滿支分決定三戒論釋 附 戒律輯要 等

成為根本誓言的助伴或方便的支分誓言有二十五種，分為五類。

　　已二（別說支分二十五誓言）分三：一、應行行為之誓言；二、應知見解之誓言；三、應修修持之誓言。

　　庚一、應行行為之誓言：

　　殺生邪淫不與取，妄語綺語五應行。

　　貪嗔癡慢嫉妒五，即是五種不捨誓。

　　大小香精人血肉，此乃五種應取誓。

　　第一類：具有善巧方便者在無有自私自利貪執的情況下，如果為了利他，則如前一樣按照直接意義行持降伏、雙運、不與取與說妄語，為了改變剛強難化的眾生相續等而說綺語。從隱含意義而言，使分別念風滅於中脈的殺生、不與取明妃的甘露、依雙運而修不變融樂的淫行、從現而無自性的輪迴中解脫的妄語、證悟無說之義毫無隱晦而談的綺語，此等為五應行誓言。

　　第二類：就直接意義而言，對於貪、嗔、癡、慢、嫉這顛倒的五毒，不必像聲聞乘那樣將它們視為怨敵而斷除，由於諸法各自本體為空性，因而所斷的實法不成立，如陽焰水不需要築水壩來防護一樣。《金剛續》中云：「諸惑如幻本體空，知自無明自性解。」如果以方便攝持，那麼儘管享用五毒，但不僅不會受到束縛，反而成為解脫的捷徑，因此也不必斷除，如同進入耳朵裡的水要用水引出一樣。《大海續》中云：「煩惱道為大清淨，方便

自性大圓滿支分決定三戒論釋

欲妙殊勝飾，一切遊舞依彼等，速成吉祥黑日嘎。」五煩惱本來即是五部五智慧的自性，為此也不需斷除，猶如想得到油就要榨芝麻一樣，阿闍黎蓮花生大士在《方便絹索續釋》中說：「癡心是毗盧遮那佛之誓言，何以故？無明無所斷，覺性無所成，於法界中一味一體之故……」從隱含意義方面來講，真實的五毒，即是指證悟諸法為等性、見解無有偏墮、行為無有取捨辨別的癡心。如是對未證悟此理者以無緣大悲攝受的貪心、以各別自證智慧摧毀邪妄的嗔心、證悟等性見解不畏一切的我慢、二取見行等性境界中不容納一切的嫉妒，如此依靠證悟修習的方便而不捨五毒，此五種是五不捨誓言。

第三類、依照直接意義而言，如實了達四成與三是而享用大香、小香、人血、人肉、精液五甘露。所謂的四成即指法性本體成、有法自性成、能力作用成、殊勝加持成；三是即指是獲得成就與遣除五病的妙藥、是修持共同殊勝悉地的聖物、是五部五智慧的自性。隱含意義，不漏而持五蘊精華，此等即是五應取誓言。

庚二、應知見解之誓言：

五蘊五大五境根，五色天尊五應知。

五類誓言中的第四類：由於諸法本來即是正等覺，所以五蘊為五如來佛父，五大為五佛母，五境為五勇母，五根與五根識為五勇士，五色為五部五智慧等，五類分別識聚的自性清淨為天尊，因而依靠智慧斷除增益

自性大圓滿支分決定三戒論釋 附 戒律輯要 等

而通達身智壇城，此等為五應知之誓言。

庚三、應修修持之誓言：

如來金剛寶蓮花，及事業部五應修，

結合應時之行為，是故取受諸密意。

五類誓言中的第五類，五種應知誓言通過證悟修習而以如來部、金剛部、珍寶部、蓮花部與事業部五部的方式在自相續中如理修持，也就是五應修之誓言。

這五類誓言中的第四類與第五類即是應知見解之誓言與應修修持之誓言，應行、不捨與應取三種誓言如果按照後面所說，則主要是行為的誓言。

對於這所有的誓言，初學者、稍得覺受者等都必須根據見解密意的境界、寂靜憒鬧的環境以及與時間相結合的方式來行持。因此應當接受以直接、隱含方式所說的密意。

己三、旁述特殊誓言：

守持總誓言與別誓言的瑜伽行者在修行等時，要以秘密、意趣的方式對他們特別說明的所護二十特殊誓言。《寂靜續》中云：「論義特殊之誓言，應當特別而護持。」一、所謂的「不毀野獸王之座」，意思是不損害金剛上師的身體、不違背其教言；二、「毒不注於寶篋中」是指不享用上師的空行母；三、「不能砍斷珍寶枝」，意為不損耗信士的資糧；四、「不飲熔化之沸液」，意思是說不享用三寶信財與智者的財產，不飲用

自性大圓滿支分決定三戒論釋

醉人的酒；五、「不啟蓮花之花蕊」是指不享用金剛道友的明妃；六、「精華不注漏器中」，意思是不依止劣相明妃；七、「不依不具義之物」是指不依靠不具法相的聖物；八、「水晶切莫染淤泥」是指不誹謗智者的功德；九、所謂的「不淨器中非清淨」，意思是說對非法器不傳密法；十、「切莫損壞如意寶」是指不能捨棄具相明妃與堪為法器的弟子；十一、「不離大鵬之羽翼」，意為不離空樂之義及其因——佛父佛母；十二、「不擊鋒利天鐵刃」是說對於金剛道友甚至連開玩笑也不能發生內戰；十三、「不享野獸享剩物」是指不食用他人享用剩下的飲食等；十四、「金剛大岩勿毀壞」是指不要貪執上師的地位；十五、「莫離籬笆網界限」是指不要脫離自他的界限；十六、「燈火不為風所滅」，意為等持不要跟隨沉掉所轉；十七、「不阻智慧河相續」，意思是說念經誦咒儀軌不要被人的閒言碎語所中斷；十八、「不離教法之手印」，意思是說不離灌頂因之手印，不說表示法；十九、「金剛鑽石莫拋空」，意為不擾亂瑜伽士之壇城，不退士夫之咒力；二十、「不辱頂上之寶珠」是說不應當失去頂戴上師。「此等均是應守護，特別珍愛之誓言。」

丁二、概述：

彼等誓言多種理，無有不攝於此處，

根本支分誓言中，歸納如若知自身，

277

為身語意三金剛，則集萬億密誓言。

上述誓言為主以及「等」包括的誓言在內前面所說的大幻化網根本與支分誓言十五誓言，如果詳細加以分類，則有三百六十條，廣大言續的誓言有九十七條，《集密意續》中有四決定誓言、二十八共同誓言、四殊勝誓言、二十三禁行誓言、二十修持誓言、四平時威儀誓言、遣除五魔、摧毀四敵、見解誓言，共分九種。此外，續部各自所說的根本支分所攝的護持誓言、等持誓言、威儀誓言、飲食誓言、不離資具誓言等有許多種，這一切無不包括在此根本、支分誓言中，因為無論犯任何一條，均可攝於捨密乘戒與雖未捨戒但已失毀支分二種之中。若想：這樣一來，新舊共同的十四條根本戒與前面所說的前譯派的特殊誓言不是相違了嗎？由於十四條根本戒可以包括在特殊的根本誓言中，因而不相違。所有的誓言倘若概括，即是自身本來風脈明點及智慧本來安住於與身語意三金剛無二無別的智慧本性中。如果以智慧斷除增益通達這一道理，那麼密宗中所說的百千萬誓言，均可任運自成攝於其中並且遠離一切過患。

丁三、生起密乘戒之所依：

生依每日殺梵志，造五無間等一切。

如是持明密乘戒從金剛乘灌頂中得到戒體的所依身體是就依靠重新那一道修持而獲得殊勝成就而言的，《無垢光疏》中云：「所謂此生之說法即賜予人類正等

278

覺果位乃續部之王。天等五趣眾生並非如此。」雖說生起密宗戒的所依主要是具六界的人，但就像鈍刃砍木柴耽擱時間久而用利刃剎那便可砍斷一樣，因乘需要在多生累世中積累資糧而成就的果位，如若趨入此密乘，則不僅不需要先積累二資，而且即便其他乘來說必須斷除的白日殺婆羅門、造五無間等彌天大罪，但若是一位具有大心力的利根者則於即生中也可以成就佛果，原因是密乘具有甚深、眾多的方便之故。

此外，具有宿業的具緣利根者，則不一定必須是人的身體。一切續部中均說，天與非天等眾生攝於聽聞續部之法器中，密主說密乘的所化五聖賢中的四尊是非人的身分，鄔金地方的龍類依靠密宗道而解脫，無餘阿羅漢也有需要入密乘等。這些都足以說明具緣的一切眾生均可堪為密乘法器。

丙四（失而恢復之方法）分四：一、無墮罪之理；二、真實還淨；三、未還淨之過患；四、如理守護誓言之功德。

丁一（無墮罪之理）分三：一、對治犯戒之四門或六因；二、墮罪支分算法；三、宣說越時界限。

戊一、對治犯戒之四門或六因：

末說失而恢復法，不知罪界不敬師，

放逸而行惑多四，犯罪四門無著許。

彼之對治修學處，敬眾恆依正知念，

精勤對治大煩惱，如是應當修學彼。

四種所斷基礎上，復加忘失念不明，

稱為失誓之六因，吉祥戒續有明說。

為使所有誓言不失毀而必須要精勤守護，假設以犯戒之因而失毀，則恢復的方法在此宣說。

首先應當了知對治犯戒之因的道理，捨戒四因：一、不知罪界：雖想修學誓言但由於不知曉各自墮罪的取捨界限；二、不敬上師：儘管知道卻對上師與彼所傳的學處等不恭敬；三、放逸而行：雖然恭敬但不見過患或者不具正知正念，因而不小心謹慎，放逸無度，肆意而行，依此作為犯罪之因；四、煩惱粗重：雖生起些許戒備之心，煩惱卻十分深重。這四種是無著所承許的犯罪四門。這四門的對治法分別是明確取捨道理而學修學處；對功德生起歡喜從而對上師與學處產生恭敬之心；如在冤家對頭的地方需要小心一樣因畏懼過患而緊護自心，恆時具足正知、正念、不放逸；精勤對治自相續中強烈的煩惱。在捨戒四因的基礎上，再加上忘失學處界限與無有正知、正念不明兩種，即稱為失毀誓言之六因，對此《吉祥戒續》中有明確宣說。此續云：「不知與放逸，惑多不恭敬，忘失念不明，此六破戒因。」後二因的對治即具有不忘失開遮界限的正念、觀察不違越誓言的正知。此外，如果破了誓言，那麼就要依靠自方的知慚與依靠他方的有愧努力守護誓言。所謂的知慚即

自性大圓滿支分決定三戒論釋

心裡認為自己實在下劣依靠自己而警惕惡行；想到成為他人恥笑之處，諸佛子與大恩上師們以無漏神通無疑會照見，因而必須謹防惡行，這是依靠他者的有愧。《生戒續》中云：「欲成勝悉地，寧願捨生命，亦寧願死亡，當恒護誓言。」

戊二、墮罪支分算法：

諸境意樂加行竟，或等起惑知對境，

正行越時身語做，無誤而行無悔心。

超越懺界稱他勝，正行如若未具全，

稱越時罪如僧殘。次第而下粗單墮，

惡作罪像皆當知。病失自由為他事，

大利無生穩必要，獲力開許與吩咐，

遇生命難則無罪，精華莊嚴續中說。

接下來應當了知墮罪與無墮的道理，一切墮罪都具足四支分或七支分。首先宣說四支：一、犯罪的對境；二、了知對境的意樂；三、採取行動的加行；四、三門成辦之事圓滿的究竟。關於七支：一、以深重煩惱的等起所引發。二、認識成為與誓言相違的對境。三、身語正行一次性圓滿完成。四、心裡想成辦的事在晝夜六時內未依對治，時間已過；或者，無論是三門所生的任何墮罪，如果從僅僅一種墮罪需要具全七支的角度來解釋，則與所謂的越時是一致的，諸如以殺生為例，具備上述的意樂與加持而成辦正行，即中間殺生之事圓滿而

稱為斷命，或者解釋說正行的墮罪尚未究竟前並沒有以
對治中斷，我認為也可以。五、心無有瘋狂等迷亂狀
態。六、對所做之事無有後悔之心。七、未經懺悔已超
過時間。如果具足這七支而行，則已捨密乘戒，由於罪
過極其嚴重，摧毀了違品的對治法，因而稱為他勝。假
設任何根本罪以對治與增上而產生，但正行成辦的支分
其一不具足，對此未作懺悔而超過了時限，則稱為越時
墮罪，如別解脫的僧殘在他勝罪過後罪業最重，依次向
下的罪業均可包括在他勝墮罪中，支分未全的染污性罪
是粗罪，其他所有支分罪如同單墮，同分的一切細微罪
與惡作相同。

　　假設以饒益心嗔怒近金剛道友，則是墮罪的影像，
實際上並無有罪過。應當了知這些道理。或者，在自己
患病、不由自主、為意義更大的其他事、為利他或為大
利、為穩固無生之義、引導他眾等必要的情況下，或者
獲得證悟修行能力、得到諸如本尊等殊勝對境的開許，
或者自己的上師吩咐說這麼做，遇到生命違緣，而出現
此等墮罪，也稱為無罪，這是《精華莊嚴續》中所說
的。當然這也是就一般而言的。在特殊情況下，觀察自
己的意樂後以有利於弘法利生的清淨心而殺生等雖然無
有罪過，但並不是指為了保護自己的生命而殺生等無有
罪過的意思，我們必須要認清這一點。

　　戊三、宣說越時界限：

自性大圓滿支分決定三戒論釋

如是晝夜六座中，勤觀取捨誓言處。

超過六時稱越時，越一日月一二年，

分稱違失越毀誓，誠心誠意作懺悔，

則可恢復後漸重，若越三年不能復。

對超越了懺悔期限是否可以恢復作分析，如是晝夜六時的每一時間裡對於在六時中是否違越了應取捨的所有誓言至少嚴謹慎重觀察一次。如果於六時的範疇內未及時加以對治而越過了期限，則稱為越時。（越時有四種，）犯罪後未懺悔根據過一夜、過一月、經一至二年之間的不同，而分別稱為違誓、失誓、越誓、毀誓。對於這些，如果能誠心誠意加以懺悔，當然也可恢復。按照次第，後面的罪業更為嚴重。假設已經逾越了三年，那就再也無法恢復。《誓言莊嚴續》中云：「倘若逾越三年者，永遠無法再恢復，假設接受焚二者，必定墮入金剛獄，恒時唯有受痛苦。」也就是說，應當了知觀待本體的破根本及支分誓言，觀待時間的越時、違誓、失誓等所懺悔罪業的輕重。此外，《集密意續》中云：「何為失誓言，共有大失毀，失根本支分，伴失順失五。」所謂的大失誓是指針對嚴厲的對境以猛烈的束縛而行或者屢屢再犯，超越時間的毀誓等時間過久；伴失誓言是指與破誓言者交往的罪業；順失誓言是指為護他人情面而犯的誓言……

丁二（真實還淨）分四：一、觀待四灌頂之恢復方

法；二、觀待越時之恢復方法；三、《精華莊嚴續》中所說之還淨；四、以三約嘎瑜伽沐浴而還淨。

戊一、觀待四灌頂之恢復方法：

獲七灌頂造每尊，念咒三萬六千淨，

得瓶密灌行事淨，後入壇城受四灌，

獲得智慧句灌頂，若失除以生次第，

及無改戒圓次第，加持自續外不淨。

根據獲得灌頂的不同，墮罪清淨的方法也迥然有別。按照《時輪金剛》中所說，僅得到七寶瓶灌頂之人，犯罪的對治法即壇城本尊各造一尊，或者念誦主尊心咒三萬六千遍，可得清淨。獲得寶瓶、秘密灌頂者出現失誓的罪業，則在剛剛說過的清淨方法基礎上，懺悔前履行上師所吩咐做事的懲罰，可得以清淨。若是圓滿獲得四灌頂者，懺悔失誓的罪過，當見到的清淨之相後趨入壇城，從上師那裡或自己觀想本尊等受四灌頂。尤其是得受智慧灌頂與句義灌頂者如若破誓言，則除了在靜處修持生圓次第雙運的法門以及依靠無變戒律不共的有相、無相圓滿次第等加持自相續的正道以外，僅僅依靠念誦等其他方法並不能清淨。

戊二、觀待越時之恢復方法：

違誓薈供而酬補，失誓則以財酬補，

越誓子妻珠寶等，毀誓以自命恢復。

若出現違誓的罪業，則通過薈供或宴請勇士勇母的

自性大圓滿支分決定三戒論釋

方式加以懺悔，如果出現失誓的罪過，則將自己擁有的財物供養上師等而懺悔、酬補。倘若出現越誓之罪，則將自己的妻兒，財物中的金子等許多珍寶供養壇城本尊與上師而懺悔。若是出現毀誓的罪業，那就要不惜自己的生命以最大的精進為上師與佛法行事，依靠此等方法使誓言得以恢復，這是《誓言莊嚴續》中所說的。

此外，《集密意續》中也講述了火施、念誦等事業；根據失毀五部誓言的差別而真實或觀想供養平民、賤種等五種姓上師五種珍寶及美味佳餚；以強烈的信心欲樂滿懷悔恨而懺悔；具足四力而緣失戒的有相對治之次第等持；安住於無相真如境界中而酬補共五種。此續中云：「事業物欲樂，等持與真如。」《阿木漏續》中也宣說了身語意的三種還淨方法。

戊三、《精華莊嚴續》中所說之還淨：

精嚴續說還淨軌：福田前懺之咒印，
沐浴次第絕火焚，無緣修持受四灌，
請求眾會所依前，悲泣供養曼荼羅，
建造佛塔作火施，供施食子誦密咒，
甚深禪定及放生，誦經依師及自入，
吉日念佛百字明，以及讀誦三聚經，
觀修金剛薩埵師，細微明點瑜伽淨。

下面宣講《精華莊嚴續》中所說的破誓言恢復方法的儀軌：迎請福田皈依境，在其前具足四對治力而懺

悔。瑜伽續中所謂的懺悔咒印，也就是指依靠淨罪的手印與咒語的次第而遠離惡趣。《金剛頂續》中云：「依靠文字咒清淨，觀想雙足掌二羔（），於密之處觀想讓（羔），六道文字（）觀臍間，心間啪（啪）字之墊上，觀想身語意心咒（）。羔（羔）中出現智慧風，讓（羔）字燃起智慧火，焚毀六趣諸習氣，三門成淨身語意，以啪字入法性界。」這也是極為甚深的竅訣。或者，從傍（傍）字中出現水，水為瑪瑪格佛母，對此生起誠信，進行沐浴。從凡夫到有學道的一切罪行無不成為障礙，因此依靠摧魔等本尊的陀羅尼咒而加持的寶瓶水直接沐浴，從顯現在虛空中的灌頂本尊處受覺性五灌頂後進行沐浴的次第。於臍間觀想剛（剛）字，心間觀想羅剎形象的所有罪障以絕地火焚燒，修持三輪無緣的智慧。從上師或自己受灌頂，作薈供或宴請供養勇士勇母，並祈禱他們而懺悔。在開光過的殊勝所依前，先作七支供，以悲哀的方式進行懺悔。供養曼荼羅為主生身性命、受用、善根這一切而懺悔。建造應量的佛塔或泥塔小像。廣作諸如寂靜的火施或者能食金剛空行火施。通過清淨、證悟、增上加持一切輪涅補特伽羅於自在本性中得以甦醒而供施食子並祈求所欲。持誦自己本尊的心咒，修持甚深禪定止觀等持。放魚在泉水、池塘中保護生靈，贖買蜂蜜，解開網罟，付給獵人薪水，幫助患者，從屠刀下挽救眾生等進行放生。對治罪障讀誦

《大解脱經》、《無垢懺悔續》等甚深佛典。頂戴上師，於心間觀想誓言金剛義成佛父佛母之心間的種子字中降下甘露從而淨除罪障，先念誦「嗡啊康吽」，自己趨入身壇城或外壇城任意一壇城而受灌頂。轉繞具有加持的佛塔或端坐塔前而誦三世如來智慧結晶的百字明五千遍等。在上旬的初八、十五等吉日大量持誦淨罪的心咒。晝夜六時讀誦《三聚經》。於頂上將上師觀為金剛薩埵，同時觀想洗滌罪障而念誦百字明。自己明觀為本尊，於頂上將上師觀為金剛持的形象，再明觀其三處三文字而意誦。自己觀為本尊並明觀脈輪，觀修燃降明點瑜伽，於三脈五輪的中央明觀五部佛的微小標誌而持心。持五怙主之風（五大之風）修細微明點瑜伽。依靠上述方法而還淨。

戊四、以三約嘎瑜伽沐浴而還淨：

大象妙力續中說，瑜伽總沐浴悔淨，

除根懺悔無不淨，是故應當實地修。

此外，大象妙力續部中的《無垢懺悔續》中云：「三約嘎之入門瑜伽酬補失誓、清淨罪障之稀有沐浴是所有懺悔之王，如果依靠能根除地獄之此一竅訣而在初八、十五等佳日作外資具薈供酬懺、內蘊所依酬懺以及密菩提心酬懺，則可清淨一切所失毀之誓言。」倘若這一項未成功，則通過頂禮，平時觀本尊，所有罪業無有不得以清淨的。為此，我們必須要身體力行，實地修持。如頌云：「何者

若於幻寂猛，壇城本尊作頂禮，所失誓言均清淨，五無間罪亦清淨，地獄之處亦根除，趨至持明如來剎。」通過如此懺悔，則會夢到上師與本尊賜予善哉、沐浴、身著白衣、登至山頂、日月升起等驗相，在未出現這些清淨罪業的吉兆之前應當堅持不懈精進懺悔。

丁三、未還淨之過患：

犯罪倘若未懺悔，今生之中遭不幸，

後世轉生金剛獄，痛苦無與倫比處。

對於所犯的罪業未如理加以懺悔的過患如下：若失毀根本誓言，本想降雨反遭旱災等，一切修行皆成顛倒。失毀身誓言者身體罹患各種疾病，毀壞語誓言者成為啞人等，破意誓言者精神瘋狂。總之，現世中好似吸鐵石般遭遇種種不幸，備受折磨。《密藏續》中云：「失毀根本誓言者，一切修行成顛倒，且於不情願之中，遭受種種不悅事。」如果失毀分支誓言，則成為獲得二悉地的障礙，破根本誓言與支分誓言者後世中將接連不斷地轉生於苦不堪言、無與倫比的金剛地獄中。《密藏續》中云：「如若失毀分誓言，則無成果墮惡趣。」《明誓言續》中云：「失毀根本破誓者，不勤恢復之方法，下墮金剛地獄中，所有普通之地獄，痛苦合一亦不及，彼獄十萬分之一。」

丁四、如理守護誓言之功德：

未失最久十六世，若速即生臨終時，

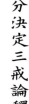

自性大圓滿支分決定三戒論釋

288

獲得共同八成就，以及八種自在德，

和合七支勝悉地，是故任運成二利。

一般來說，誓言是產生一切功德之根本，如《集密意續》中云：「猶如依大地，播下良種子，從中成熟果，依此得生存。若守一切法，根本此誓言，成熟無上果，延續聖慧命。」守誓者暫時也能如願以償，眾人悅意，受到人天一切眾生恭敬，諸佛佛子視為親子與兄弟而予以加持，趨入如來之行境，次第經行持明地，《密藏續》中云：「受持如來勝種性，世間主尊眷屬敬，殊勝聖者與聖者，念子兄弟作加持，趨入善逝之行境，獲得無畏普賢果。」

即使今生未能勤修二次第道，但只要沒有破誓言，無論再如何耽擱，最遲也將在十六世或七世中值遇二次第道而解脫。如果就最疾速而言，那麼清淨誓言勤修二次第道的利根者即生中也會獲得雙運金剛持果位。

若是一位今生現前喻光明的中根者，則臨死轉為義光明而證得有學雙運身；如果是一位現前義光明的中根者，則與臨死中陰基時光明相融而現前真實義，獲證無學雙運身。中下根者在轉世中陰依靠自己的修持、誠信上師以及觀想清淨剎土於自性化身剎中獲得安慰而解脫。

此等之時所獲得的無量功德也都包括在共同殊勝二悉地中，共同的小悉地是指獲得八大事業，按照《喜金剛》中所說作成偈頌「成就息增懷誅業，及毀驅殺勾招

自性大圓滿支分決定三戒論釋 附 戒律輯要 等

敵」比較易懂。中悉地即八大成就，《帷幕續》中云：
「眼藥成就與神行，寶劍成就及土行，丸藥成就與飛
遊，隱身以及金丹術，此等共同之成就，依令師喜速獲
得。」大悉地則指八自在功德。如云：「獲得細微色，
粗輕周遍淨，光明與穩固，自在隨意變。」所謂的「共
同」意思是說這些功德在外道中也有，因此是以世間出
世間道共有或者生圓二道共同的功德而稱呼的。世間道
僅僅依靠禪定心及聖物咒語而成就與此類似的功德。生
起次第道雖然尚未獲得穩固，但僅依靠觀想或聖物、咒
語等，也能相應成就遣除毒病、宰殺對方等些微事業。
生起次第稍得穩固後依靠咒語、聖物加持來成就寶劍等
聖物持明，從而利益自他。生起次第完全獲得穩固後與
相似的圓滿次第相結合依靠近因而成就欲界色界持明而
饒益他眾。自己依靠此身修持不共圓滿次第而獲得殊勝
成就。有些最利根者儘管未刻意修持生起次第，但以不
共的圓滿次第使風心入於中脈而不依靠聖物咒語等也有
自然得到這些功德的。無論如何，依靠生圓次第而依次
經行殊勝悉地道的方法，如《如意寶藏論》中是這樣說
的：「四輪風心自在時，次第顯現四道德，中脈之結
二二解，承許內現十地德。」

　　對於四持明所攝之事業，索巴派諸位上師的觀點如
《小道論》中云：「是否得能力，成為二見道。」按照
直接意思來說，他們承認鈍根者心成熟為天尊，身體仍

自性大圓滿支分決定三戒論釋

舊未脫離異熟之網的見道異熟持明以及身心二者均解脫為光明本尊而獲證無生無死壽持明的見道壽自在持明。雖是漸次行道者但無論是鈍根還是利根，均不承認是次第獲得這兩種持明。總之，他們承認四持明是見修道及末道所攝，不承認包括資糧道加行道與無學道。

全知法王龍欽巴尊者則認為：異熟持明是究竟資糧道加行道所攝，壽自在持明為見道所攝，大手印持明為修道所攝，任運持明則是無學道所攝，因而承許四持明為圓滿五道所攝。

也就是說，獲得見道時身心解脫為光明本尊，超越生死，以雙運天尊身大手印印持蘊界處之諸法，從而不清淨的顯現自相蕩然無存，因此就最主要方面而安立見道、修道，從無生無死的反體而立為壽自在持明，從成就雙運天尊身的反體而安立為大手印持明。實際上此二派在這一點上無有不同。對於最後的任運持明，有時承認四持明為法相乘五道圓滿所攝，這時它的意思與因乘的無學道普光地是一致的，有時說是金剛乘無學道三身的三地，其實都是相同的。對於因乘的普光地，如續中云：「汝之究竟普光地，大方便乘之憩處。」所承許的因乘究竟果地與密乘最後道五身任運金剛持佛意義相吻合，因而將其假立為任運持明，密宗自地最終果位五身任運自成之地是真正的任運持明。

所以我認為，這兩者通過真實與假立的方式而稱呼

自性大圓滿支分決定三戒論釋附 戒律輯要等

都是可以的。無論如何，在承認依靠生圓次第之道而依次獲得五道功德的這一點上無有不同。三資糧道的四念住等與因乘相同的所有功德僅是以相似的生起次第與圓滿次第而獲得；不同的是密宗顯現現為天尊，即稱為信解或修習之天尊身。加行道暖位頂位以上，通過修生起次第、不共的圓滿次第以及雙運之力而使各自脈輪的細脈結解開，從而獲得共同的五根五力；不共的功德是密宗生起喻光明，天尊身的顯現也更真實更廣大，稱為風心天尊身。以加行道的近因依靠有戲、無戲、極無戲行為中的任意一種而現前見道，此後中脈、精脈、血脈的二二脈結解開而成就共同的七菩提支、一千二百功德，圓滿布施度；不共的功德即顯現有學的雙運天尊身而成辦廣大的利他事業，之後不共的功德雙運天尊身更為增上、清淨，由此利他事業也較前廣大，八正道與一萬二千功德等世俗的功德，其餘九度等共同的一切功德也得以究竟，從而徹底清淨三現遷移習氣，獲得殊勝悉地無學雙運三身功德反體所分的和合七支。由此一來，法身功德的自利、色身功德的他利任運自成。和合七支即如來報身自性所具七支：受用圓滿支、和合支、大樂支、無自性支、大悲周遍支、利生無間支和永住無滅支。

第四品密乘戒次第釋終

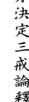

自性大圓滿支分決定三戒論釋

第五品　三戒圓融

乙五（一個補特伽羅相續中三戒圓融行持）分三：
一、略說；二、廣說；三、攝義。

丙一、略說：

三戒一人相續中，自體不混遮需圓，

本體轉依德上具，應時主行要不違。

現在通過深入分析而說明次第受別解脫戒、菩薩
戒、密乘戒的補特伽羅一相續中毫不相違而行持的概括
性道理。

一般來說，前後相繼應世的大德們的觀點有許多不
同之處，然而歸根結底可包括在承認三戒一體與異體兩
種觀點中。承認三戒異體者也不外乎承認上戒勝過下戒
與下戒作為上戒的所依即能依所依的關係等，這內部的
所有分類大多數都只是相應所化眾生的根基與必要才這
樣安立的，未見到實際意義上有矛盾之處。

承認三戒異體的觀點，就像在講波羅蜜多安立六度
各自本體時，布施的本體為捨心、持戒的本體為斷心等
安立了六種不同的本體，其實所有這些均是一致的。對
於同一個菩提心，在分析數量與地界時，波羅蜜多等一
切白法在菩提心中是一體的，這一點完全一致。同樣的
道理，具足別解脫戒的菩薩想斷除輪迴之因——自相的
業與煩惱，為利他而願意住於輪迴中，這兩種願望需要

293

自性大圓滿支分決定三戒論釋附 戒律輯要等

安立為別解脫戒與菩薩戒的本體。從這一點來看它們雖然是異體，但實際上也並非不承認此二者為菩提心的一本體。密乘戒如果依此類推，也無有任何相違的地方。

可是，僅僅耽著本體與反體詞句的有些人或者認為三戒完全是一體，或者認為是迥然不同的異體而執為相互矛盾，在這些人面前，大智者大成就者們彼此之間所進行的辯論破立實際上並不是以偏袒之心而互相排斥，就像新舊派安立見解也是根據所化眾生的根基與暫時的必要不同而有不同的觀點一樣。雖然建立自宗、破斥他宗的這種方式也是曾經出世、現今住世的諸位大德們的做法，但這也完全是對趨入各自之妙道未生定解、懷疑重重的人面前，徹見了諸法如夢如幻的道理後為了令那些對自宗滿腹狐疑者獲得誠信才如此做的。由於講辯著是智者的所為，因此非但無有過失，反而具有實義。作為凡夫初學者，本應當趨入自己前世有緣的道，對之生起定解再進一步修學，否則只是人云亦云、隨波逐流、盲聽盲從，最終必將淪落到無有依處、無所適從的下場，如同途中漂泊不定的餓狗一樣。

還有些人本來自己無有以三量立自宗、破他宗的智慧，僅是因為固執己見而認為自己的宗派是最殊勝的，與之不同的所有他宗均是低劣的，不但不實修對於自己所了知的法義，而且以毫無意義的貪嗔偏袒執著自擾相續，中傷誹謗其他大德與上好的論典，如此之輩純粹是

自性大圓滿支分決定三戒論釋

在依靠大德與正法積累無量罪業。寂天菩薩親言：「博施諸佛子，若人生惡心，佛言彼墮獄，長如心數劫。」《經莊嚴論》中云：「未見色亦難斷定，何況深奧之佛法？故置為妙無罪過。㊼」《寶性論》中云：「何者一再依惡友，於佛陀尊懷惡心，殺害父母與羅漢，破僧和合行非事，若思法性速解脫，何者嗔法豈解脫？」

因此，我們如果能將一切經論視為教言，通達所有宗派互不相違，那當然是最好不過的了。即便不能做到這一點，最起碼也要對自己所趨入的道生起定解，盡己所能實地修持，對其他不同宗派的法門均觀清淨心，如此自己的聞思不會變成魔業，也不致於損壞自相續，而且進行聞思也大有必要。在此講述這些雖然沒有大的必要，但想到對新入佛門者稍有裨益而寫。

接下來宣說此論所講的內容，對於經續及注疏之義，我們要明確此論中所列舉的具有三智慧無盡辯才的全知榮索秋桑與龍欽巴尊者、以清淨心肩負弘法利生之重任的大譯師仁欽桑波、精通五明的大智者根嘎嘉村尊者等新舊派諸多成就者的無垢意趣。關於三戒各自反體不相混雜、遮需圓滿、下戒的本體轉依為上戒、下戒的功德上戒以上具的方式存在、表面相違實際不違以及在何時何地主要需要行持上下何戒這六種道理，全知無垢光尊者在《禪定休息》中說：「聲聞菩薩與密乘，三戒

㊼唐譯：惡意自性惡，不善不應起，況移於善處，應捨大過故。

悉皆不違越，禁自相續盡利他，所現轉為解脫道。」其中所說的意義，在其注釋《淨車疏》中云：「那麼，實際上是怎樣的呢？一位補特伽羅相續中具足三戒而守護、自體不混、需遮皆圓、本體轉依、功德上具、要訣不違，應時主行。」

丙二（廣說）分六：一、自體不混；二、遮需皆圓；三、本體轉依；四、功德上具；五、要點不違；六、應時主行。

丁一、自體不混：

受戒對境心儀軌，定故自體不混雜。

三戒，從傳戒的對境、受者的意樂、受戒的儀軌均是分開這一角度而言，甚至受戒時間也是分別決定的，即便是本體轉依了，但各自之反體絕不可能成為同位（異體的兩種事物同時存在於一處），因為三戒是互不混淆而存在、得而未失而分別存在之故。本來就是這樣，別解脫戒乃至有生之年承諾、菩薩戒直至菩提果之間承諾，密乘戒在得受時沒有說失毀之緣以及捨戒之因。比如，以發菩提心意樂攝持而依照聲聞儀軌受的大乘別解脫戒，或者聲聞比丘戒重新以發心而受，無論相續中具足哪一種轉依的別解脫戒，均存在等起菩提心與別解脫戒兩種反體，菩提心的反體在死亡時也不捨棄，因為死亡不是菩薩戒之捨因。別解脫戒的反體即承諾守護時的反體在死亡時就已捨棄，因為有生之年為界限的

自性大圓滿支分決定三戒論釋

緣故。《分析三戒論》中云：「大乘別解脫，比丘等戒律，反體死時捨，菩提心反體，彼果亡亦現。」

丁二、遮需皆圓：

所遮煩惱需不縛，各自道方皆圓滿。

斷除轉變與道用，均斷惑相智者同。

在戒除所遮——自相續煩惱以及由煩惱引發的不善業這一點上，三戒均是一致的。《毗奈耶經》云：「當知何法直接間接成為貪欲之因而未遠離貪欲，此非正法、非戒律、非佛教；當知何法直接間接成為遠離貪欲之因而不成貪欲之因，此乃正法、乃戒律、乃佛教。」而且三戒的所需——自相續不為煩惱所束縛也是相同的，就拿非梵行來說，聲聞乘禁止與菩薩乘、密宗乘以方便攝持而行這兩者在不為貪欲之垢所染污這一點上是相同的，雖然形象上不同，但從各自道的不同角度而言，遮止、需要功德均圓滿。聲聞乘視二諦實有存在，因而別解脫戒斷除煩惱，菩薩乘了知煩惱無有自性而轉變為法性，密乘將煩惱視為智慧自性而道用。三戒的方式表面看起來是各自分開的，實際上均要斷除束縛之因的自相煩惱，這一點所有智者都是一致認同的。

丁三、本體轉依：

別解若以發心攝，即謂嚴禁惡行戒，

獲灌頂成密乘戒，故稱本體轉依也，

此以五十萬續部，教證明顯而成立。

以自相煩惱引發的三門之業而束縛在輪迴中，因而如果以片面性的智慧與大悲攝持而守持斷除惡行戒，則成為暫時增上生、究竟解脫之因，這樣的別解脫戒如果以等起發菩提心與大智慧攝持而行持利他的事業，那麼就會變成大菩提解脫之因，也就是所謂菩薩戒中的嚴禁惡行戒。

菩薩戒也是同樣，在獲得灌頂並以大方便大智慧徹底攝持，那麼就成了無勤任運自成無上大菩提之因的金剛持密乘戒。因此說，別解脫與菩薩乘，注重自利以及耽著平庸的顯現而斷除害他與利他為主的二心轉依成密乘戒的本體，這一點依靠五十萬續的教證可以明顯成立。如前所說此續中云：「不同石頭之種類，熔化成鐵銅與銀，依靠真實點金劑，悉皆轉變為金子，如是以心之差別，三類種性之戒律，倘若入此大壇城，則稱之為金剛持。」又如《密行續》中云：「譬如石成銅，銅成金子相，銅時無有石，成金不現銅，持明內比丘，存在別解脫，以及菩薩戒，佛陀未宣說。」獲得密乘戒之人的相續中如果生起了殊勝方便智慧，那麼別解脫戒的低劣之心與耽著平庸顯現的反體當時就不復存在了，因為這二戒的本體已轉依為五部總的毗盧遮那佛的誓言而無有異體存在。

丁四、功德上具：

世人行者瑜伽士，勝心上上有害下，

是故上具下功德，如此能勝伏下戒。

自性大圓滿支分決定三戒論釋

世間俗人、實修三學相續稍得境界的瑜伽士、以殊勝方便智慧攝持的瑜伽士超勝的內心上上有害於下下相續中的低劣之心與耽著顯現等，因此守護下戒的功德在上戒中以增上具足的方式而勝伏。《密藏續》中云：「因調化故戒，無量所有戒，無餘淨攝於，無上勝誓言。」

丁五、要點不違：

依靠三想而行淫，彼瑜伽士不具足，

對境意樂行究竟，如夢要點不相違。

如果有人想：別解脫戒與菩薩戒攝於密乘戒中是不合理的，因為別解脫戒的四他勝等一切罪業均需斷除，菩薩禁止一切有害眾生之事而饒益他眾，這與密乘戒的五應行誓言直接相違。

解答：表面看起來相違，實際上絲毫也不相違，以四他勝中的非梵行為例，通過三想的方式依止業手印時表面上是行淫，其實那位瑜伽士斷除了對境的自相之想而轉依為佛父佛母之想，因此不具足對境支分；由於將自相的貪愛轉依為大樂之想而不具足意樂支；對於以貪欲所行之事，能行者以防護之善巧方便攝持，因而不具足加行支；最終將究竟洩露明點自己感受安樂的貪欲轉變為大樂智慧，不漏而持明點，所以究竟支也不具足。由此可見，了知一切法為心性自現的人就像在夢中行事一樣，三戒的要點根本不可能相違。《密藏續》云：「無貪即是貪，貪性無有貪，彼為勝梵行，亦是極大

299

貪。」又云：「本來無生真如性，幻現眼花之方式，雖做雙運降伏事，然而塵許亦未做。」

丁六、應時主行：

惡業以及大眾中，主行下者離貪欲，

行時靜處行密宗，內不相違無雜護，

違量遮需智者許，初學瑜伽成就者，

以及遍知何行為，需結合時時輪說。

不善罪業方面的所有自性罪以及在大庭廣眾之中，不用說是初學者，就算是自相續不為罪業所染的諸位瑜伽士為了不失毀所化眾生的相續，也必須主要按照聲聞宗而行持，如《密集金剛》中云：「外持聲聞行，內喜密集義。」大阿闍黎蓮花生大士也曾經這樣說過：「外在實行依照經部宗，具細取捨因果之必要。」

如果菩薩遠離了自私自利之心，並且必定成為利他的身語七不善有開許。

在行持密宗的不共行為時以及在寂靜處行持密宗行為，雖然表面上與下戒相違，但只是墮罪的形象。究其實質，非但無有罪過反而具有必要，如蓮師又說：「內依密乘共同宗派行，具有結合生圓義必要。密依大密阿底宗軌行，具即生成虹身之必要。」《分析三戒論》中云：「凡為罪業不善方，多依聲聞宗守護，相違離貪之墮罪，依照菩薩宗護持，成為世間不信分，二者相同勤守護，若成世間趨入因，開許大乘別解脫。」

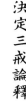

如果三戒內部互不抵觸成為一致，則成為他眾不信的部分等所有取捨之處當互不混雜分別圓滿守護。如果內部相互抵觸，有一戒稱為所斷的成為另一戒的所護這樣相違的現象，那麼要看哪一戒成為自相續所遮煩惱的對治以及不束縛相續，就行持那一戒，這一點是智者們共同承認的。

如果產生不善罪業，無論何者均當遮止，如果產生善業與功德，那麼就必須要修學。因此，分清一般與特殊的要點極為關鍵。也就是說，具足三戒金剛持上師行為必須無有過患，而且還要與時間相結合，對於各時的取捨都要通達。

初學者主要護持別解脫的所遮與菩薩戒、密乘根本支分的所有墮罪。所謂的初學者是指尚未獲得依靠密咒或等持轉變酒的味道以及滅毒等暖相之前的人。境界得到穩固以後根據智慧增上的程度不同，通過安住於生圓次第瑜伽的方式依靠殊勝誓言物等密宗內續的共同行為，如果依靠修持生圓獲得了暫時成就，則行持無有取捨的行為，現前究竟果位遍知智慧時，則唯一是利他的行為。總而言之，行為必須與時間相結合，這是《時輪金剛》中所說的。《時輪金剛大疏》中云：「故初業者莫做瑜伽事，瑜伽行者莫做成就事，獲成就者莫做遍知事。」

丙三、攝義：

功德基礎別解脫，隨力引發菩提心，

自性大圓滿支分決定三戒論釋 附 戒律輯要 等

乃是密宗之分支，獲能成熟之灌頂，
守護三戒如眼目，修知三相尊生次，
有相無相圓次第，近因行為漸相合，
即生臨終中陰界，自性化身剎成佛。

聲聞與共同道中以對輪迴的厭離出離心引發隨力而受成為一切功德之基礎具足四所斷或身語七所斷的七種別解脫戒，應當斷除身語的惡行。在此基礎上，以願無量無邊的所有眾生獲得菩提的意樂而受菩薩戒，這兩種戒就成了密乘戒的支分。也就是說，一切有情自性本來清淨，但由於未證悟此理而備受痛苦因果的逼迫，以對此等眾生難忍的大悲心驅使而依靠能成熟的灌頂在相續中獲得密宗持明戒，此後應當了達三戒所有學處遮需的要點而如眼珠般珍重護持，通過認識淨基、能淨的方式而不離了知三相為天尊的見解，修持甚深生起次第、風脈明點切要之道上下門有相圓滿次第及諸法以空性印持的無相圓滿次第。如果不斷修習並與迅速獲得無漏之果的近因行為次第相結合，那麼上根者即生中就能成就雙運身，中根者於臨終光明中得到雙運身，下根者於轉世中陰依靠法性真諦的加持而於自性化身剎土中面見金剛薩埵等五部如來，得受灌頂、菩提授記的安慰後成就真實正等覺佛果。

第五品總分析三戒之次第釋終

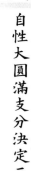

自性大圓滿支分決定三戒論釋

甲三（末義）分四：一、作者生起大悲心之理；二、造論之必要；三、造論方式與迴向；四、造論之結文。

乙一、作者生起大悲心之理：

今多未修胡言者，自智塵許未證悟，

杜撰儀軌滿愚心，思此感傷淚盈盈。

如是前輩的成就者高僧大德們在所化眾生前已現示前往其他剎土，如今他們珍貴善妙的論典僅有書函存留於世。真正能以弘法利生的清淨意樂而不違教理講經說法等方式傳教的宗軌也已奄奄欲滅。在五濁猖獗的當今時代，許多未以聞思賢妙論典修煉過自心卻自以為是的尋思者信口開河誹謗他人，擾亂佛教，對自己本有的智慧絲毫也未證悟，卻對守護三戒漠然輕視，為數不少自命不凡的冒牌成就者自相續顯然已被魔加持，或者被脫離勝觀的平凡住心如陽焰水般的覺受假象所迷惑。對那些與任何經續均不相符自我杜撰的儀軌或者經續的儀軌略知一二，便洋洋自得的這些人不僅無有生圓次第等親身體驗的要訣，而且就連各自所護學處的界限也是一竅不通，只是依靠精通儀軌的詞句、明白一點用法，便用金銀珠寶將壇城與佛像佛塔裝飾得精美莊嚴，以貪圖名聞利養的惡劣發心為他眾灌頂等表面利眾。此時此刻，根本不了解佛教如意寶本是教法與證悟的道理所有愚昧無知之徒竟然心滿意足地隨學他們，看到這種自欺欺人

的場面，作者不禁深感痛心，對濁世眾生的悲憫之情也油然而生，不由自主地淚水盈眶。

乙二、造論之必要：

顯密諸道為眾生，完整無誤道佛說，

雪域彼等執一方，雖欲圓融成名相。

隨所化補特伽羅各自根基不同所說的一切顯密道均是為了無量眾生調伏相續獲得三菩提而宣說的。這一切修法可以如此歸納，別解脫作為基礎，菩薩乘為框架，密宗竅訣為成形的建築，所有補特伽羅成佛完整無缺、毫無錯謬的此道可囊括佛陀演說的一切法門，可以說三戒密意博大精深。在此雪域，有些人對顯密論典只是片面性獲得信解便各執己見，如同瞎牛吃草一般，真正將諸法融會貫通而受持的人可謂寥寥無幾。那些想將顯密修法合而為一，歸納為三戒的人看起來也是分開行持三戒，只是口頭上說起來美妙動聽，實際上根本不懂得開遮界限一般與特殊一切均不違教理來講解，僅僅是停留在字面上成了形象而已，作者鑒於以上原因，認為很有必要造此論典。

乙三、造論方式與迴向：

依成就者之善說，聚精會神撰著故，

思無罪垢以此善，願眾速得普賢果。

此論是依據那些以經續之義而抉擇的成就者們之善說中開示的意義，未雜有偏袒之心以及自己的臆造而是

自性大圓滿支分決定三戒論釋

憑自己的智慧專心致志詳細觀察分析、不違教理竅訣、全神貫注而撰寫的，因而自以為無有未證邪證憑空捏造等罪業的垢染，這是作者以高昂的語調，為使人感到值得可信而未作懺悔。以造此論所得的殊勝善根，願遍滿虛空界的一切眾生無勤快速獲得一切如來身智無離無合本性普賢王果位。

乙四、造論之結文：

此自性大圓滿支分決定三戒論是雪山環繞的藏地南方出生具有出離心的阿里班智達班瑪旺嘉撰著，願於十方三時成為廣弘無上大圓滿法之因。

正如固彌桑布札所說：「文字之中出名稱，名稱之中出詞句，以句可說一切義。」文字組合成名稱，名稱組成詞句，詞句組成偈頌，因此依靠詞句而形成了有五品內容的這部論典。此論的作者是雪山環抱的藏地南方地區阿里羅哦塘出生具有殊勝智慧、以遠離有寂二邊的出離心尋求無上菩提的意樂引發，具有利他善巧方便、精通五明的阿里班智達班瑪旺格嘉波多吉札巴嘉村吉祥賢依據佛經注疏而撰寫。欲求解脫的諸修行人理當恭敬頂戴。《寶性論》中云：「何者一心為佛教，無有散亂專注說，與得解脫道相同，當如仙人（佛陀）教頂戴。」如是造論的所有善根願於三時所攝的一切世間界中成為總的顯密、尤其是諸乘之頂自性大圓滿阿底約嘎教法以講修方式弘揚光大之因，如是發願可謂是所有迴向中最

為殊勝的，因佛經中說一切發願均攝於迴向受持妙法之中。《普賢行願品》中亦云：「願持諸佛微妙法，光顯一切菩提行，究竟清淨普賢道，盡未來劫常修習。」

當今佛教光微存，此時當離毀人身，
惡友以及散亂事，以聞思修諸法理，
勤修解脫之妙道。因無俱生之智慧，
所說諸過具法眼，諸聖者前誠懺悔，
若有些許之善說，願成佛法久住因。

此三戒論釋是經三藏法師丹巴哦色釀波誠摯勸請，盛情難卻，梵語為革訥（雲丹嘉措）口述，請求者做記錄。芒嘎朗！吉祥！

二〇〇三年六月十六日
譯畢於色達喇榮聖地

自性大圓滿支分決定三戒論釋

建立三戒一體論

全知麥彭仁波切　著

堪布索達吉　譯

　　有些人聲稱三戒是異體，只是耽著自方而未懂得要點信口發言說：「你們寧瑪派承認三戒本體轉依的觀點是不合理的，如果這一觀點合理，那麼別解脫戒等變成密乘戒時，是捨棄下下戒以後才變還是未捨而變的？如果是捨棄下戒以後才變的，那具三戒金剛持顯然就不應理了，若以推理而言，具三戒金剛持不合理，因為已捨別解脫戒之故。已捨別解脫戒這一點是成立的，因為已經捨棄別解脫戒才轉依為密乘戒。如果未捨別解脫自體而轉依，那是不可能的，這樣一來，就成了別解脫戒本體未轉依。若以推理而言，別解脫戒本體不應轉依，因未捨自之本體故，假設自本體未捨，也就不可能變成他法。」

　　針對這種自以為推理十分高明並且已立成文字的高論調，本人在此通過自己的理解結合親身體驗進行說明，以三個理由加以闡述：一、建立自宗；二、破斥與之相違他宗；三、安立究竟意趣一致。

　　甲一（建立自宗）分二：一、真實建立自宗；二、遣除諍論。

　　乙一、真實建立自宗：

自性大圓滿支分決定三戒論釋附 戒律輯要等

自宗遵照全知語自在無垢光尊者師徒的觀點，承認三戒本體轉依、自體互不混淆。實際上這一觀點並沒有曲解如來的密意，這一點依靠教證足可說明，如《五十萬真如智成續》中云：「不同石頭之種類，熔化成鐵銅與銀，依靠真實點金劑，悉皆轉變為金子。如是以心之差別，三類種性之戒律，倘若入此大壇城，則稱之為金剛持。」

　　乙二、遣除諍論：

　　你們所說的捨棄或未捨棄的破斥好似雖知頂卻不曉根或者只知拉弓不會射箭一樣，雖然智慧敏銳，但又顯露出狹隘膚淺，本人並不是偏袒耽著自方而是站在公正不阿的立場上這樣闡明：所謂的三戒，總的來說，在不被煩惱所束縛這一點上所護本體是相同的，因為一切如來教就為了斷除輪迴的根本、成就涅槃而言是完全一致的，如彌勒菩薩說：「佛說能斷三界惑。」這一點不僅以教證成立，而且通過事勢理也可以證明。我們必須清楚的是，自本體沒有恆常穩固不變的，別解脫戒、菩薩戒與密乘戒只是在斷除、轉移、道用的方面有所不同，而在不被煩惱所縛這一點上是一致的，例如未服毒或者依靠明咒密咒加持而服毒以及將毒轉變為藥，這三種情況都同樣不會受到毒害，後兩種情況實際自相續並未服毒，同樣的道理，大小乘所護的戒律自本體，除了前者作為後者的所依以外並沒有異體的實質存在，你們所說

建立三戒一體論

的捨未捨是何道理呢？

若有人想：這樣一來，就未轉依了。

由於別解脫戒是菩薩戒的所依，並且已為菩提心攝持，因而稱為菩薩戒之別解脫。比如說，同一個寶劍，懦夫、勇士與大勇士所持時，而分別稱為懦夫的寶劍、勇士的寶劍、大勇士的寶劍。以前是懦夫的寶劍，現在已不再是他的劍而成了勇士的寶劍。如果有人說：猶如寶劍一樣，戒的本體並未改變。其實有改變，因為劍的作用已截然不同，更為顯著了，如果作用有大小還不算無有改變的話，那麼就必須承認窮人變成富翁時也一無所有，或者一個人成為百姓、大臣、國王也不具有他相應的事業。因此說，取捨的律儀才真正是戒律的本體。如此別解脫戒只是因為見到三界輪迴的痛苦，以自己出離心斷除它之因煩惱而已，並未能道用，就像不具備明咒密咒的一般人不能服毒一樣。菩薩戒，不僅僅是為了自己解脫，而且以清淨的意樂唯行饒益他眾之事，由於意樂清淨而不會被諸如別解脫戒的墮罪所染，就像能將毒轉為藥的明咒密咒一樣。密乘戒，以盡快成辦自他二利的廣大意樂而將現有諸法護持為天尊、咒語、法性，以殊勝方便智慧攝持，就像依靠服毒而解毒一樣。由於意樂的不同，戒的自體也只是各自的戒而已，絕不會成為他戒。假設三戒是異體，那麼就必須承認別解脫戒與菩薩戒對於一個密咒師來說不可能存在，因為三戒是他體之故。

若有人說：如果這樣轉依，則雖說是功德上具，然而就不具三戒了，因為密乘戒不是此三戒，現在已經完全變成了密乘戒之故。

那麼，請問你們這樣一個問題，小乘別解脫戒若以發心攝持，是否變成大乘別解脫戒？如果說不變，那具有別解脫戒的補特伽羅相續中就不會產生密乘戒了，因為這兩者不同之故。如果認為雖然不轉依，但由於依靠各自儀軌而受戒，所以是互不混雜而存在，那麼具有兩份別解脫戒的補特伽羅相續中由於以前小乘的二百五十戒條與重新受大乘戒的二百五十戒條兩者不混而存在，結果加起來就有五百條戒在一個補特伽羅相續中存在了。這種存在方式是怎樣的，請你們講一講。如果說轉依，那麼是捨棄小乘別解脫戒後轉依還是未捨棄而轉依。若是未捨棄而轉依，那不可能成為大乘，原因是未捨小乘別解脫戒自本體，也就不可能存在轉依。如若是捨棄後才轉依，那以前的二百五十條戒已捨棄還是未捨棄？如果已捨棄，就不可能具有三戒，若未捨棄，那到底是不是轉依呢？這一點請你們好好想一想。

若對方問：那麼，自體不混、同時具有三戒的存在方式是怎樣的呢？

它是這樣存在的：以前在別解脫時依靠儀軌而受的二百五十條戒在上戒時並不是已經失毀了，而是以較前更為殊勝的方式存在，如此一來為什麼不能說具

建立三戒一體論

310

三戒呢？在大乘別解脫戒時，除了小乘別解脫所護的二百五十戒條以外還有所護嗎？如果沒有，那麼這兩戒互為異體就不合理了，因此證明還有所護，其理由是別解脫戒在菩薩戒時存在不包括在二百五十條戒之內的其他所護，下兩戒是上戒的支分（，同樣上戒還有不包括在下兩戒之內的其他所護）。所以說，上戒並不捨棄下戒，而且前者成為後者的所依。

如是任何一條戒根據是否被自他方便智慧所攝持的差別，戒的自本體如果成為別解脫菩薩戒，那麼請問：二百五十條戒是大乘的別解脫還是小乘的別解脫戒？譬如，別解脫的二百五十條戒被菩提心攝持後，在它的基礎上加上菩薩戒，這樣一來，別解脫的二百五十條戒就變成了菩薩戒，之後作為一名守護別解脫菩薩戒所有戒條的人，是不是說僅有菩薩戒而不具有別解脫戒，請你們深思。在此基礎上，加上密乘戒也成了如此。

我們自宗只是說所護戒的本體而不說能轉變它的方便或心是異體存在，因而所護就是前戒的本體，除此之外再沒有了，以一戒上加一戒的方式而不失前戒而存在，如此一來，儀軌與戒條等別解脫戒、菩薩戒、密乘戒三者在各自之時均分別存在，實際上所有的這些戒並未變為密乘戒那樣，而從完整守護自道的角度來說是圓滿的，各自反體互不混雜，就一個補特伽羅而言，可以計算說守護此條是別解脫戒、這條是密乘戒，這就是所

自性大圓滿支分決定三戒論釋 附 戒律輯要 等

謂的三戒金剛持。雖然三戒是如此存在的，但不是說下兩戒自續存在，而是變成上戒而存在。

甲二、破斥與之相違他宗：

另有說三戒異體者並不是具有密意的說法而認為真相即是如此，雖然他們重複具有密意說法的兩個比喻日月星辰水器寶，實際上那只是大智者的說法而已，他們的究竟密意並非如此，這一點以理證可妨害。

別解脫戒、菩薩戒與密乘戒三戒如果下戒永遠不會變成上戒而仍以前面的自相存在，那麼就必須承認具有大小乘別解脫戒者相續中作意自利的所護與作意他利的戒二者同時存在。此外，別解脫自宗除了斷除以外，無有轉變與道用的能力，如來在相應之時宣說有轉變與道用。諸如降伏十大應誅，能誅只有一個，如果別解脫自宗存在，那麼在別解脫戒中所誅為十大特殊應誅、能誅以方便之差別的這種說法是否有。如果是一個非密宗的別解脫戒者降伏十大應誅，會不會犯根本罪，飲酒與雙運可以嗎？或者說，一個補特伽羅是三戒金剛持，他在雙運時有必要說明守護別解脫者留在這裡而守護密乘戒者行雙運或者明觀本尊佛父佛母等上上勝伏下下嗎？如果別解脫戒從自宗的角度來說沒有任何變好變壞而是自續存在，那麼別解脫戒中有明觀本尊行雙運可以的特殊開許嗎？如果說這只是密乘戒的術語而在別解脫中是沒有的，需要護持別解脫戒，那麼除了按照自宗以外還說

什麼雙運降伏法呢？

　　若說：既然你們也承認需要守護別解脫戒，這不是相同嗎？不相同，我們不承認如果是圓滿守戒者下戒的自相依然如故存在他的相續中，而承許已轉依為密乘戒，因此如果護持下戒，那麼護持它的戒律在相續中是存在的，然而由於它已轉依為上戒而無需再考慮下戒的界限，就像平民變成國王的比喻一樣。這樣一來，一位補特伽羅遇到二百五十條戒任何一條，都需要具足斷心、菩薩戒與密乘戒。以十大應誅為例，在別解脫戒中如果降伏，則犯第一條根本戒，按照別解脫的宗軌必須戒殺，因為別解脫未變成密乘戒而以自本體無有能力降伏之故。對於具足如是三戒的金剛持來說，未降伏密宗的十大應誅，犯沒犯根本戒呢？一個補特伽羅觀待別解脫、菩薩、密乘戒分別不殺、以悲心殺、以方便殺同時需要做，如果未做，那麼所謂的降伏對密宗來說應當做，而別解脫戒中是犯根本罪。同樣，就密乘戒而言，行持降伏、雙運、妄語、不與取四種的比丘金剛持，由於從此捨棄了別解脫戒，就不具有三戒而只具二戒了。由此可見，如果三戒分開存在，就像對熱症寒症的藥各治一方或者火水一起降雨一樣，也如同具有單獨的別解脫戒、菩薩戒與密乘戒聚合一處一樣，因為這些戒的做與不做互為異體之故。

　　如果說：由於勝伏下戒、善法力量強大，雖犯根本

自性大圓滿支分決定三戒論釋附戒律輯要等

戒但無有過失。

如果是這樣的話，那麼不必具三戒了只具足密乘戒難道不是更好，因為如果做一個就不能做另一個而善法的力量均相同之故。實際上並不是這樣，原因是如來親口說比丘為最殊勝的所依。如果一個補特伽羅的相續中三戒不混、不變自相存在，當遇到酒等任何一戒時以上戒為主，那麼沒有遇到戒時該如何守護呢？若說守別解脫戒，則單獨的別解脫事相安立為什麼呢？這一點請你們好好想想。

如果對方說：既然你們寧瑪派自宗的觀點也承認別解脫為密乘戒的本體，那麼殺生到底是怎樣的呢？

由於我們承認它是密乘戒，因而密宗自己可以作為理由，你們不可以，因為你們承認三戒就像三個人一樣是分開的，我們根據別解脫戒、菩薩戒、密乘戒分別斷除、轉移、道用的角度不同，並且主要依靠內證的差別，而承認為是阿羅漢、菩薩與佛的隨學者，僅僅是戒的數量並不立為它的究竟事相，請你們安立一下別解脫、菩薩與密乘三戒的事相。如果安立二百五十條等，那麼密乘中就沒有了，因為是別解脫戒之故。如果這樣承認，難道五部誓言中不存在別解脫戒嗎？如果事相除了發心的差別以外再無有其他，那正如我們所說的，戒的本體自相不成立，猶如鐵變成金子一樣而改變，這是我們承認的。否則，一個補特伽羅相續中需要具有大小

314

乘三種見解了。

若說：這樣看來，你們也認為殺生無有罪過。

我們只是說主要根據內證，而戒自己的本體自相不成立，依靠基如精華般的能依道與所依誓言相結合而在自相續中存在，除了內證以外在外面是根本沒有戒的。如此一來，見解結合行為，行為結合時間，一旦無有取捨現前自果乃至成佛之前就是依靠這個。因此，在不具有明觀本尊以及必要的情況下，行雙運、降伏，按照別解脫戒是有罪過的。如果具足明觀本尊與必要，則無有罪過。以密宗的甚深方便印持而在應時不成罪過。也就是說，需要根據時間與證悟的境界來守護一切學處。五部共同與不共誓言表面看起來是自相矛盾的，但以證悟境界的差別而言，它們勝伏下戒，因而不相違。如果下戒未經轉依，那麼絕不能以密宗作為掩飾，因為在別解脫中無有密宗的說法之故。如果轉依則可以，如說不能因小失大，根據各戒的不同，需要衡量必要大小，別解脫中除了四根本戒外再沒有更重要的，因而絕不允許行持。

如果說：從實際意義上而言是可以的。

那麼對於具有別解脫戒者不需要守護，不會犯根本戒，顯然已與論典所說相違，原因是按照你們所說，犯根本戒的比丘後來積資淨障或者積累比此更大的罪業也不會犯根本戒。例如，若本體與以前相比沒有任何改變，那它的作用等怎麼會改變呢，一個人的身體上別解

自性大圓滿支分決定三戒論釋 附 戒律輯要 等

315

脫與密乘裝束也是相違，那時對他來說該怎麼做呢？如果依照上戒而行，則已改變，因為已隨從了上戒之故。如果無有改變，那上戒對此做什麼呢，是一個本體而有兩者，那是什麼樣的呢？請你們考慮考慮。譬如，承諾言說有生之年守戒的人，由於白色裙子是密宗裝束而在今生絕不能穿著。

按照我們宗派的觀點，對於本體轉依也必須要與內證和行為相結合，雖說是具三戒，但在初學階段不能將殺生轉移，因而必須斷除，這是別解脫戒。它的果為他眾而想成佛是菩薩戒，此菩薩戒以大淨等攝持而成為密乘戒，如此一來，次第修持，別解脫戒不會變成獨立的，因而是捷徑，無有墮罪並能令所化眾生隨行。如果能依次行道，通過密宗而行雙運降伏等趨入無有勤作、取捨及守護界限之地，因此才稱得上是具三戒金剛持。正如阿闍黎蓮花生大師所說：「外表身披袈裟，持比丘相，內持密宗無上瑜伽。」因此，此道是三世諸佛之遺蹟。印藏諸成就者也是如此，以大成就者那波巴為例便可知曉。這也是就三戒本體轉依而言的，如果三戒本體不轉依，那相續中不能獲得灌頂，由於仍然只是停留在前戒的斷除上，而無有轉依與道用的能力，取捨二者直接相違，本體怎麼能是一個呢？結果已經落到別解脫的空隙中了，又怎麼可以行持密宗呢？如果別解脫戒的事相不存在，那如何具有三戒呢？因此如日月般眾所周知

的那若巴與那波巴等大師絕對不會犯別解脫的他勝罪。如今有些結合壇城儀軌時唱金剛歌、跳金剛舞這些雖與別解脫威儀相違，但無有過患，這是要訣。如果三戒是異體，那麼就像三個人聚合，其中一人死亡以另一人無法壓服一樣，這顯然已違越了各自論典的說法，你們對此也無話可說，這樣一來，事相的見解如何能成立呢？

甲三、安立究竟意趣一致：

各大教派的大德們究竟意趣互不相違，如果相違，那麼就不得不承認一者有過失了，實際上能開顯三戒密意的那些大德全是住地大菩薩。既然說不相違，那為什麼不相違呢？如是別解脫戒、菩薩戒與密乘戒三戒各自的本體為異體，時間、對境、所依均是分開的，因而它們有差別。如是別解脫戒若以菩提心攝持，則變成菩薩戒，在它的基礎上宣說菩薩戒，而根本不會失去下面的別解脫戒，只是比以前更為殊勝而已，絕不會變得下劣，由此承認它們的本體分開也是不矛盾的。如果不是異體，那麼無論安立任何名稱都毫無差別，因為是一體而不成立三體之故。如果被密宗攝持，則在別解脫與菩薩戒上再加所有密乘戒，而不失下兩戒。實際上，所謂的轉依就是指所護戒的本體轉依，比如說，為自利而不殺生，為他利而不殺生分別安立為小乘、大乘戒，除此之外只是從相似戒自之本體來說，這兩者是無有差別的。並不是斷除別解脫戒的二百五十條後而在密宗另有

二百五十條，其實也就是以前的那二百五十條以方便攝持後變成了密乘戒。即便守戒方式一致，但根據能攝持方便的差別，而轉依為各自戒，例如同是一朵花，平凡人與聖者兩次供養，它的作用就完全不同了，對此可不可以命名為菩薩的供養與平凡人的供養呢？所供是同一朵花而成為如此不同。因此，所謂的異體實際上是指具有別解脫戒的本體彼等之戒，在上戒時不需要捨棄下戒而是平等存在。本體轉依則是指在未捨下戒的基礎上在上戒的本體時而變成它的戒。如果真正認識到這二者互不相違並理解了其密意，那就如同火薪一般相輔相成，再別無其他。沒有正確理解大德們的密意，而以偏袒之心立自破他，就像一個父親的兩個兒子以分開執著父親的妄念而衝突一樣。如阿里班智達親言：「三戒一人相續中，自體不混遮需圓，本體轉依德上具，應時主行要不違。」如果已得到了這樣的密要，那就會明白三戒互不相違，同時又能獲得一切乘殊途同歸、一切佛語均現為教言的大智慧。

　　如是分析慧海中，善說詞花笑盈盈，
　　願令心中淨覺性，文殊金剛生歡喜。

　　此論乃法王麥彭仁波切在幼年時親手書寫，後人抄錄也。芒嘎朗！謝！

318

大乘齋戒功德

阿旺彭措尊者　著

堪布索達吉　譯

那莫革熱！

在此簡明扼要地講述大乘齋戒的功德，分為：一、總功德；二、各自之功德；三、分析對此等之疑慮。

甲一（總功德）分三：一、就時間而言功德巨大；二、就環境而言功德巨大；三、就本體而言功德巨大。

乙一、就時間而言功德巨大：

《三摩地王經》中云：「於恒河沙俱胝劫，以清淨心以飲食，幢幡以及油燈鬘，侍那由他俱胝佛，何者於正法極衰，佛教即將滅盡時，一日中受一學處，福德遠遠勝前者。」在佛教衰敗之時，於恆河沙數劫中，以豐美飲食等一切供品如理供養百千俱胝那由旬他數的佛陀，如果有人在佛教極度衰落這樣的惡世，甚至僅僅於一日內護持一分學處，其福德也遠遠勝過了前者。由此可見，即便是受持一次齋戒，自然而然會獲得齊天洪福，當然，有多少福德也會相應得到多少圓滿安樂。如果善加思考，那就會明白，即使獲得百千萬的如意寶也比不上在如今這般惡濁的時代只是受一日齋戒，如此真能做到，那實在是很有善緣，並且有重大意義。

乙二、就環境而言功德巨大：

在諸清淨剎土中於善妙清淨劫期間修行，比不上在如此不清淨的剎土中彈指間行持一分善法的福德大，關於這一點，佛經及注疏已不止一次地宣說過。在不清淨中也是最不清淨的這樣環境中，如果受八關齋戒後甚至能於彈指的頃刻間護持，福德也是無量無邊，如果它有形色，那麼恐怕整個大千世界也難以容納。

乙三（就本體而言功德巨大）分九：一、不受非人加害之功德；二、受到諸天庇護之功德；三、行何善法力大之功德；四、如願以償之功德；五、獲得人天身之功德；六、值遇慈氏教法之功德；七、成為人天應供處之功德；八、簡單易行之功德；九、獲得解脫與佛果之功德。

丙一、不受非人加害之功德：

如《毗奈耶經》中記載了這樣一則公案：從前，有一個老婦人受了一日的八關齋戒，在當天的深更半夜，勝光王派她去給一位犯人送飯，途中遇到了三群非人，但他們都無機可乘。受齋戒期間任何非人也無機可乘這是一條緣起規律，《具淨戒經》中云：「如是凶狠毒蛇大惡龍，亦不害具戒者況他眾？」意思是說，非人之中最凶殘的莫過於黑龍魔，就連它對具戒者也不能加害，那其他眾生就更不用說了。如此看來，防護外在損害的方法中，最為殊勝的竅訣非護持內在戒律莫屬了。

丙二、受到諸天庇護之功德：

大乘齋戒功德

倘若自己能夠如法護持所承諾的戒律，那麼也會受到喜愛白法的所有天人夜以繼日的庇護，對此許多經中都有明說。因此，毋庸置疑，得受齋戒直至失去之前會受到諸天保護。

丙三、行何善法力大之功德：

一般說來，不具戒者即便是在多如大海的酥油汁中插入大如須彌山的燈芯供養三寶，也遠遠比不上具戒者在一滴酥油汁中插入針尖許燈芯供養的福德。未受齋戒者於數劫中行善，也遠遠不如受戒以後於頃刻間行善的福德大，這一點是顯而易見的。

丙四、如願以償之功德：

通常而言，戒律清淨者無論發何願，無疑會如願以償。從受八關齋戒時起乃至未失毀期間，凡是所發的願都必定會實現。

丙五、獲得人天身之功德：

經中說，僅僅守持一次八關齋戒也獲得人天的殊勝所依身體。相關的公案不可勝數，書之不盡。

丙六、值遇慈氏教法之功德：

如頌云：「釋迦佛之教法中，何者以信而聞法，且守八關之齋戒，將轉生為吾眷屬。」如果守護齋戒，則會轉為彌勒佛的眷屬，這是慈氏菩薩親口承諾的。因此要想在未來時值遇至尊彌勒教法，脫離輪迴，那麼理當努力受持大乘齋戒。若有人有如此想法：小乘齋戒與大

自性大圓滿支分決定三戒論釋 附 戒律輯要等

乘齋戒不同，所以不應當將小乘齋戒的功德貼在大乘齋戒上。事實並不是這樣的。小乘齋戒與大乘齋戒所護的支分多少與本體是相同的，因而凡是小乘齋戒的功德，大乘齋戒都有。而且，由於二者在緣不緣一切眾生等方面有著顯著的差別，因此小乘齋戒的功德與大乘齋戒的功德比起來，也相差懸殊。對此，以理證分析也是成立的。

丙七、成為人天應供處之功德：

經中記載：「帝釋天白佛言：『在初八、十五、三十的吉日中受齋戒的人與我帝釋相同。』佛告帝釋：『你不要如此說，實則彼與我相同。』」哪怕未受戒之前如惡狗一樣的人，從受戒時起直至未破戒間，與導師佛陀相同，成為諸人天應供處、應敬處。因此，必須清楚的是，有戒無戒之間，有著這般明顯的勝劣差別。

丙八、簡單易行之功德：

如經中云：「於長期中行，念誦及苦行，亦……」持誦與苦行等其他善事，必須做到初中末心不散亂，否則不會獲得相同的功德，結果成了徒勞無益，而齋戒與之不同，只要最初受戒時能全神貫注，之後即使散亂也不會障礙功德，因此與其他善事相比顯得簡單易行，由於所護戒條少、護持時間短，因而也容易善始善終。總而言之，對於我與我這樣的修行人來說，再沒有任何比此更易行、更重大的善業了。

大乘齋戒功德

丙九、獲得解脫與佛果之功德：

《天王請問經》中云：「初八、十五與神變月中守持八關齋戒者將成佛。」還有諸如此類的許多功德，但恐繁未述。

甲二（各自之功德）分二：一、暫時之功德；二、究竟之功德。

乙一、暫時之功德：

斷除八種所斷的八種功德：戒殺，生生世世長壽無病；斷不與取，生生世世受用圓滿，並且不遭受他害，自由自在享用；斷非梵行，生生世世中容色美麗端嚴；斷妄語，生生世世不受他人欺騙，自己的語言富有威力；戒酒，生生世世正知正念穩固，諸根清明，智慧圓滿；斷高廣大床，生生世世受到他眾讚歎、恭敬，坐墊美妙，乘騎眾多；過午不食，生生世世中獲得豐厚飲食，莊稼豐收；斷除香鬘等，生生世世中身體發出芳香，色美形妙；斷除歌舞等，生生世世中身心調柔，語言善妙，不斷傳出正法的妙音。

乙二、究竟之功德：

究竟功德也有八種，戒殺之果：成就金剛身；斷不與取之果：成就手輪、足輪相；斷非梵行之果：諸根具足，身體強壯；斷妄語之果：獲得覆面之舌與梵音般動聽之語；戒酒之果：成就見不厭足之身，諸根清明；過午不食之果：具足四十顆皓齒並且齊密；斷香鬘等之

323

果：身體遍滿戒律的圓滿妙香；斷歌舞等之果：身體為一切妙相嚴飾；斷高廣大床之果：享用正法三墊。這以上內容是依據《長甲普行請問經》中所說而宣講的。

甲三（分析對此等之疑慮）分四：一、不滿一日可否受戒之分析；二、一日後可否得戒之分析；三、數日同時可否受戒之分析；四、一戒失毀他戒是否需守之分析。

乙一、不滿一日可否受戒之分析：

《俱舍論自釋》中云：「如是而為，屠夫邪淫者白日或晚上受戒亦有果。」所以說，僅僅在白天或夜間受持戒無有不合理的地方並且大有必要。當然，最好能完整受一日的齋戒，如果實在無能為力，那麼只是受半天甚至僅僅半小時的齋戒也具功德。

這樣的齋戒如何受呢？長老普提賢說：如果只受白日齋戒，誦「我從現在起乃至日落間受此戒」。僅受夜晚齋戒也可依此而了知。

乙二、一日後可否得戒之分析：

小乘齋戒一日中受持，一日後雖然持戒也不得戒體，不滿一日也不得戒體。大乘齋戒乃至菩提果之間均可得戒。嘉楚傑尊者在《雜集論釋》中說道：「齋戒只能受一日，一日後不得戒體的說法只是個別聲聞乘的觀點，應當明確這是顛倒的論調。」《喜金剛》中也這樣寫道：「最初賜齋戒。」美哲巴論師對此解釋說：「首

大乘齋戒功德

先賜齋戒時，受戒者祈求說，請尊者或上師垂念我，我某某居士乃至菩提果之間……」全知蔣陽夏巴也曾親口說：關於乃至菩提果之間受八關齋戒的儀軌，許多經續中都有明說。既然小乘齋戒乃至菩提果之間能受，那麼大乘齋戒更不用說了。這一點憑藉它更容易生起並與發心相結合便可知曉。

乙三、數日同時可否受戒之分析：

承認齋戒除了一日以外不能生起戒體的小乘宗也有可以多日同時受的說法，《澄清佛教論》中云：「齋戒雖然固定在一日期限內但如神變月中半月不間斷護持，而一次性受也是可以的，由於一日的戒十五日期間重複持誦而受，所以根本不會有不成一日戒的過失。」《俱舍論自釋》中也說：「半月等重複一日故。」

受齋戒的方法也是將儀軌中的時間換成從一日乃到十五日之間，如果想在一年中每月的初八、十五、三十日中受齋戒，也同樣將時間改為從今起乃至一年內所有初八、十五、三十日。也有必要依此而了知其他。小乘的齋戒一次性也可以受數日的齋戒，那大乘齋戒就更不必說了，因此想守多長時間就可以受多少時間。然而，若能做到每日都重新受，那將會使正知正念得以穩固等有許多必要，因此更為圓滿。

乙四、一戒失毀他戒是否需守之分析：

以前曾有這樣的公案：一位受齋戒之人失毀了一條

主要學處，之後他仍舊守護其他戒條，後來轉生為人間君主。另一位受了齋戒的人顧及妻子的情面，在萬般無奈的情況下不得不過午進餐，結果未能夠轉生到人間，但因護持剩餘支分戒條而轉為龍王。最終此二者都獲得了阿羅漢果位。

守戒的功德與不守戒的過患二者互不混雜，即使破了一條但也要盡可能地守護其他戒條，不要認為因破了一條而捨棄一切，在能夠守護的所有時間裡一定要守護。甚至只是在一剎那守一分戒也有不可估量的功德，這些道理正如上面所說的那樣。只是不造罪業並不會獲得守戒的功德，而必須要先發願，從此時起乃至何時之間受戒。

總之，如果不想自己欺騙自己，就不要像大蒜多吃少吃都一樣的比喻那樣去做，根據所護戒條，只要自己有守護一分學處的能力，也應當守護。根據守戒的時間，哪怕只能守一頃刻間也要守戒。

撰此所生善，亦願諸眾生，
依止戒律梯，登大菩提殿。

此乃阿旺彭措撰寫完畢，吉祥！

大乘齋戒功德

齋戒功德相關公案

湊哲揚珠尊者　著

堪布索達吉　譯

那莫革日！

一座齋戒的功德：印度的大成就者拉瓦巴在聚會的大庭廣眾之中宣說齋戒的廣大功德時講述了以下的公案：有一人為了一個女子而殺了人馬六個眾生，後來守了三十九次的一座齋戒，結果轉生為一位善知識。

還有一個獵人受持了四十六次齋戒，死後轉成了一個富翁。有一個屠夫守持四十六次一座齋戒，死後也轉生為一名財產豐厚的富人。另有一屠夫受了一百次的一座齋戒，後世變成了一位誠信佛法的官員。

有一位守一座齋戒的人想吃肉，於是打死了一隻鴿子吃了牠的肉，結果投生為自食己肉的痛苦眾生。有一個人對另一位受齋戒的人說：「今天不要受齋戒了，我需要派你去辦一件要事。」差遣他做信使，依此報應，那人一百次投生為惡劣身體，又於無數劫中墮於黑暗之處，在他時也因貪求飲食而喪命。很顯然，守齋戒的功德不可思議，對破齋戒的過患小心提防也至關重要。

大成就者日藏尊者也曾經親口講述過下面的幾則實例：

有一個女人親手殺了一個兒子，後來又殺了大量的

自性大圓滿支分決定三戒論釋附 戒律輯要等

旁生，當聽受一位好上師的教言後，追悔莫及，受了一百零八次齋戒，死後轉生到南方吉祥山成為一位具有弘法利生能力、名叫索南炯尼的上師。

一人護持齋戒時，他的食物被人偷了，一個女人送來食品，結果盜賊投生為空遊餓鬼，感受了無量的痛苦。送食品的那個人轉成了富家子弟。還有一個女人守持二十五次齋戒，後來轉生為一名具有受用、行持正法的善知識。

大譯師瑪爾巴在師徒五十人的懺經行列中，不禁開懷大笑，弟子們頂禮後請問上師：「上師如意寶為什麼發笑呢？」上師說：「沒想到這麼一個小小的法竟然有如此大的功德。我的一位親戚殺了五個男女，後來誠心誠意守了五十多次一座齋戒，還持受了六十次的大小乘齋戒，死後轉生到北方香巴拉剎土。」造了罪業以後想要得以清淨也依賴於心生追悔。

有一個人父母死後，因沒有為父母作佛事的資本而痛苦不堪，土美上師仁波切憫念他而降臨說：「你如果想報答父母的深恩厚德，那就守持齋戒吧。」那人滿懷感激之情說：「遵命。」於是受持了三十五次齋戒，以依功德使父母獲得了解脫，他自己也得到了阿漢羅果位。這實在是讓人感到稀奇。

此外，桑吉上師的一個弟子貪婪信財、亡財，並且心懷嫉妒。上師觀知他將墮入地獄，根據大上師貝若扎那

所說的清淨享用信財亡財的方法而讓他守了一百零六次齋戒。結果那個弟子變成了一位真正能利益眾生之人。對他作承侍的一個女人後來也依此得到了清淨的人身。

還有一個女人得到了許多齋戒的傳承以後不僅自己並且讓朋友也受持了六十次齋戒，從而獲得解脫。

嘉哲上師的一個弟子殺了一個盜賊，上師開示教言後他表裡如一地受持了四十次齋戒，結果清淨罪業與上師一同成佛。

達夠上師的一位弟子殺了一個女子，之後誠心受了一百零三次齋戒，並在上師瑪倉前聽法，後世轉為了一位利眾之人。

得夏仁波切在所有僧人中講述說：「我昨晚做了一個吉祥的夢，夢到了索南札巴。」弟子們請問上師事情的經過。上師回答說：「本想他會墮入惡趣，看來還是有辦法扭轉。」上師要求那位僧人受一百次齋戒。結果當他守到八十四次時就死了，死後轉生到尼泊爾，成為一座寺院的上師，具大威力，精通密法。

法王噶瑪巴巴謝在漢地時，有一位本無功德卻冒充上師享用信財亡財的人前來拜見法王，法王慈悲地對他說：「如果你沒有受持一百次齋戒，恐怕後果不堪設想，好好聽我的話也可以獲得解脫。」那人畢恭畢敬地頂禮。於是法王讓他受持一百次齋戒，結果他受了兩百次，最後他變成了一位真正能引導活人死人的具威力者。

自性大圓滿支分決定三戒論釋 附 戒律輯要 等

吉仁波切也親口說：下面的城裡住著一位無有修行喜歡胡說神通鬼通的人，他從不憶念死亡無常，而將精力全部用在忙碌今生的瑣事上，將來會墮入惡趣。聽到他的話，那個人出現在前，如熱沙中的魚兒般輾轉反側，苦不堪言，請求上師救護。上師讓他守齋戒，他也依教奉行守護了三十八次齋戒，暫時也是能指點僧眾，死後自己以及凡與之結緣者均往生到東方現喜剎土。

有一個人守持齋戒時，疲憊不堪，又渴又餓，接近死亡，有一個女人給他灌了酒，結果大家都說飲酒的過患極大，必須懲罰他。佛陀聽到此事後說：「本來飲酒罪過嚴重，這次由於他行持正法而使罪過已大大減輕了。」

花姆比丘尼是這樣說的：「受持齋戒，身體要頂禮、轉繞，除了中午一餐以外不進食，口中除了念經誦咒以外杜絕閒言碎語、無關綺語，心除了一緣專注外斷除猶豫懷疑，在這種狀態中守齋戒比享用遍滿贍部洲的七種珍寶還好。」

點滴受持此法的人能報答父母的生育養育之恩，獲得解脫，具足功德，增上受用，甚至鬼神也會竭力相助，眾人悅意，身體無病，不會非時橫死，人財兩旺，飲食豐足，如法修行，凡與之結緣者心向正法，清淨罪障，圓滿二資，究竟獲得阿羅漢果位，共有十五種功德。思維這些功德而守齋戒尤為重要。阿底峽尊者也親口說過，如果意樂善妙，那麼，所作所為都將變成正

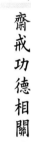

法；如果誠心懺悔，那麼無間罪也可得以清淨；如果懂得迴向，亡人也獲得利益。一般來說，一個秉性善良的人能令整個部落的修行人都獲得解脫。受持齋戒也依賴於發心，思考這些道理也是極為關鍵的。

月幢師徒剛剛到了位於下方的一個村落裡，便聽到有人說：請來這裡，於是他們就進了那戶人家，發現裡面有一個重病纏身的女人，正是為了救濟這個病人而迎請他們的，並百般恭敬，周密承侍。只見那個女人頭髮一根根豎立著，眼睛無法睜開，躺在地上。上師對她作了加持以後慈憫地說：「生病受苦這是往昔造不善業的果報，要堅強地忍受。」接著又為她宣講正法，迴向發願。那個女人生起信心與恭敬心，淚流滿面，她邊哭邊說：「上師呀，不僅僅是往昔，就是現世我也造了無量的罪業。請求懺悔罪業。」上師說：「對現世所造罪業，要毫不隱瞞地講述而懺悔。」

於是那個女子一五一十地講述起來：「我原本是一個商主的妻子，身邊有一個七歲的兒子，後來，商主到尼泊爾境內去做生意，三年未歸。他走以後，我經不住外緣的誘惑，而與另一個男人同居，結果生了一個兒子，便將孩子殺了。當時受用也已是精光，依此因緣，又殺了一位上師。聽說商主要回來，商主的兒子對我說：『我的父親就要回來了，媽媽，你該怎麼辦呢？』我聽到他說的怎麼辦十分生氣，就用腳使勁地踢在他的

自性大圓滿支分決定三戒論釋附戒律輯要等

肋部，沒想到正擊中了兒子的肝臟，我不禁悲痛萬分，大哭大叫道：『我兒子的死，都怪那個該死的商主。』當時，商主與僕人們帶著大量的財物滿載而歸，他到家後，我的一個僕女將前面發生的事情經過原原本本地告訴了他。商主聽後怒不可遏地說：『明早我要將這個惡毒女人的眼睛挖出來。』聽到這話，我十分害怕，於是當天晚上在酒中下了許多毒藥，給商人主僕十一人、鄰居的男女與一位上師，他們喝了酒後到早晨時都不能說話，後來全部死了。我倒是驚惶逃走了，可已經將所有的人毀了。我造了無量這樣的罪業。」

聽她講述完，上師不由得生起了無量的悲心，也流了許多淚，造如此深重可怕的罪惡，實在該想一個清淨的辦法。聖者觀世音菩薩示現頭痛（藏文原義不明）說：持一次齋戒也不會墮惡趣。現在需要為這個女子傳授一個齋戒，說完慈悲地恩賜了齋戒傳承並說：「現在你要努力守持齋戒。」依靠觀世音菩薩的大慈大悲而利益了病人，那女子受了兩個完整的齋戒，並受了五次、七次一座齋戒，之後就死去了。

當時，前面跟隨上師的那位侍者問上師：「那個罪業深重的女人什麼時候才能得到解脫，她如今投生在何處，情況怎麼樣呢？」大菩薩月幢上師面帶微笑地說：「看來十一面觀音的齋戒功德與加持實在太大了，即使盡力守持一點點，也會受益匪淺。雖說那個女人罪大惡

齋戒功德相關公案

極，但由於她守持了兩次完整的齋戒，還有五次、七次大乘齋戒，她死後轉生到印度，變為一位富裕婆羅門的兒子。因為前世一次受齋戒時，飢渴難忍，於是吃了一個食團，喝了一碗水，以此業感，現世中成為精神癲狂者。」

續部中說：如果能守持一次齋戒，那麼將在四萬劫中背離輪迴，持誦一遍陀羅尼咒，即使造了四根本罪與五無間罪也能得以清淨，如果持一百零八遍，那麼能清淨所有的惡業罪障，獲得佛陀等持自在，圓滿波羅蜜多，甚至念誦一遍觀世音名號也得不退轉地。因此應當盡己所能精進守持齋戒。

藏地本尊觀世音，齋戒儀軌解脫梯，
願善緣士依於此，獲得遍知之果位。

此齋戒儀軌解脫梯是經具有信心、智慧、悲心的弟子辛波諾吾請求說，為了便於讀誦齋戒儀軌，在行持其他善法時順便也可受持，而且令受一次極略的儀軌。捨事六聚自解脫於白雲朵朵的雪山幻化聖地撰著，以此善根願利益自他。芒嘎朗！善哉！善哉！！

自性大圓滿支分決定三戒論釋附 戒律輯要等

重校於2006年9月29日

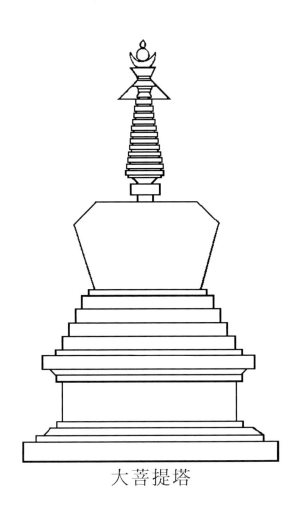

大菩提塔